감정과 사회관계

감정과 사회관계

Emotions and Social Relations

이안 버킷 지음 **박형신** 옮김

한울
아카데미

이 도서의 국립중앙도서관 출판예정도서목록(CIP)은 서지정보유통지원시스템 홈페이지(http://seoji.nl.go.kr)
와 국가자료공동목록시스템(http://www.nl.go.kr/kolisnet)에서 이용하실 수 있습니다.
CIP제어번호: CIP2017032143(양장), CIP2017032142(반양장)

감사의 말

나는 이 책을 쓰는 동안 나를 지원해준 모든 사람에게 감사를 표하고 싶다. 특히 메리 홈스*Mary Holmes*는 내가 이 책을 쓸 생각조차 하지 않고 있을 때 처음으로 이 책을 쓰라고 권고했다. 브래드퍼드 대학교*University of Bradford*에서 함께 일하는 나의 친구와 동료들도 아주 큰 도움을 주었다. 특히 폴 설리반*Paul Sullivan*과 네이선 마닝*Nathan Manning*은 시간을 내어 이 책의 두 번째 주요 초고를 읽고 논평해주는 수고를 아끼지 않았다. 제이슨 휴스*Jason Hughes* 또한 초고 전체에 대해 전반적인 논의를 해주었을 뿐만 아니라 세세한 부분에 대해서도 매우 도움이 되는 논평을 해주었다. 학계 밖의 친구들, 특히 앨런 스콧*Alan Scott*, 찰스 스톤스*Charles Stones*, 존 스미스*John Smith*, 야사르 아민*Yasar Amin*은 이러한 프로젝트를 끌어가는 데 필요한 기분 전환을 할 수 있도록 감정적 지원을 해주었다.

이 책의 발행인과 저자는 "Powerful Emotions: Power, Government and Opposition to the War on Terror," *Sociology*, 39: 4, 2005에서 일부를 발췌하여 전재할 수 있도록 해준 SAGE Publications에 감사를 표한다.

차례

1

서론: 관계유형으로서의 느낌과 감정

······ 자아와 타자의 관계 및 자아와 환경의 관계는 사실 '느낌'이라고 불리는 것 ― 사랑, 증오, 공포, 확신, 불안, 적대감 등 ― 의 주제이다. 유감스럽게도 관계의 **유형**을 지칭하는 이들 추상개념은 명칭으로 받아들여져서, 그것들은 보통 '느낌'은 대체로 정확한 유형이 아니라 주로 양에 의해 특징지어진다는 가정하에서 다루어진다. 이것이 바로 심리학이 인식론을 터무니없게 왜곡하는 데서 한몫해온 것들 중의 하나이다(Bateson, 1973: 113).

베이트슨이 앞의 인용문에서 언급한 것은 그가 이 말을 처음으로 한 지 거의 40년이 지난 지금도 여전히 숙고해볼 만한 가치가 있다. 왜냐하면 심리학뿐만 아니라 우리의 상식적 언어 또한 지금까지도 느낌과 감정이 실제로 무엇인지를 터무니없게 오해하게 하는 데 한몫하고 있기 때문이다. 느낌과 감정이 사랑, 증오, 공포, 불안처럼 명칭으로 받아들여져 왔기 때문에, 우리는 그것들을 마치 '사물things' — 실제로 존재하고, 따라서 우리가 만약 그 뿌리를 정확히 추적할 수만 있다면 인과적 기원을 알 수 있는 실체 — 처럼 생각하는 경향이 있다. 상식적 측면에서 느낌과 감정은 다른 무엇보다도 우리의 몸에 의해 인식되기 때문에, 우리는 마치 감정의 근원이 우리 자신의 개별적 몸과 마음인 것처럼 생각하고 말한다. 베이트슨이 앞서 말했듯이, 느낌은 마치 우리 내부에 존재하는 양quantities인 것처럼 언급된다. 즉, 우리는 그것을 말로 표현하거나 양화하기quantify 위해 애쓴다. 어떤 어머니는 아이에게 "나는 말로 표현할 수 없을 정도로 너를 사랑한단다"라고 말함으로써 아이에 대한 자신의 마음을 말하는 것뿐만 아니라 자신의 사랑을 양으로 측정하기도 한다. 또는 우리는 사랑하는 사람에게 "이 세상의 어떤 사람보다도 당신을 사랑해"라고 말함으로써 그 특별한 사람에 대한 우리의 사랑이 다른 사람에 대한 사랑보다 크다는 것을 보여주기도 한다.

우리의 상식적 언어는 구체적 느낌과 감정들에 이름을 붙임으로써 우리로 하여금 그것들을 마치 우리의 몸이나 마음에서 기원하는 사적 실체인 것처럼 느끼거나 생각하도록 우리를 오도한다. 그러나 만약 앞의 베이트슨의 표현 속에 제시된 간단한 사례들을 좀 더 생각해보면, 느낌과 감정을 표현할 때 우리가 언급하는 것은 우리와 다른 사람들의 **관계**라는 것을 알 수 있다. 우리가 아이나 연인에게 말로 표현할 수 없을 정도로, 또는 그 어떤 사람보다도 더 많이 사랑한다고 말할 때, 우리는 그들이 우리에게 불러일으킨 신체적 느낌과 관련한 어떤 것뿐만 아니라 우리가 그들과 맺는 관계의 특별한 성격, 그리고 그것이 우리가 다른 사람들과 맺는 관계와 어떻게 다른지를 말하고 있는 중이다. 따라서 우리의 느낌과 감정에서 주목해야 하는 것은 자아와 타자 그리고 자아와 세계 간의 **관계유형**이다. 우리가 사랑에 빠질 수 있는 대상은 단지 사람만이 아니다. 우리는 풍경, 우리의 집, 귀중한 개인적 소유물, 음악작품을 사랑할 수도 있다. 그리고 이 목록은 계속 늘어날 수 있다. 우리의 사랑은 우리가 우리의 세계 그리고 그 속의 특정한 사람이나 사물과 맺는 관계를 표현한다. 따라서 느낌과 감정을 몸에서 발생하는 것으로 파악하는 것은 잘못이 아니다. 왜냐하면 그것들은 부분적으로는 그렇게 발생하기 때문이다. 우리는 몸과 마음 없이 느낄 수 없다. 몸과 마음은 우리의 느낌을 기록하고 우리가 그것을 느끼고 있음을 의식한다. 문제는, 느낌 그 자체를 보다 광범한 관계의 세계 및 관계유형과 연결되지 않은 하나의 사물로 보고 거기서 감정에 대한 설명을 중단할 때 발생한다.

이러한 문제는 베이트슨이 앞서 지적했듯이 심리학에도 존재한다. 왜냐하면 심리학은 감정에 대한 상식적 가정에 빠져, 감정에 대한 우리의 이해를 왜곡하는 데 한몫하는 경향이 있기 때문이다. 대부분의 심리학자들은 일반적으로 우리가 감정과 관련하여 가지고 있는 단어들이 (특정한 감정적 반응과 관련한 근원적인 신경회로체계 또는 인지적 성향과 관련되어 있기 때문에) 신경심리학적 용어로 기술될 수 있는 실체를 지칭한다고 가정한다. 그들에 따르면, 감정을 산출하는 것은 바로 그러한 몸-두뇌체계와 네트워크이다. 아니, 더 중요하게는 심리학자들은 그것들이 바로 감정**이**라고 본다. 이러한 설명은 그러한 감정들이 처음에 생겨나서 의미를 가지게 되는 관계유형을 놓치고 있다. 심리학은 개인에 초점을 맞추는 학문이기 때문에, 감정은 관계유형 내의 육체화된 인간 — 그리고 그들의 감정경험 — 을 이해하는 것과 관련된 어떤 것이기보다는 개인의 몸-두뇌 속에서 발생하는 것과 관련된 어떤 것으로 인식된다.

이를 예증하기 위해 하나의 예를 들어보자. 1990년대에 BBC는 〈당신이 보고 있는 것*Wot You Looking At*〉이라는 이름의 텔레비전 과학 프로그램에서 공격성과 젊은이들이 저지르는 폭력 행위를 집중적으로 다루었다. 인간 행동에 관심을 둔 많은 유사한 프로그램들과 마찬가지로, 중심 쟁점은 공격성이 생득적인 어떤 것인가 아니면 학습된 것인가 하는 것으로 프레임 지어졌다. 그 프로그램은, 인간의 공격성은 유전적 원인을 가진다는 관념 — 이를테면 부모에게서 물려받은 유전자가 도파민이나 세로토닌 같은 뇌 속의 화학적 신경전달물질의 수준에 영향을 미쳐 상황에 대한 공격적 반응을 유발하기 때문에 어떤 사람들이 다른 사람들보다 더 공격적이 된다는 것을 보여주고 싶게 할 수도 있는 설명 — 을 곧바로 일축했다. 그것을 기각한 까닭은 쌍둥이 연구들이, 쌍둥이 형제들이 공격적 또는 폭력적 행동을 똑같이 또는 유사하게 드러내는 경향이 있다는 것을 보여주는 증거를 내놓지 못하기 때문이었다. 그 프로그램은 그러하기는커녕 상황에 대한 공격적 반응이 '환경'으로부터의 학습, 특히 우리가 '편집증'이라고 부르는 인지적 사유 양식의 학습과 관련되어 있음이 틀림없다는 설명에 이르렀다. 다시 말해, 공격성은 다른 사람들의 행동을 당사자에게 그리고 오직 그 사람에게만 부정적 의도를 가지고 행해지는 것으로 인식하는 사유 양식으로 인해 발생하는 것으로 인식되었다. 한 폭로성 인터뷰에서 일련의 폭력 범죄로 인해 수감되어 있는 한 젊은 남자는 자신의 행동에 대해 질문을 받자, 기차에서 자신이 낯선 사람과 벌인 사건에 대해 자세히 이야기했다. 임신한 아내와 함께 기차를 탄 그 남자는 자신들이 예매한 자리 중 하나라고 생각되는 좌석에 어떤 여자가 앉아 있는 것을 발견했다. 그는 그 여자와 언쟁을 벌였고, 그 여자가 매우 극성을 떨었다고 말했다. 그리고 객차에는 다른 빈 좌석들이 있었는데도, 그 남자는 여자를 좌석에서 통로로 끌어내어 손바닥으로 때렸다. 면접자가 그 남자에게 왜 그런 식으로 행동했는지 물었고, 남자는 "그녀가 자신에게 말하는 말투, 그녀가 자신을 깔보는 태도" 때문이었다고 답했다. 그 여자가 그를 깔보는 것을 어떻게 알았냐는 질문을 했을 때 그는 이렇게 답변했다. "그녀가 내게 잘난 체하는 거만한 사람처럼 말했어요. 그녀가 상류층이 거주하는 지역의 호화로운 집에서 살 수도 있겠지만, 어쨌든 그녀는 내 비위를 건드렸어요. 씨팔, 나는 그 여자에게 그걸 알게 해줄 작정이었죠. …… 나는 그곳이 내 아내가 앉을 자리라는 것 말고는 그 여자가 내게 할 말이 없다고 생각했어요. 씨팔, 만약 그 여자가 그 자리를 탐내지 않았다면, 내 아내가 거기에 앉았을 거예요."

그 프로그램에 관여한 심리학자들은 그 남자의 공격성의 원인을 편집증과 관련하여 설명했다. 왜냐하면 그 남자가 어떠한 객관적 정당화도 하지 않은 채 여성의 행위를 자신을 공격한 것으로, 즉 자신을 얕잡아 본 것으로 해석했기 때문이었다. 어떤 사람은 그것을 단순한 오해 내지 혼동으로 대수롭지 않게 생각하고 빈 좌석을 찾을 수도 있다. 그러나 이 남자는 여성의 행위를 자신을 얕보는 것으로 인식하고, 공격적인 행위를 통해 자신의 지위를 회복하고자 하는 자세를 취했다. 실제로 그 남자는 자신의 잇따른 폭력 범죄와 어린 시절에 대해 이야기하면서, 열한 살 때 있었던, 자신의 성격 형성에 중요한 영향을 미친 한 가지 사건을 상기했다. 초등학교 시절 다른 아이가 그의 코를 주먹으로 후려갈겼고, 그는 집에 가서 아버지에게 울며 매달렸다. 아버지는 그에게 말했다. "울면서 집에 오지 마." 도리어 그의 아버지 ─ 그는 '매우 폭력적인 사람'으로 묘사되었다 ─ 는 그에게 현관 계단의 우유병을 집어 들고 학교로 되돌아가서 그를 때린 아이의 머리를 병으로 박살내라고 명령했다. 그의 아버지는 그에게 말했다. 그렇게 하지 않고는 "다시 집에 돌아오지 마라." 아이였던 그는 그렇게 하는 것에 두려움을 느꼈지만 아버지가 말한 대로 했다. 그리고 "그것은 문제를 해결했다". 그 후 그 일은 그의 삶의 한 형태가 되어 당시까지 내내 지속되었다. 그는 그 일을 이렇게 요약했다. "문제가 생기면 싸워서 어떻게든 그들에게 상처를 입혀라." 여기서 심리학은 그 남자의 삶 속에서 편집증적인 인지적 사유 양식이 발전했고, 그것이 그로 하여금 다른 사람들과 세상이 그에게 부당행위를 한다고 느낄 때면 그것을 바로 잡기 위해 자주 공격적인 행위를 하게 한다고 설명한다.

내가 여기서 이러한 심리학적 설명이 전적으로 틀린 것은 아니라고 주장할 것이지만, 나는 다음과 같은 많은 이유에서 그러한 설명이 제한적이라고 믿는다. 첫 번째, 우리가 공격을 하나의 원인을 갖는 하나의 사물로 가정하고 공격의 원인을 찾는다면 그것은 항상 무익한 연구일 것이기 때문이다. 오래전에 심리학자 사비니와 실버(Sabini and Silver, 1982)는 따로 떼어내어 연구할 수 있는 사물로서의 공격 같은 것은 전혀 존재하지 않는다고 주장했다. 왜냐하면 공격은 하나의 사물이 아니라 사람들의 행위를 구성하는 하나의 도덕적 평가이기 때문이다. 공격은, 다양한 이유에서 어떤 사람 또는 어떤 것이 특정 도덕공동체가 정당하다고 인정할 수 없는 방식으로 공격당하는 특정한 행위에 우리가 부여한 이름이다. 만약 당신이 밤에 집으로 걸어가다가 공격을 당한다거나 지하철에서 강도를 당한다면, 그것은 공격 행위로 인식될 것이다. 하지만 만약 당신이 반격하고 당신이 사용한 무력이 적절한 것으로 간주된다면, 당신은 공격적인 사람으로 분류되지 않을 것이다. 자신을 공격한 사람을 지팡이와 쇼핑백으로 격퇴한 나이든 여성처럼 당신은 영웅으로 인식되기까지 할 수 있다. 이처럼 '공격'을 구성하는 것은 폭력 행위 또는 심지어 그것의 배후에 있는 감정이나 동기가 아니다. 오히려 그것은 행위가 발생하는 맥락과 그것이 도덕적 측면에서 평가되는 방식이다. "공격적 피해자가 공격자를 격퇴하다"라는 신문의 헤드라인은 앞뒤가 맞지 않는 것일 것이다. 왜냐하면 언어적 측면에서 문법에 맞지 않기 때문이 아니라 도덕적 측면에서 문법이 맞지 않기 때문이다. 하지만 이것은 또한 모든 사람이 어떤 것이 공격 행위인지에 대해 동의하지 않을 것이라는 것을 의미한다. 2003년의 이라크 침략은 공격이고 점령이었는가 아니면 독재로부터 그 나라를 해방시키는 것이었는가? 이 질문에 대한 당신의 답은 당신의 도덕적·정치적 견해에 달려 있을 것이다. 하지만 만약 공격 행위를 구성하는 것에 대한 객관적 관점이 전혀 존재하지 않는다면, 그것이 심리학과 같은 과학에 의해 어떻게 객관적으로 연구되고 그것의 발견된 원인은 어떻게 치료될 수 있는가?

내가 느낌과 감정에 대한 심리학적 설명에 대해 제기하는 두 번째 문제는 그러한 설명이 관계유형을 무시한다는 것이다. 이를 앞에서 들었던 사례, 즉 기차에서의 젊은 남자와 그의 자리에 앉은 여성에 대한 그 남자의 반응으로 되돌아가서 살펴보자. 그의 행동에 대한 그의 설명, 즉 그녀가 그를 얕보았고 거드름을 피웠다는 사실이 그로 하여금 화가 나게 했다는 것은 그 젊은 남자가 성장해온 사회의 보다 광범위한 사회계급 관계의 유형을 반영한다. 사실 그를 크게 다룬 TV 프로그램은 그가 했던 것과 같은 공격 행위가 낮은 사회경제적 배경을 가진 남자들에 의해 자주 저질러진다고 지적했다. 그는 그가 공격한 여성을 상층 사회계급의 성원으로, 그리고 그 여자가 거드름을 피우고 그를 얕보는 것으로 인식했다. 이는 그녀가 그를 덜 가치 있는 것으로 간주했다고 그가 느꼈다는 것을 의미한다. 게다가 그녀는 그가 어떻게 처신해야 하는지를 말하고 있었고, 어쩌면 그녀가 말한 것은 그가 과거에 마주쳤던 수많은 중간계급 사람들처럼 그 자신이 생각하고 있던 것이었을지도 모른다. 그러나 지금 그는 중간계급 사람들이 지닌 어떤 것도 가지고 있지 않다. 그의 보복 행위는 도덕적으로 정당화될 수 없다는 점에서 분명히 공격적이다. 그리고 그가 인터뷰에서 말했던 다른 것들은 그가 범행 이후에 그러한 사실을 깨달았다는 것을 보여주었다. 그러나 그 행위가 편집증으로 분류될 수 있는 인지 양식으로부터 초래되었다고 말하는 것은 한계가 있다. 왜냐하면 그것은 그 행위의 **심리적** 맥락에서만 고찰되기 때문이다. 결국 모든 사람은 주변 사람들의 용모, 제스처, 말을 살피고, 그것들이 의미할 수 있는 것, 즉 그 사람들이 우리에 대해 생각하거나 느낄 수도 있는 것을 해석한다. 그리고 그들의 용모와 제스처에 대한 우리의 해석은 틀릴 수도 있다. 이 특별한 젊은 남자가 무시당하고 있다고 느끼게 한 것은 그의 사회계급과 그의 좌석에 앉아 있는 여성의 사회계급에 대한 그의 인식이었다. 실제로 자주 편집증적 사유 형태로 간주되는 것은 그것을 보다 광범위한 사회적 맥락, 즉 계급 관계와 사회적 배경 그리고 편집증 환자로 분류된 사람들의 관계에 다시 위치시킬 때 더 잘 이해될 수 있다(Cromby and Harper, 2009). 앞서의 상황에서, 즉 그 특별한 드라마의 기차 안 상황에서 연출된 세 사람의 직접적 관계의 배경을 이루고 있던 것은 바로 계급 관계였다. 또한 계급 관계는 당사자들 각자의 전기, 그리고 그러한 상황에서 그들이 서로를 지향하고 관계 맺는 방식 ─ 즉, 그들의 과거 경험(특히 갈등 상황)에서 생겨나서 다른 사람들을 지향하는 습관 속에 육체화된 관계유형과 그들이 다른 사람들을 다루는 방식, 그리고 (그 드라마 속에 들어와 그것을 만들어가는) 그들의 신체적 성향과 다른 사람 및 세상에 대한 그들의 인식형태 ─ 과 중첩되어 있다.

기차에서 싸움을 벌인 젊은 남자의 경우에 그가 살아온 관계유형, 특히 그의 폭력적인 아버지와의 관계가 그의 전기의 일부를 구성하고 있다. 그러나 아버지가 그에게 가르친 교훈, 즉 남자는 폭력 행위를 통해 자존심과 위엄을 회복할 수 있다는 교훈은 어린 시절에 겪은 전체 사건들 중에서 상세하게 이야기된 하나의 작은 사건일 뿐이었다. 이러한 교훈의 학습을 조건화에 따른 인지-행동 양식과 관련하여 파악하는 것은 그것의 바탕이 되는 보다 광범한 사회적 맥락과 관계유형을 무시한다. 게다가 그러한 종류의 '무작위적인' 공격 행위와 폭력 행위가 주로 낮은 사회경제적 계층 출신의 **특정한** 남자들 ─ 그러나 여전히 소수집단일 뿐인 ─ 에 의해 저질러진다는 것을 전제로 하여, 그러한 집단이 권력과 출세를 위한 여타 자원들 ─ 경제적·교육적·문화적 자원 ─ 에 접근할 수 없는 사회에서는, 폭력이 자존심을 회복하고 자신의 세계 ─ 특히 주변 사람들 ─ 를 통제하는, 손쉽게 접근할 수 있는 하나의 방법이라고 볼 수 있는가? 더 나아가 그러한 행위의 가해자들은 주로 남자이고, 따라서 그들은 (무수한 카우보이 영화와 전쟁 영화에서 묘사된) 보다 지배적인 형태의 남성성과 분리될 수 없다 (Connell and Messerschmidt, 2005). 그러한 형태의 남성성의 묘사 속에서 폭력은 남성성의 본질의 일부로 인식된다. 즉, 남자는 폭력을 사용하여 자신(남자로서의 자신의 명예를 포함하여), 자신의 집과 가족, 민족국가를 보호할 수 있다. 특정 장소와 하위문화에서 남자의 폭력 사용은 자신의 지위를 회복하게 할 뿐만 아니라 그 공동체 내에서 더 높은 지위를 획득하게 하기도 한다. 하지만 그것은 또한 그로 하여금 주류 도덕 및 법과의 관계에서 곤경에 빠지게 할 수도 있다(Marsh et al., 1978).

하지만 전체적으로 보면, 내가 여기에서 개진하는 주장은 내가 이 책을 통해 구축하고자 하는 주장이기도 하다. 그러한 느낌과 감정은 그 자체로 하나의 사물인 것으로 이해될 수 없다. 즉, 그것들은 따로 분리되어 연구될 수 없다. 느낌과 감정은 관계유형 — 우리가 세계를 고찰하고 인식하는 방식을 포함하여 — 속에서만 발생한다. 그리고 그것들은 또한 성향*disposition* — 특정 상황에서는 완전히 우리의 의식적 통제 내에 있지 않은, 따라서 얼마간은 무의식적으로 일어나는 행위 방식 — 으로 전화될 수 있는 활동유형을 낳는다. 내가 여기서 말하는 것은 느낌과 감정은 '완전히' 우리의 의식적 통제 내에 있지 않으며 '얼마간은' 무의식적이라는 것이다. 왜냐하면 나는 느낌과 감정의 연구가 의식과 무의식, 그리고 자발적 통제와 무의식적 통제 간의 어떠한 엄격한 구분에도 의문을 제기한다고 생각하기 때문이다. 이러한 의미에서 내가 감정적 성향과 관련하여 발전시킬 관념도 이러한 틀 내에 자리한다. 왜냐하면 여기서 성향이라는 말은 특정한 방식으로 행위 하려는 결정이나 일정한 결과를 지향하는 행위가 아니라, 진전되는 특정 상황에 매우 민감하게 반응하고 적응하는 방식으로 특정하게 행위 하는 **경향**을 일컫기 때문이다. 이러한 점에서 나는 실용주의 철학자 존 듀이(John Dewey, 1922/1983)를 따를 것이다. 그는 행위의 습관은 일정한 결과를 갖는 기계적 반응이기보다는 독특한 상황에 맞게 조정할 수 있는 유연한 반응이라고 생각했다. 따라서 듀이가 말했듯이, 화를 내는 성향을 지닌 어떤 사람은 딱 한 번 살인을 저지를지도 모른다. 다시 말해, 화를 내는 성향을 지닌 사람은 폭력 행위를 저지를 **수 있지**만, **반드시 그렇게 하게** 되어 있는 것은 아니다. 그리고 실제로 그들은 전혀 그렇게 하지 않을 수도 있다. 하지만 그와 같은 성향은 우리를 개인으로 특정짓는 것의 일부이다. 왜냐하면 우리의 감정적 성향은 다른 사람들이 우리의 퍼스낼리티로 인식하는 것 — 이를테면 폴은 느긋한 유형의 사내인 반면에 조는 초조해하고 불안해하는 녀석이라고 인식하는 것 — 의 일부를 형성하기 때문이다.

그러나 이 책의 멋을 내고 내가 구축할 사고 노선을 제시하고 싶은 욕심에서 내가 너무 앞서 나가고 있다. 여기에 먼저 내가 느낌과 감정에 대해 이야기할 때 느낌과 감정이 무엇을 의미하는지, 그리고 앞으로 중요해질 다른 용어들과 함께 그러한 용어들을 이 책에서 어떻게 사용하는지를 간략히 언급해두고자 한다.

느낌, 감정, 정서

우리는 일상 언어 속에서, 이를테면 '사랑을 느낀다*I feel love*'나 '화가 난다 *I feel angry*'와 같은 진술 속에서 통상적으로 '느낌*feeling*'이라는 단어와 '감정*emotion*'이라는 단어를 혼합해서 사용한다. 실제로 『옥스포드 영어사전 *OED: Oxford English Dictionary*』(2nd ed.)은 감정을 어떤 사람이 처한 상황, 그의 기분, 또는 그가 다른 사람과 맺는 관계에서 파생하는 강렬한 느낌이라고 정의한다. 나는 이 책에서 이 정의와 얼마간 비슷한 정의를 고수하고자 한다. 왜냐하면 그것이 감정을 관계적인 것으로 보는 나의 견해를 부각해주기 때문이다. 하지만 나는 감정이 반드시 강렬한 느낌이어야 한다고 생각하지 않는다. 느낌을 감정으로 만드는 것은 그 느낌의 강도가 아니다. 모든 감정이 특정한 유형의 느낌인 것처럼 보이지만, 모든 느낌이 감정은 아니다. 어떤 사람은 사업상의 거래와 관련하여 경계심을 느끼거나 취업 인터뷰 전에 신경이 예민해짐을 느끼지만, 우리는 보통 경계심과 신경과민을 감정으로 분류하지 않는다. 우리는 자주 그것들을 그저 느낌으로 언급한다. 그리고 우리가 전혀 감정으로 간주하지 않는 또 다른 느낌들도 있다. 이를테면 허기를 느끼거나 고통을 느끼는 것이 바로 그러한 것들이다. 이러한 맥락에서 크롬비(Cromby, 2007)는 세 가지 범주의 느낌이 존재한다고 주장했다. 첫째로, 감정의 신체적인 육체화된 측면을 경험적으로 구성하는 느낌이 있다. 이를테면 첫사랑의 흥분 속에서 몽롱해진 감각이 그것이다. 둘째로, 허기, 갈증, 고통과 같은 감정 외적인 느낌extra-emotional feeling과 감정적 차원을 가지지만 그 자체로 감정이 아닌 어떤 느낌, 이를테면 간지러운 것과 같은 느낌이 있다. 셋째로, 우리가 '만약' 또는 '그러나'와 같은 말을 할 때 느끼는, 윌리엄 제임스William James가 주저함이라는 느낌이라고 묘사한 것과 같은 보다 포착하기 힘든 순간적인 느낌들이 있다. 이 맨 나중의 의미에서의 느낌은 우리에게 "우리가 세상과 맺는 육체화된 관계에 대한 인식"을 제공하고, "그것은 계속해서 영향을 미친다"(Cromby, 2007: 102). 이것 때문에 우리는 그러한 문제에 대한 느낌이나 감정과 우리가 세상을 육체적으로 인식하는 방식과 분리할 수 없다. 왜냐하면 지각은 시각, 청각, 촉각과 같은 감각sense을 통해 어떤 것을 보거나 듣거나 의식하는 능력이기 때문이다. 그러나 '감sense'은 감지 기관 그 이상의 것이다. 왜냐하면 '감'이라는 용어는 또한 어떤 것이 사실이라는 느낌을 의미하기 때문이다. 따라서 감지를 포함하여 그것의 모든 의미에서 감은 우리가 세상 그리고 세상 속의 다른 사람들과 신체적으로 맺는 관계와 관련되어 있다. 그리고 느낌과 감정 역시 그것의 일부이다.

사실 느낌과 감정을 구별해주는 것은 단지 느낌이 신체적 감각bodily sensation ― 이는 모든 감정경험에서 중심적이다 ― 이라는 것만이 아니다. 느낌과 감정의 구별은 또한 우리가 지각 경험과 그러한 경험에 그러한 경험이 발생한 맥락에 부여하는 사회적 의미와도 관련되어 있다. 이것이 바로 특정한 신체적 느낌은 감정으로 느껴지는 반면, 다른 신체적 느낌들은 느낌으로 경험되는 이유이다. 취업 인터뷰에 앞서 우리가 느끼는 불안감 ―

가슴의 두근거림 ― 을 우리가 '신경과민'으로 경험하는 반면, 우리가 어떤 특별한 사람을 만난 후 느끼는 몽롱함과 들뜬 느낌을 우리는 우리가 사랑에 빠졌다고 칭하는 감정으로 경험한다. 따라서 느낌과 감정을 구별 짓는 것은 느낌의 강도가 아니다. 왜냐하면 큰 행사를 앞두고 '신경과민'에 압도당하게 되지만, 우리는 통상적으로 그것을 감정으로 분류하지 않기 때문이다. 신체감각이 느낌이 아니라면, 크롬비가 보여주었듯이 느낌이 감정에서 중심적이기 때문에 신체적 감각이 감정인 것도 아니다. 오히려 우리가 하나의 감정으로 또는 어떤 다른 유형의 경험으로 느끼는 것을 구별 짓는 것은 바로 사회적 의미와 맥락이다. 만약 내가 막 그 특별한 사람을 만났던 것도 아닌데 내가 거리를 따라 걷는 중에 몽롱해져서 방향감각을 잃는다면, 나는 사랑에 빠졌다기보다는 독감에 걸렸다고 생각하기 시작할 것이다. 존 듀이가 말했듯이, 감정은 처음에는 본질적으로 엄밀한 의미로 규정된 감정으로 경험되지 않는다. 오히려 "자각 또는 지각의 어떤 사례들은 회고적으로 또는 외부로부터 '감정'으로 지칭된다"(Dewey, 1929/1958: 304). 듀이가 거기서 신체적 자각 또는 지각이 회고적으로 또는 외부로부터 감정 또는 느낌으로 지칭된다고 말할 때, 그가 말하고자 하는 것은 그것이 맥락적 준거 및 그것의 사회적 의미와 관련되어 감정 또는 느낌으로 지칭된다는 것이다. 나 또한 우리가 감정 또는 느낌으로 규정하는 것의 **관계적** 속성을 강조할 것이다. 느낌이 특정한 감정으로 판정되는 것은 다른 사람 또는 특정한 상황과의 관계 속에서이다. 우리는 그러한 관계를 준거점으로 사용하여 내가 사랑을 하고 있다거나 화가 났다거나 신경과민이라고 말할 수 있다. 따라서 이와 관련하여 흥미로운 것은, 느낌과 감정은 몸과 신체감각이 어떻게 항상 사회적 의미와 융합되어 우리의 즉석의 사회적 만남들을 유형화된 관계로 만들어내는지를 보여주는 최고의 사례라는 것이다. 이를 전제로 내가 이 책에서 내내 발전시킬 것이 **감정에 대한 미학적 이해**이다. 여기서 미학은 예술이론이 아니라 사람들이 의미를 만들어내고 경험하는 방식과 그 과정에서 몸이 하나의 근본적인 요소가 되는 방식에 대한 연구를 의미한다(Johnson, 2007).

실제로 다른 신체적 지각과 함께 우리의 느낌과 감정은 특정한 상황 내에서뿐만 아니라 그러한 상황의 일부를 이루는 다른 사람들과의 관계 속에서 우리가 우리 자신의 위치를 파악하는 수단들이다. 우리는 살아가는 동안 내내 주어진 상황 속에서 감정적으로 행위 하고 반응하는 습관적 방식을 발전시키기도 한다. 그러나 그러한 습관은 그 자체로 과거의 관계 및 행위유형의 침전물이며, 그 습관 역시 변화에 열려 있고 또 우리가 마주하는 상황에 적응해야만 한다. 우리 가운데 그 누구도 감정적으로 백지상태에 놓여 있지 않다. 왜냐하면 심지어 아주 어린 유아기에조차 우리는 우리를 감정적 존재로 특징짓는, 세상에 반응하는 방식을 지니고 있기 때문이다. 하지만 우리가 새로운 상황에 들어갈 때, 우리의 감정적 습관은 우리가 우리의 상황에 대해 해석하고 또 그러한 상황에 대한 우리의 변화하는 느낌과 생각에 따라 우리 자신을 조절하고 적응할 수 있도록 충분히 유연하고 개방적이어야만 한다. 만약 우리가 그렇게 할 수 없다면, 우리는 곤경에 빠질 것이다. 이것이 바로 내가 이 책에서 내내 발전시키고자 하는 것이다.

하지만 앞서 언급했던 감정에 대한 OED의 정의에는 또 다른 용어가 존재한다. 그것은 감정이 상황과 관계뿐만 아니라 **기분**mood에서도 파생하는 느낌이라는 것이다. 나는 여기서 기분에 대한 덴진(Denzin, 1984)의 정의를 따를 것이다. 그에 따르면, 기분은 그것을 불러일으킨 상황이 끝난 이후에도 우리의 행위성향과 습관 속에서 그리고 세상에 대한 우리의 전망 속에서 오랫동안 사라지지 않는 감정을 일컫는다. 따라서 기분은 사람들이 과거의 상황으로부터 그 감정과 관련되어 있지 않을 수도 있는 새로운 상황으로 그들과 함께 가지고 들어오는 감정적 성향 – 신체적 성향과 심리적 성향 모두 – 이다. 우리 모두는 일군의 사람들이 즐겁고 행복할 때 어떤 사람이 그 집단을 화나게 하거나 짜증나게 하는 상황에서 그러한 감정, 즉 기분을 경험해왔다. 통상적으로 우리는 "그 사람 기분이 좋지 않아"라고 말하기도 하고, 그 이유가 무엇인지를 알지 못할 때 우리는 "어떻게 된 거래?" 또는 "오늘 무슨 일 있었대?" 같은 말을 한다. 그러니까 기분은 오래 지속될 수 있는 다른 상황이 남긴 감정적 잔존물이다.

최근 감정에 대한 사회적 연구와 심리적 연구에서 점점 더 유행하는 또 다른 용어가 '정서affect'이다. 하지만 나는 감정 대신에 정서라는 용어를 쓰고 싶지는 않다. 왜냐하면 나는 앞서 논의한 바 있는, 나만의 감정 정의를 가지고 있기 때문이다. 그 대신 나는 'affect'라는 용어를 그 단어가 갖는 세 가지 뜻의 미묘한 의미 차이를 참고하여 사용할 것이다. 첫째, OED에 따르면 'affect'는 "영향을 미치는 것" (그리고 'affect'라는 용어와 'effect'라는 용어의 차이에 주목하라. 전자가 어떤 다른 것에 영향을 미치는 어떤 것을 의미한다면, 후자는 어떤 영향이 초래한 결과를 의미한다) 또는 "차이를 만들어내는 것"을 뜻한다. 이것은 "느낌을 받게 하다" 또는 "감정적으로 움직이게 하다"라는 의미를 포함한다. 여기서 'affect'는 다른 어떤 사람 또는 어떤 것과 관련한 느낌 또는 감정에 의해 변화된 상태, 따라서 어떤 사람이 아주 글자 그대로뿐만 아니라 은유적으로 하나의 상태에서 다른 상태로 **이동하는** 것을 뜻한다. 이것은 느낌과 감정의 관계적 측면을 강조한다. 왜냐하면 그것은 우리가 다른 사람이나 사물(그리고 다른 몸과 신체적 자아)에 영향을 미칠 수 있는 것처럼 우리가 관계를 맺고 있는 다른 사람과 사물(그리고 다른 몸과 신체적 자아)이 우리에게 영향을 미칠 수 있다는 것을 강조하기 때문이다. 실제로 '감정'이라는 단어는 프랑스어 'émouviour(excite)'에서 유래했고, 그 프랑스어는 라틴어 'emovere'에서 유래했다. 그리고 'movere'는 'move'를 뜻한다. 그러니까 감정은 'e-motion'이라는 의미에서 유래한 단어이다. 내가 볼 때, 감정은 우리를 움직여서 행위 하게 만드는 하나의 정적인 상태 또는 하나의 사물 그 자체 ― 이를테면 심리적 현상 ― 가 아니라, 관계와 상호작용 내에서 일어나는 움직임 그 자체이다. 그러한 상호작용 속에서 우리는 항상 다른 사람의 영향을 받으며, 그들에 의해 다른 행위로 이동하고, 그 과정에서도 항상 느끼고 생각한다. 즉, 우리는 하나의 느낌 또는 감정에서 다른 느낌 또는 감정으로 이동한다.

'affect'의 두 번째 뜻은 우리가 다른 사람들에게 영향을 미치기 위해 특정한 감정을 꾸며내거나 연기할 수 있다는 것이다. 다시 말해, 그것은 **가장***affectation*이라는 의미를 지닌다. OED에서 가장이라는 용어는 "허세 부리는, 그리고 감명을 주기 위해 기획된 행동, 연설 또는 저술"로, 그리고 또한 "실제의 또는 꾸며낸 느낌의 의도적 과시"로 정의된다. 이러한 의미에서 우리는 특정한 결과를 얻기 위해, 특히 어떻게 해서든 다른 사람들에게서 필요한 감정을 이끌어내거나 그들에게 감동을 주기 위해 어떤 감정을 느끼는 척하거나 연기할 수 있다. 장례식장을 떠나면서 유가족과 악수할 때, 사람들은 함박웃음을 띠고 등을 두드리면서 위로하지 않을 것이다. 그러한 상황에서 그러한 행동은 받아들여지지 않을 것이다. 만약 누군가가 웃는다면, 그것은 위안을 주기 위한 것이었을 것이고, 보통 '참 애석하네요'와 같은 그것에 요구되는 단어를 동반할 것이다. 장례식 의례에는 특히 고인과 가깝지 않았을 때, 그리고 어떤 깊은 비통함을 느끼지 않을 때 쓰는 익히 알려진 감정표현 방식이 존재한다. 이것이 일부 사람들로 하여금 모든 감정이 그러한 방식으로 각본에 따라, 그리고 '배우'에 의해 그들이 처한 상황에 맞게 생산된다고 주장하게 했다. 이러한 입장에 따르면, 감정은 각각의 익숙한 시나리오에 상정되어 있는 '감정규칙feeling rule'에 따라 꾸며진다. 그리고 이것이 바로 감정이 하나의 사회적 구성물로 간주되어야만 하는 이유이다.

나는 감정 생산에 관한 이러한 설명 방식을 논박한다. 하지만 내가 감정이 특정한 상황에서 꾸며낸 것일 수 있다는 점을 논박하는 것은 아니다. 나는 'affect'의 첫 번째 뜻이 우리가 일차적으로 경험하는 것이라고 주장할 것이다. 느낌 또는 감정은 우리가 어찌할 수 없는 또는 회피할 수 없는 방식으로 **우리를 장악하**거나 우리의 마음을 **움직인다.** 유아가 먹을 것이나 위안을 얻기 위해, 만족감을 느끼거나 보호를 받기 위해 울고 소리치는 경험에서부터 우리가 사랑에 **빠지는** 것에 이르기까지(그리고 이러한 은유들은 내가 제3장에서 설명하듯이 중요하다), 일차적으로 경험하는 느낌과 감정은 우리가 어찌할 수 없는 경험 중의 하나이다. 가장을 뜻하는 두 번째 의미의 'affect'는 우리가 느끼는 방식을 학습하고 난 이후에야 발생하는 이차적 현상이다. 그런 다음에 그리고 그런 다음에만 우리는 필요에 따라 감정, 즉 특정한 조건하에서 우리에게 기대되는 감정을 생산할 수 있다. 그러한 경우에만 우리는 우리가 요구되는 감정규칙에 따라 감정을 생산하거나 연기한다고 말할 수 있다. 그러나 이것이 감정규칙이 모든 사회적 감정경험을 생산하거나 구성한다는 것을 의미하는 것은 아니다. 내가 제6장에서 주장하듯이 이것은 아주 잘못된 생각이다.

OED에 정의되어 있는 'affect'의 세 번째 뜻은 심리학과 관련된 것으로, "행동에 영향을 미치는 감정 또는 욕망"이라는 의미이다. 심리학에서 이것은 자주 특정한 행동을 자극하거나 추동하는 인지적 또는 생리적 상태로서의 감정을 뜻한다. 이를테면 던컨Duncan과 배럿Barrett은 최근의 한 논문에서 'affect'는 인지적 사유 양식이나 정신적 정보처리의 반대가 아니라 실제로는 인지 속에서 하나의 역할을 수행한다고 주장했다. 따라서 정서적 반응은 "외부 세계에 대한 정보를 내적 부호 또는 표상으로 번역하는" 수단이다. 그리고 'emotion'보다 오히려 'affect'라는 용어가 대상 또는 상황이 사람에게 영향을 미치는 어떤 상태를 **표현하기** 위해 사용된다(Duncan and Barrett, 2007: 1185, 강조 첨가). 하지만 우리가 막 논의했던 편집중의 경우에서처럼 'affect'는 **단지 심적 표상** ― 'affect' 자체이거나 (편집증이 공격을 유발했던 것처럼) 그것이 유발한 정서적 반응인 ― 으로 정의된다. 그리고 이러한 설명은 우리의 심적 상태가 어떻게 하나의 대상 또는 사물이 우리에게 미치는 영향을 **표현하는**지와 관련해서만 틀 지어진다. 그러한 설명은 우리가 다른 사람 및 사물과 맺는 신체적 관계, 다시 말해 우리가 **실제로** 공유하는 사회세계 속에서 다른 사람 및 사물과 관계를 맺는 방식을 전혀 설명하지 않는다. 하지만 내가 제3장에서 보여주듯이, 우리가 사람 및 사물과 관계를 맺는 방식이 심적 이미지와 인간 상상력의 전 범위를 인도한다는 것을 반박하는 것은 아니다. 그러나 나는 그러한 심적 이미지와 상상력이 'affect'와 'emotion'과 관련한 모든 것이라는 주장을 논박한다. 이 책에서 나는 감정을 심적 표상으로 파악하고 이해하는 인지적 방식에 반대하는 견해를 펼치고, 그 대신에 감정을 맥락에서, 즉 일단의 상황과 다른 사람 및 사물과의 관계에서 발생하는 것으로 이해하는 주장을 개진한다.

하지만 처음부터 이 용어의 용법을 적절히 명료화하는 것이 중요하다. 왜냐하면 '정서'라는 용어는 사회적·심리학적·문화적 연구에서 매우 다른 많은 용도로 사용되기 때문이다. 지난 10년 동안 문화연구 분야에서 '정서로의 전환'이 큰 영향을 미쳐왔다. 그리고 다시 한 번 더 '정서'라는 용어는 문화연구 내에서 독특한 의미를 획득한다(Blackman and Venn, 2010). 1980년대가 많은 사회과학에서 '언어로의 전환' 또는 '담론으로의 전환'에 의해 특징지어졌다면, 현재는 문화연구에서 많은 사람이 인간의 문화적 교환의 열쇠로서의 언어를 저버리고, 그 대신에 정서에 초점을 맞추고 있다. 마수미(Massumi, 2002)에 따르면, 문화연구에서 '정서'라는 용어는 경험의 질 또는 담론적 의미보다는 경험의 **강렬함**과 관련한 것으로 정의된다. 그러니까 경험의 질이 그 경험과 결부된 감정과 관련되어 있는 것, 즉 언어나 담론 속에서 표현될 수 있는 어떤 것이라면, 정서적 강렬함은 비非표상적이고 비非의식적이며, 따라서 그것을 표현하고자 하는 모든 시도로부터 벗어나 있다. 심리과학에서와는 달리, 정서는 의식하고 있는 마음이기보다는 몸과 관련된 것으로 인식되고, 거의 전염처럼 몸들 사이를 관통하고 순환하는 강렬한 흐름에 관심을 둔다. 이 때문에 정서는 또한 비합리적인 것으로 특성화되고, 개인의 몸뿐만 아니라 집합적 조직체 *collective body*에도 영향을 미치는 집단 히스테리나 패닉의 발발 같은, 전체 공동체를 사로잡을 수 있는 불합리한 힘으로 설명된다. 시그워스*Seigworth*와 그레그*Gregg*가 진술하듯이,

······ 정서는 몸과 몸(인간, 비인간, 신체 부위 등등)을 통과하는 그러한 강렬함 속에서, 즉 몸과 세계의 주위 그리고 그것들 사이를 순환하고 때로는 그것들에 달라붙는 울림 속에서 발견된다. ······ 가장 의인화된 방식으로 말하면, 정서는 우리가 그러한 힘 — 의식적 앎 아래 또는 그것 옆에 있거나 그것과는 여러모로 **다른** 본능적인 힘, 즉 감정 너머에 있다고 주장되

는 살아 움직이는 힘 — 에 부여한 이름이다(Seigworth and Gregg, 2010: 1, 강조는 원저자).

이러한 견해에 내포되어 있는 위험은 하나의 힘, 강렬성, 유의성valence으로 인식되는 정서가 회로를 통과하는 전기 — 즉, 몸과 세계에 '달라붙'을 그 자신의 전하를 가진 전류 — 같은 것으로 이해된다는 것이다. 그러나 만약 정서가 관계유형 속에서 다른 몸에 영향을 미치는 몸에 의해 발생된다면, 정서는 그것이 달라붙을 수 있는 몸과 분리할 수 있는 어떤 것이 아니다. 정서는 전류와 유사한 신비한 힘이나 전하가 아니라 관계적 협력 속에서 행위 하는 몸-자아들body-selves에 의해 창출되는, 그것 나름의 물리적 과정 이다. 이러한 관념은 음악 — 그것의 바이브레이션, 음파수, 리듬 — 이 자메이카의 한 댄스홀에서 춤추는 무용수의 몸에 미치는 영향에 대한 헨리케스(Henriques, 2010)의 설명과 같은 정서에 관한 몇몇 연구들에서 적용되었다. 음악은 무용수들이 당김음조에서 자신들의 몸동작을 느낄 수 있게 해주었다. 이것은 음악(특히 레게 음악의 낮은 음조의 베이스 라인)과 방 안의 다른 몸들에 반응하여 춤추는 몸들의 유형화된 결합태patterned figuration 로부터 출현하는 하나의 물질적 과정이다. 소리의 폭과 음색이 지닌 물질적 음파수와 바이브레이션은 역동적인 댄스 리듬으로 고동치는 군중의 신체 리듬과 공명한다. 그러한 것들은 몸속에서 음파수로 느껴져서 춤의 집합적 동작으로 번역된다.

그러나 이것은 또한 정서가 의식적 앎과는 다른 어떤 것, 즉 완전히 이해할 수 없고 또 항상 의식 너머에 있는 어떤 것이라는 입장에 의문을 제기한다. 그 이유는 댄스홀에서 자신의 몸을 움직이는 사람들은 자신들이 하고 있는 것을 너무나 잘 알고 있기 때문이다. 그것은 지구가 태양 주변을 돌게 하는 중력 ─ 중력 자체는 시간과 공간(몸에 달라붙어 있지 않은) 속에서 움직이는 몸에 의해 발생된다 ─ 에 대해 아는 것과 같은 지적 형태의 앎이 아니고, 또 학습된 레시피를 통해 한 끼 식사를 만드는 방법을 아는 것과 같은 실제적인 종류의 앎이 아닐 뿐이다. 그것은 리듬에 대해, 그리고 당신의 몸을 리듬과 다른 몸들에 맞추어 움직이는 방식에 대해 느낌 수준에서 아는 것 그 이상의 것이다. 하지만 어떤 사람들은 다른 사람들보다 그것을 더 잘 느낀다. 이것은 의식과 무의식의 엄격한 구별에 의문을 제기한다. 왜냐하면 느낌은 의식 자체의 기본적 요소이기 때문이다(Peirce, 1902/1966). 게다가 사람들이 다른 사람들과 춤을 추는 상황에서 그들이 느끼는 즐거움은 단지 하나의 이름이 붙은 의식적 감정일 뿐이 아니다. 왜냐하면 그 경험에서 중심적인 것은 삶의 느낌과 즐거운 동작이 주는 자유이기 때문이다. 더 나아가 나는 우리가 그러한 경험의 강렬성을 그것의 질과 분리할 수 있다고 생각하지 않는다. 왜냐하면 밤새 춘 춤의 경험의 질이 높을수록 그 경험은 더 강렬할 것이기 때문이다. 우리가 그러한 경험 전체의 질에 의해 영향을 받는 방식 역시 우리가 어떤 감정을 느끼는지, 그것이 즐거운지, 또는 우리가 행복감이나 초월성과 같은 것을 느끼는지에 영향을 미칠 것이다. 그러므로 상이한 영역들 ─ 즉, 의식과 대비되는 것으로서의 무의식, 담론적인 것과 대비되는 것으로서의 육체적인 것 ─ 속에 존재하는 상이한 경험들을 의미하는 정서, 감정, 느낌과 같은 용어들을 구분하는 것은 불가능해 보인다.

우리가 느끼는 것에 우리가 항상 독특한 느낌이나 감정을 지칭하는 이름을 붙일 수는 없지만, 느낌 또는 정서가 담론적인 것 및 의식적인 것과는 다른 어떤 것, 즉 몸의 영역에 속하는 것이라고까지 말하는 것은 잘못된 조처이다. 왜냐하면, 만약 우리가 메를로퐁티*Merleau-Ponty*의 견해를 받아들인다면, 언어 그 자체는 추상적인 언어적 또는 문법적 규칙의 영역에 속하는 비육체화된 현상이 아니기 때문이다. 언어는 아이들에 의해 지적 훈련으로 학습되는 것이 아니다. 아이들이 학교에서 문법을 배우는 것도 사실이지만, 기본적으로 언어는 지적으로 심사숙고하기 이전에 습관적으로 **하나의 관행으로** 학습된다. 이것이 바로 우리가 실제로 말로 표현하기 전에, 다시 말해 먼저 우리 스스로에게 또는 다른 사람에게 단어로 표현하지 않은 상태에서 우리가 말할 것을 알고 있는 방식이다. 그것은 말이 "세계 내 존재로서의 나의 몸이 나의 발성 기관을 특정한 방식으로 이용하여 특정하게 조음하는 것"이기 때문이다(Merleau-Ponty, 1945/2012: 425). 말과 생각이 **표현하**지 않는다. 말과 생각은 세상과 세상 내의 상황에 속해 있는 나의 신체의 표현이다. 따라서 내가 깜짝 놀라는 상황에서 "오 아냐!" 또는 "조심해!"라는 반응은 표현될 필요가 있는 언어적 또는 심적 표상이 아니다. 오히려 그러한 반응은 그 특정한 상황에 그 시간에 있는 나라는 존재의 신체적 표현이고, 내가 그것에 의해 영향을 받는 방식이다. 그러한 상황에서 말하는 것은 내가 느끼는 방식이다. 그리고 이것은 느낌과 감정은 말로 표현될 수 있다는 것을 의미한다. 즉, 느낌과 감정은 음성과 특정한 억양을 가진다. 놀람에 대한 반응에서처럼, "오 아냐!" 또는 "조심해!" 같은 말은 신체적 긴급성의 의미를 가지며, 나는 여기서 느낌표를 이용하여 그것을 예증했다. 마찬가지로 만약 내가 어떤 사람을 깊이 사랑하고 있다면, 내가 최대한 참으려고 노력함에도 불구하고 결국 "사랑해"라는 말을 불쑥하게 될지도 모른다. 이러한 언어의 무의식적 사용은 사용되는 단어가 학습되는 것과 마찬가지로 학습된다. 그러나 그것은 우리에게 '제2의 천성'이다. 왜냐하면 그것은 우리 몸의 다른 많은 용도(댄스홀에서 춤추기와 같은)만큼 자연발생적이기 때문이다.

윌리엄 제임스가 지적했듯이, 보다 미묘한 느낌들은 또한 언어 — 글로 쓰인 또는 말로 표현된 — 의 신체적 사용과도 관련되어 있다. 그것은 우리가 '만약' 또는 '그러나' 같은 단어에서 주저함을 **느낄** 때 특히 그러하다. 따라서 마수미(Massumi, 2002)가 몸을 정적인 담론적 지위에 결박시키는 담론이론의 몸 관념과 대비하여 정서를 몸의 동작 및 변화 능력과 관련되어 있는 것으로 정의하지만, 이것은 단 하나의 **특수한** 후기구조주의에 입각한 담론관과 언어관에 대한 비판이다. 메를로퐁티의 현상학적 언어 이해와 같은 또 다른 견해는 몸을 몸이 몸동작과 언어의 신체적 사용에 의해 영향을 받을 수 있는 많은 방식과 결합시킨다.

이것은 내가 이 책에서 내내 '정서'라는 용어가 감정과는 근본적으로 다른 어떤 것을 의미한다는 입장을 취하지 않을 것이라는 것을 뜻한다. 그렇지만 이것이 내가 문화연구에서 제시된 정서이론의 몇몇 요인들에 전혀 애착을 느끼지 않는다는 것을 의미하지는 않는다. 왜냐하면 나 또한 감정을 관계성 및 육체화된 동작과 관련하여 바라보려고 시도하기 때문이다. 하지만 나는 다른 몸 — 인간의 또는 비인간의 — 에 의해 영향을 받는 육체화된 몸이 우리를 다양한 형태의 감정, 언어, 의식 너머로 인도한다는 견해를 취하지 않는다. 나는 웨더렐(Wetherell, 2012)의 견해를 더 두둔한다. 그는 '정서적 관행affective practice'이라는 개념을 발전시키고, 정서가 육체화된 의미 만들기embodied meaning-making와 관련되어 있다고 주장한다. 의미 만들기는 유형과 질서 모두를 가지고 있지만, 또한 우리에게 유동성, 불확정성, 근본적 변화 가능성을 열어주는 조건을 창출할 수도 있다. 정서적 관행이라는 관념은 항상 우리를 육체화된 의미 만들기로서의 정서와 감정이, 관계적 결합태를 통해 흘러 다니는 무의식적 힘과 강렬함에 종속되어 있는 어떤 것이기는커녕 우리가 사회적 삶 내에서 **행하는** 어떤 것이라는 견해로 인도한다. 비록 정서적 관행이 결코 분명하게 설명될 수 없는 것이기는 하지만, 웨더렐은 또한 우리가 정서적 관행의 사이클과 리듬을 고찰하기를 원한다. 왜냐하면 "정서가 그러한 유형을 만들어내는 강력한 힘을 드러낼 뿐만 아니라 기존의 유형 속에 존재하는 문제와 혼란을 알려주기" 때문이다(Wetherell, 2012: 13). 하지만 나는 그 유형을 관계유형이라고, 그리고 정서가 그러한 유형을 만들어내거나 혼란스럽게 하는 것이 아니라(만약 정서가 그 자체로 하나의 사물이 아니라 관행과 관련되어 있는 것이라면, '그것'이 어떻게 가능하겠는가) 관계적 형상의 일부이며 그 자체로 하나의 복잡한 현상이라고 생각하고 싶다.

복합체로서의 감정

나는 정서가 인간 관행의 한 측면이라는 것을 전혀 의심하지 않지만, 감정적 관행 또는 정서적 관행을 별도로 고찰하면서 그렇게 말하는 것은 아니다. 실제로 감정연구가 갖는 문제들 중의 하나는 감정경험에는 많은 측면이 존재하는 것처럼 보이며, 따라서 하나의 측면만을 따로 떼어 고찰하는 것은 단지 부분적인 모습만을 제시할 뿐이라는 것이다. 그렇다면 우리는 특히 감정경험의 여러 측면들 ― 인지 또는 육체화된 감정과 같은 ― 이 자주 서로 대립된 형태를 취할 때 그것들 모두를 어떻게 설명할 수 있는가? 나의 해법은 감정을 복합체로 보는 것이다. 즉, 감정의 서로 다른 많은 요소들이 특정한 형태로 배열되어 전체 감정경험을 형성한다. 여기서 내가 감정을 복합적 현상이라고 말할 때, 내가 말하고자 하는 것은 'complex'라는 용어의 두 가지 의미 모두에서 '복합적'이라는 것이다. 첫째, 감정은 비록 일시적이지만 하나로 결합되어, 감정경험을 만들어내는 서로 다른 여러 측면들의 경험으로 이루어진다는 점에서 복합적*complex*이다. 그리고 둘째, 감정은 그것이 복잡하고 얽히고설킨 현상이기 때문에 쉽게 이해할 수 없다는 점에서 복잡*complex*하다.

'complex'라는 용어의 첫 번째 의미를 통해 내가 말하고자 하는 것은 감정이 서로 다르면서도 서로 관련된 측면의 경험들로 구성된다는 것이다. 그리고 그것들 중 일부는 내가 이미 간단히 언급한 바 있다. 이를테면 신체적인 것, 심리적인 것, 담론적인 것이나 언어적인 것, 그리고 생물학적인 것이 그것에 해당한다. 하지만 단순히 뭉뚱그려서 그러한 것들이 이런저런 식으로 중첩되어 감정을 만들어낸다고 말하는 것은 전혀 만족스럽지 못할 것이다. **여기서 나의 주장은 우리는 항상 우리가 다른 사람들 및 세상과 맺는 특정한 관계유형 속에 존재하며, 느낌과 감정이 그러한 관계의 서로 다른 측면들에 대해 우리가 마음속에 간직하고 있는 육체화된 감을 형성한다는 것이다.** 그러한 관계에 대한 감이 없이는 어떠한 느낌이나 감정도 존재하지 않을 것이다. 내가 어떤 사람 또는 어떤 것과 관계 맺고 있는 방식 그리고 그것들이 주어진 특정한 상황과 맥락에서 나와 관련되어 있는 방식에 준거하지 않고는, 나는 어떤 사람이나 어떤 것을 사랑하거나 미워할 수 없다. 나의 느낌에 의미와 의식을 부여하는 것이 바로 이것이다. 우리가 누군가를 사랑하거나 미워할 때, 그것이 보통 그가 우리에게 영향을 미치는 방식이나 그가 특정한 상황에서 행동해온 방식과 관련되어 있는 것은 이러한 이유에서이다. 하지만 동시에 우리의 몸-마음의 어떤 수준에 그러한 느낌이 등록되지 않는다면, 사랑의 경우에는 그것이 개인 상호 간의 매력뿐만 아니라 자주 신체적 매력으로 등록되지 않는다면, 우리는 그러한 것들을 **느끼지** 못할 수도 있다. 하지만 이것은 그러한 느낌들 — 그중 일부는 감정이다 — 이 생물학적으로 주어지고 그다음에 단지 사회적 의미와 언어를 통해 표현되거나 이해된다는 의미에서 '자연적'이라는 것을 의미하지는 않는다. 오히려 우리는 사회적 언어 사용자로 성장하기 때문에, 느낌처럼 말도 우리의 몸의 습관이나 조음의 하나이며, 따라서 우리가 느끼고 생각하는 것은 결코 우리가 말, 보다 일반적으로는 언어와 사회적 의미를 직감하는 것과 다른 어떤 것일 수 없다. 기차에서 자신의 아내의 자리에 앉아 있던 여성에게 공격적으로 행동한 남자처럼, 그의 감정적 반응은 상황이 그에게 갖는 사회적 의미, 그의 사회적 지위의 위치, 그리고 얕잡히고 있지 않는가 하는 그의 불안과 분리되어 이해될 수 없다. 이러한 상황이 복잡한 까닭은 그 상황이 인간의 몸과 마음을 사회적으로 의미 있는 상황과 연관시키기 때문이다. 몸-마음 없이는 우리가 우리의 상황 그리고 다른 사람들과의 관계유형을 **느낄** 수 없지만, 그러한 관계와 상황이 지닌 사회적 의미 없이는 우리의 느낌과 감정은 자의적이고 무의미할 것이다. 감정의 이해를 심리적, 생리적, 신경학적 또는 심지어 사회적 상황 자체로 축소시키고자 하는 시도는 단지 늘 부분적이거나 만족스럽지 못한 것이 될 것이다. **감정에 대한 복합적 이해는 우리로 하여금 사회적으로 의미 있는 관계가 우리의 몸-마음에 등록되고 일정한 자각 수준에서 우리가 그것을 느끼게 되는 방식을 이해할 수 있게 해준다.** 감정은 항상 사회적으로 의미 있는 것과 담론적인 것을 그 구성 요소로 하고 있다. 왜냐하면 감정이 구체적인 상황 속에서 육체화되기 때문이다.

다음으로 감정이 복합적인 것은 그것이 복잡하고 얽히고설킨 현상이기 때문이다. 하지만 거기에는 또한 'complex'라는 단어의 세 번째 의미 또한 존재한다. 그것은 "그는 몸무게에 대한 콤플렉스를 가지고 있어",

"그녀는 교육을 받지 못한 것에 대한 콤플렉스를 가지고 있어"에서처럼, 보통 어떤 사람이 자신에 대한 생각에 과도하게 사로잡혀 있거나 집착하는 것을 가리킨다. 정신분석학에서 이 콤플렉스라는 용어는 억압된 또는 부분적으로 억압된 심적 만족이 유별난 또는 비정상적인 생각이나 행동으로 나타나는 심적 상태를 표시하기 위해 사용된다. 이런 식으로 신경증적 또는 히스테리적 행동은 콤플렉스의 결과로 이해된다. 이것은 내가 거부하는 설명의 하나이다. 왜냐하면 이러한 설명은 재차 단지 심적 과정의 결과일 뿐으로 인식되는 특정한 감정상태 또는 행동상태에 의거하기 때문이다. 하지만 느낌과 감정에 대한 나의 이해 속에서 콤플렉스는 우리가 그것을 심적 과정만으로 규정하지 않을 때 하나의 의미를 가질 수 있다. 그러니까 이를테면 콤플렉스는 (기차에서 내 자리에 앉아 있는 어떤 사람처럼) 어떤 주어진 상황의 관계유형과 관련되어 있을 수 있다. 그러한 상황은 내가 특정한 방식으로 행동하게 하는 경향이 있는 과거의 관계유형에서 끌어내진 느낌과 감정의 형상을 만들어낸다. "그들은 항상 내게 잔소리를 해", "왜 그런 일이 항상 나한테 일어나는 거야", "그들이 나를 깔보고 있어", "내가 그들에게 본때를 보여주겠어" 같은 것이 바로 그러한 관계유형들이다. 그게 아니면, 콤플렉스는 "다른 사람이 내 자리에 앉아 있으면, 어떻게 하지?", "자리를 옮겨달라고 할까?", "아니 객실에는 빈 좌석이 많이 있어"와 같은 식으로 진행될 수도 있다. 비록 이것이 언어적 용어로 표현되지만, 직접적 상황에서 그러한 반응이 단지 느낌에 지나지 않을 수도 있을 때, 그것은 하나의 콤플렉스가 구체적 상황에서 어떻게 발생하는지를 예증한다. 즉, 콤플렉스는 나의 전기상에서 과거의 관계유형으로부터 생겨난 느낌 및 생각과 관련한 나 자신의 신체적 성향을 조건으로 하여 사회적 상황과 내가 그 상황과 맺는 관계에서 형성된다.

콤플렉스에 대한 우리의 통제는 특정 상황, 그리고 또한 그 상황 내에서 우리가 갖는 성향의 일관성과 강도 — 우리의 느낌의 일관성과 강도 — 에 달려 있을 것이다. 뷰이텐디크(Buytendijk, 1965/1974)가 지적했듯이, 우리는 감정 속에서 자주 마치 우리가 이해할 수 없는 힘, 즉 우리가 통제할 수 없는 것에 좌우되는 것처럼 느끼고, 때로는 우리는 그것이 우리의 몸이라고 느낀다. 따라서 얼굴이 붉어지거나 시험을 보다가 당황하는 경우 우리는 감정에 **압도당한다**. 그 이유는 평정심, 기억, 그리고 우리의 몸과 생각에 대한 통제력을 상실하기 때문이다. 이것이 바로 특정한 상황 — 다른 사람 앞에서의 사회적 어색함 또는 시험 — 으로 인해 초래되는 강박충동이다. 이것은 하나의 신체적 질병*disease*으로 경험되지 않지만, 또 다른 의미에서의 불편함*dis-ease*이다. 그것은 개인적 혼란과 평정심 상실의 **신호**이다. 뷰이텐디크가 말하듯이, "수줍음이나 공포를 불러일으키는 것은 만남의 장의 언저리에서 신체적 이상과 개인적 무기력이 발생할 **가능성**으로부터 생기는 **신호**"이며, 따라서 신체적 반응은 "개인의 e-motio가 이미 상황에 의해 규정되었다"는 것을 증명한다(Buytendijk, 1965/1974: 177, 강조는 원저자). 그때 그 상황이 평정심의 상실 가능성과 신체적 성향 — 그러한 상황에서 그처럼 통제력을 상실하는 것에 대한 '우리 존재의 잠정적 스케치'(Buytendik, 1965/1974: 179) — 을 포함하는 것으로 독해될 때 콤플렉스가 발생한다. 동일한 상황에 대한 개인들의 서로 다른 반응은 그들에게 그 상황이 서로 다른 의미를 가지기 때문이다. 그리고 그 의미들은 과거의 전기적 경험에 달려 있다. 뷰이텐디크가 지적하듯이, 생리적 반응 그 자체는 이를테면 우리가 수줍어할 때 얼굴이 붉어지는 것과 같이 아무런 목적도 가지지 않지만, 그것은 그 사람이 그 감정을 형성하는 상황에 대해 갖는 생생한 신체적 의식을 나타낸다.

하지만 뷰이텐디크가 볼 때, '감정적인 것' 또는 '감정적이 되는 것'은 항상 통제할 수 없음을 경험하는 것, 즉 앞서의 상황들과 유사한 방식으로 상황에 장악되어 있음을 경험하는 것 속에서 일어난다. 공황 발작이나 사랑에 **빠지는** 것에서처럼 느낌 또는 감정이 우리를 완전히 압도하고 장악할 수 있다. 이러한 사실은 우리는 항상 통제력을 잃지 않으며 우리의 의지력이 최상에 있다는 환상은 물론, 우리는 우리에게 발생하는 일을 한결같이 계속해서 의식하고 있다는 관념에 이의를 제기한다. 하지만 이것이 우리가 느낌과 감정을 경험하는 유일한 방식은 아니다. 우리가 그 순간 무엇을 느끼는지를 우리가 의식하고 그것을 일정 정도 통제할 수 있는 능력을 가지고 있는 상황들도 존재한다. 앞서 내가 말했듯이, 그것은 상황의 일관성과 강도, 그리고 또한 그러한 상황에서 우리가 가지는 성향의 일관성과 강도에 의존하거나, 아니면 그러한 상황 속에서 우리가 사람 및 사물과 맺는 관계의 성격 그리고 그것이 우리에게 영향을 미치는 방식에 의존할 것이다. 이를테면 만약 일터에서 상관이 나의 능력에 대해 나무라고 어쨌든 내가 직장을 그만두려고 한다면, 내가 절실히 직장을 필요로 하거나 원할 때보다 상사의 나무람에 그리 예민하게 반응하지 않을 가능성이 크다. 만약 직장이 절실했다면, 나는 화가 나거나 당황할 가능성이 더 크다. 어떤 경우에, 이를테면 우리가 실제로 잘 알지 못하는 어떤 사람의 불행에 관심을 보일 때처럼 정서는 가장되기도 한다. 따라서 내가 여기서 개진하고자 하는 것은, 다양한 느낌과 감정의 경험들이 존재하고, 그러한 경험에 대한 우리의 통제는 어쩔 수 없이 영향을 받을 수밖에 없는 한쪽 끝에서부터 매우 많은 통제를 하고 그것에 요구되는 반응을 하는 다른 한쪽 끝에 이르기까지 다양할 것이라는 것이다.

감정과 관계

나는 이 책 도처에서 사용될 여러 핵심 용어들을 정의해왔고, 이제 내가 '관계'라는 용어, 따라서 관계유형으로서의 감정을 거론할 때 내가 의도하는 것에 대해 말할 필요가 있다. 케네스 거겐Kenneth Gergen은 감정의 관계적 맥락에 대한 연구를 개척해왔으며, 베이트슨과 유사한 방식으로 다음과 같이 주장했다. "공동체가 관례적인 관계 맺기 양식을 산출한다. 그러한 관계 내의 행위유형은 자주 명칭을 부여받는다. 그중 몇몇 행위형태들은 (현재 서구의 기준으로) 감정을 가리키는 것으로 언급된다"(Gergen, 1994: 222). 나와 마찬가지로 거겐은 감정은 관계와 별개로 존재하는 하나의 사물 또는 실체가 아니라고 주장한다. 오히려 그는 우리가 감정을 관계 내에서 수행한다고 주장한다. 이것은 배우가 무대에서 연기하는 것과 얼마간 유사하다. 특정한 경우에 관계유형은 **감정 시나리오** — 비공식적 각본에 따르는 상호 교환 유형 — 로 간주될 수도 있다. 개인들이 감정을 수행하는 것도 바로 그러한 시나리오 내에서이다. 그러한 감정은 개인의 통제하에 있지 않지만, 그 시나리오의 특정한 관계에 의해 요청된다. 이를 설명하기 위해 거겐은 자신이 린다 해리스Linda Harris와 잭 라나만Jack Lannamann과 함께 수행한 연구뿐만 아니라 피어스와 크로넨(Pearce and Cronen, 1980)이 수행한 연구에 의존하여, 관계 내에서 악화되는 불필요한 반복적 적대감의 한 유형인 부부간의 가정폭력이 어떻게 당사자들 중 어느 쪽도 원래 의도하지 않은 물리적 폭력으로 끝나는지를 보여준다. 또한 특정한 상황에서, 이를테면 한 당사자가 다른 당사자를 과도하게 트집 잡는 것과 같은 경우 폭력이 용인되지 않은 상황에서도 폭력이 발생할 가능성이 크다는 견해도 제출되었다. 하지만 거겐이 이 소수의 사례들을 통해 지적하는 것은 특정한 시나리오 속에서 폭력 행위는 개인 내에 억제되어 있는 감정상태 ― 이를테면 화와 격분 ― 의 결과가 아니며, 그러한 감정은 관계 시나리오 자체의 일부 ― 이 경우에 적대감의 악화와 화해 기회의 축소 ― 로 출현한다는 것이다. 감정 시나리오의 전개 과정을 변경하거나 바꾸는 선택은 항상 가능하지만, 일단 시나리오가 작동하면 그러한 선택은 그것이 납득할 수 있는 행위인지를 규정하는 문화적 전통에 의해 제약된다.

하지만 내가 제6장에서 보여주듯이, 감정을 각본을 따르는 공연으로 보는 견해에는 한계가 있다. 비록 사람들이 현재의 관계의 맥락에서 자신들의 감정 시나리오의 각본을 비공식적으로 쓰기는 하지만, 그들은 또한 내가 앞에서 예로 든 기차 안의 남성과 여성이 그랬던 것처럼 그들 자신의 전기와 성향을 시나리오 또는 상황 속으로 끌어들인다. 아마도 그러한 시나리오는 각본에 따라 전개되는 '공연' 못지않게 과거로부터 나온 성향에 따른 행동으로 가장 잘 이해될 것이다. 따라서 나는 거겐의 감정에 대한 관계적 견해 배후에 자리하고 있는 의도에 대해서는 크게 공감하지만, 그가 관계적 맥락에서 감정을 이해하기 위해 사용하는 개념들에 대해서는 의견을 같이하지 않는다. 게다가 그는 자신이 '관계'라는 용어로 말하고자 하는 바를 정의하지 않고, 우리가 그 용어가 의미하는 바를 당연히 알고 있다고 간주한다. 거기에는 거겐이 앞에서 언급한 것과 같은 개인적 관계는 물론이고 보다 광범한 사회적 관계들도 존재한다. 나는 곧 이 문제를 다시 다룰 것이다.

나는 잠시 나와 거겐의 또 다른 점을 언급하고 싶다. 그것은 바로 그가 감정적 삶에서 중요한 것으로서의 '경험'을 거부한다는 것이다. 거겐이 경험이라는 용어를 거부하는 까닭은 그 용어가 개인주의적이고, 초점을 관계로부터 다른 곳으로 돌리게 한다고 그가 느끼기 때문이다. 하지만 우리가 상황과 그 상황 내에서의 경험에 대한 존 듀이의 생각을 따른다면, 그렇게 생각할 필요가 전혀 없다. 왜냐하면 '경험'이라는 용어는 순전히 주관적이거나 사적인 어떤 것을 나타내는 것이 아니라 오히려 사람과 그들의 환경 ─ 다른 사람과 대상을 포함하여 ─ 간의 상호작용을 의미하기 위해 사용되기 때문이다. 그러므로 듀이에게서 경험은 기본적으로 주관적인 것이 아니라 관계적인 것이다. 경험은 다른 사람과의 관계는 물론 그가 직면한 상황의 전체 맥락과의 관계 속에서 이루어진다. 따라서 경험은 계속해서 진행되는 하나의 과정이다. 그리고 상호작용은 그 과정 속의 특정한 상황 내에서 확인할 수 있는 동적인 관계들 속에 자리하고 있다(Dewey, 1934/1980). 이것이 내가 이 책에서 따를 경험에 대한 정의이며, 아래에서 이 용어를 그렇게 중시하는 이유이기도 하다.

관계의 문제로 되돌아가서, 여기서 내가 관계에 대해, 그리고 특정한 관계적 맥락에서만 출현하는 감정에 대해 말할 때 내가 말하고자 하는 것은 무엇인가? 나는 관계에 대한 이해는 **상호작용**에 초점을 맞추어야만 한다는 크로슬리(Crossley, 2011)의 주장에 동의한다. 여기서 상호작용은 기본적으로 사람들 간의 상호작용 또는 상황에 따라서는 사람과 사물(이를테면 무생물 대상) 간의 상호작용 또는 사람과 다른 살아 있는 피조물 간의 상호작용을 말한다. 이러한 의미에서 "하나의 사회적 관계는 교량과 유사한 하나의 대상이 아니라 오히려 상호작용 과정 내에서 일어나는, 행위의 변화하는 상태이다"(Crossley, 2011: 28). 이는 사회적 관계가 여전히 동일한 상태에 있는 정적인 것이 결코 아니라 시간이 경과함에 따라 연속적으로 변화가 일어나는 과정 속에서 전개된다는 것을 의미한다. 사회적 관계는 예측할 수 없고 함께 만들어가는 동적인 것이다. 따라서 어떤 한 사람이 그 관계가 전개될 방식을 결코 전적으로 통제할 수 없다.

내가 여기서 발전시킬 관계적 접근방식은 에미르베이어(Emirbayer, 1997)의 접근방식을 따른다. 그의 주장에 따르면, 관계사회학*relational soci-ology*은 사회체계를 기본적으로 실체 또는 '사물'로 구성되는 것으로 파악하지 **않는다**. 그러한 실체론적 관점은 그러한 실체나 사물을 탐구의 기본 단위로 삼는다. 반면 관계적 관점은 (감정과 같은) 탐구의 용어 또는 단위를 이해하고자 하며, 이를 위해 사회적 관계 속에서 그러한 것이 차지하는 위치로부터 그것의 의미, 중요성, 독자성을 도출한다. 그리고 사회적 관계는 결코 종결될 수 없는, 계속 전개되는 하나의 동적인 과정으로 여겨진다. 그러한 관계는 구성 요소를 이루기보다는 그 자체로 분석의 기본 단위가 된다. 비록 에미르베이어가 듀이와 벤틀리(Dewey and Bentley, 1949)를 따라 그것을 상호작용적*interactional* 접근방식과 대비되는 교류적 *transactional* 접근방식이라고 칭하지만(전자의 용어는 우주의 고정된 실체들 간의 인과적 상호작용에 대한 뉴턴식의 이해와 유사하게 정적 실체들의 상호작용에 관한 실체론적 용어로 고안되었다), 여기서 나는 크로슬리처럼 상호작용이라는 용어를 계속해서 사용할 것이다. 이는 부분적으로는 그것이 사회과학에서 친숙한 용어이기 때문이다. 그러나 또한 내가 그 용어를 통해 말하고자 하는 것은 뉴턴적 의미가 아니라 (듀이의 초기 저작을 포함하여) 실용주의자들이 사용한 관계적 의미의 상호작용이다. 다시 말해 상호작용은 요소들 간에 진행되는 관계적 과정이다. 그리고 그러한 요소들은 그 과정의 어떤 지점에서 독자적인 것으로 이해되지 않는다. 왜냐하면 각 요소는 관계 속에서 각기의 의미와 독자성을 지니기 때문이다. 더 나아가 그러한 의미와 독자성은 관계 과정 속에서 변화한다. 이는 감정의 경우에도 마찬가지이다. 내가 여기서 제창하는 접근방식에서 감정은 실체가 아니라 단지 사람들 간의 관계 과정에서만 생겨나고 특정한 의미를 지닌다. 인간의 정체성과 마찬가지로 감정은 (내가 제5장에서 주장하듯이) 고정된 실체로 이해되는 것이 아니라 복잡하고 유동적이고 대화적인 사회적 관계 내에서 그 형태를 취하고 그것에 따라 행동하는 다성적 자아*polyphonic self*로 이해된다.

이러한 의미에서 관계는 유형화된 결합태로 이해될 수 있다. 이는 노르베르트 엘리아스(Norbert Elias, 1939/2000)가 결합태를 하나의 댄스와 같은 것으로 이해한 것과 같다. 콘서트에서 연기하는 무희들은 춤을 통해 유형화된 활동을 창출한다. 댄스가 무희들과 독립되어 있을 수 없지만, **어떤 특정 무희**와는 독립되어 존재할 수 있다. 춤 속에서 서로 다른 댄스 스타일들은 하나의 사회적 과정 속에서 서로 소통하고 학습한다. 그리고 그 과정에서 어떤 댄스 스타일은 상대적으로 오래 지속되어 인지 가능한 유형의 동작이 되고, 개별 무희들은 그것을 통해 춤을 학습한다. 이것이 바로 춤이 수많은 개인적 또는 집합적 관행의 변화를 통해 확산되고 지속되고 증식되고 변형되는 방식이다. 그러나 댄스는 또한 물질적이다. 왜냐하면 그것은 육체화된 사회적 학습에 의존하는 하나의 관행이기 때문이다. 그리고 격한 연습으로 인해 동작 저장소에 자리 잡은 근육의 기억은 격렬한 연습과 함께 힘들이지 않고 하나의 몸 자세에서 다른 몸 자세로 나아갈 수 있게 해준다.[1] 유사한 방식으로 정서적 관행도 무수한 사회적 관계를 통해 확산될 수 있다. 하지만 여기서도 사회적 관계는 봉쇄된 '사회'와 같은 절대적 경계를 갖는 실체가 아니라 계급, 집단, 분파 간의 관계로 인식된다. 계급, 집단, 분파들도 역시 경계 지어진 실체가 아니다. 오히려 그것들은 다중적이고 서로 교차하는 상호작용과 관행의 네트워크들이다. 또한 내가 제2장에서 보여주듯이, 그것들은 물질적·경제적 요소들이며, 그러한 요소들이 서로 다른 유형의 관계를 뒷받침하고, 그리하여 서로 다른 유형의 정서적 관행이 가능하게 만든다. 그러나 이는 감정 시나리오 – 그 속에서 극적인 만남이 일어난다 – 가 관계의 환경 – 그 속에서 보다 광범한 문화적 양식이 작동한다 – 을 이룬다는 것을 의미한다. 이는 기차에서 사회계급과 젠더 관계가 환경에 스며들어 있던 것과 같은 이치이다. 서로 다른 양식의 남성성과 여성성, 그리고 서로 다른 지위의 신체적 드러남과 사회적 구별 짓기가 드라마의 각본을 쓰는 데 일조한다. 관계 네트워크들이 교차하고 중첩되기 때문에, 거시적인 것 – 계급, 집단, 분파 간의 관계 – 과 보다 광범한 사회관계의 틀 내에서 발생하는 미시적인 것 – 특정 상황에서의 대면적 상호작용 – 을 구분할 수 있는 어떠한 방법도 존재하지 않는다.

어쩌면 사회관계, 그리고 상호작용의 장면은 단지 "일시적으로 끼어든 하나의 사회적 맞물림*social engagement* 과정"으로 이해될 수 있을 뿐일지도 모른다. 사회적 맞물림은 "과거(그 습관의 측면에서)에 의해 인도되지만, 또한 미래(대안적 가능성을 상상하는 능력이라는 면에서)와 현재(그 순간의 상황 속에서 과거의 습관과 미래 프로젝트를 맥락화하는 능력이라는 면에서)를 지향한다(Emirbayer and Mische, 1998: 963). 레이먼드 윌리엄스(Raymond Williams, 1977)가 그의 에세이 「느낌의 구조*structures of feeling*」에서 논평했듯이, 하나로 된 거대한 덩어리로 인식되는 문화와 사회는 습관적으로 과거 시제로 표현된다. 과거는 고정된 객관적인 명시적 형식인 반면, 현재의 순간은 보다 활동적이고 주관적이고 유연하다. 왜냐하면 현재는 확실하게 정의되지 않는 미래를 향해 움직이기 때문이다. 고정된 과거의 형식들 – 사회, 문화, 춤 – 은 "현실의 관계, 그리고 더 나아가 고정된 단위들 간의 정연한 상호작용 그 이상의 관계 속에 생생하게 살아 있을 때에만"

활기 있고 실제적 의식*practical consciousness*의 일부가 된다(Williams, 1977: 130). 적극적 상호작용의 순간에 "우리는 의미와 가치에 관심을 가진다. 왜냐하면 그것들이 생생하게 살아 있고 또 느껴지기 때문이다". 이러한 실제적 의식의 과정 속에는 생각과 느낌 간의 구별이 존재하지 않는다. 그 대신 상호작용의 순간에는 "충동, 자제, 어조가 갖는 특징적 요소들, 구체적으로는 의식과 관계가 갖는 정서적 요소들, 생각과 대립하는 것으로서의 느낌이 아니라 느낀 것으로서의 생각과 생각으로서의 느낌, 살아 있고 상호 관련되어 있는 연속체 속에 존재하는 현존태에 대한 실제적 의식"이 존재한다(Williams, 1977: 132). 윌리엄스는 이를 느낌의 **구조**라고 말한다. 왜냐하면 그것은 단순한 유동*flux*이 아니기 때문이다. 그것은 형성되기 이전 상태에 있는 새로운 의미로 감지되고, 그것의 의미론적 표상이 만들어져서 그것에 완전한 표현을 부여할 수 있을 때 분명하게 말로 표현되게 된다. 하지만 여기서 우리에게 중요한 것은 상호작용의 현 순간에 느낌과 생각은 하나이자 동일한 것이라는 것이다. 느낌과 생각은 실제적 의식의 일부이다. 이 실제적 의식은 과거로부터 사회적으로 주어진 의미들을 작동시키고 경험하게 하지만, 현 순간에 그리고 그것이 미래를 상상할 때 새로운 의미를 창출할 수도 있다. 나는 이러한 관념들을 느낌과 감정에 대한 미학적 이해를 더욱 발전시키는 제3장에서 탐구할 것이다.

하지만 앞서 말했듯이, 그러한 관계 내에는 다양한 정도의 권력이 존재한다. 따라서 어떤 사람들은 다른 사람들보다 더 영향력을 행사할 수 있고, 그리하여 의미 관계는 결코 완전히 조화를 이룰 수 없다. 모든 관계에는 얼마간 갈등, 긴장, 경쟁이 존재하거나 최소한 그러한 것들이 출현할 가능성이 존재한다. 다시 한 번 더 기차 안의 젊은 남자는 이를 예증하는 데 기여한다. 왜냐하면 서로 다른 사회적 배경을 가지고 있고 또 상황을 서로 매우 다르게 인식하는 사람들 간의 상호작용은 잘못된 의사소통과 감정상태의 조율 부족으로 이어질 수 있기 때문이다. 우리가 이 사례에서 역시 알 수 있는 것은 사람들이 서로 관계 맺고 상호작용하는 특정한 상황들은 사회를 가로질러 뻗어 있는 보다 광범한 사회적 관계들 — 이를테면 사회계급 간의 그리고 젠더 간의 관계와 갈등 — 에 의해 서로 교차된다는 것이다. 또한 이 목록에 서로 다른 민족성과 종교 집단을 포함시킬 수도 있다. 그러한 것들은 국지적 맥락에서 개인들 간의 관계에 영향을 미칠 수 있으며, 그러한 관계들은 관련된 특정한 사람들에 대한 인식, 태도 또는 편견에 달려 있다. 국지적 맥락은 과도하게 결정된 방식으로는 아니지만 보다 광범한 사회관계 네트워크에 영향을 받는다. 우리가 다음 장에서 살펴보겠지만, 사실 국지적 맥락은 보다 광범한 갈등 관계에 피난처를 제공할 수도 있다. 나는 이러한 국지적 맥락을 '감정상황'이라고 부르고, 그것을 전체 사회 내의 보다 광범한 사회적 관계 내에 위치시킬 것이다. 나는 이것을 감정이 발전하고 전개되는 역사적·문화적 관계를 고찰하는 다음 장에서 예증할 수 있기를 바란다. 그것에 앞서 나는 이 책의 각 장에서 이어질 내용을 간략히 요약하고자 한다.

각 장의 요약

관계유형으로서의 감정, 그리고 복합체로서의 감정이라는 관념이 아래의 도처를 관류하고 있다. 제2장에서 나는 감정이 사회관계가 변함에 따라 변해왔음을 시사하는 역사적·인류학적 증거들을 고찰한다. 이러한 견해는 모든 인간사회와 문화에서 보편적으로 발견되는 다수의 '기본 감정'이 존재한다는 관념과 배치된다. 감정에 관한 방대한 양의 역사적·인류학적 저작들이 존재하며, 그중 일부가 보편적 감정의 관념을 지지한다면, 다른 저작들은 감정의 가변성을 강조한다. 이들 저작은 하나의 장에서 모두 개관할 수 없을 정도로 방대하다. 따라서 나는 낭만적 사랑의 역사에 초점을 맞춘다. 12세기에 서구 사회에서 낭만적 사랑이 출현했다는 것은 오늘날 우리가 자연적인 초시간적 감정으로 이해하는 것이 하나의 역사를 가진다는 것을 시사한다. 즉, 감정은 사회관계에서 중요한 변화가 발생한 특정한 시기에 특정한 장소에서 유래한다. 그리고 또한 그러한 변화가 새로운 관행을 뒷받침하여, 우리가 사랑하고 있다는 것과 결부시키는 느낌이 출현할 수 있게 해준다. 같은 맥락에서 나는 서구에서 중세 내내 우리가 공격성aggressiveness이라고 부른 감정에서 일어난 변화를 고찰하고, 브라질 판자촌에서 슬픔이라는 감정을 대상으로 하여 수행된 인류학적 연구를 고찰하는 것으로 제2장을 끝맺는다. 이 장에서 내가 목적으로 삼은 것은 감정이 어떻게 사회관계에 뿌리를 내리는지, 그리고 어째서 감정이 몸과 다양한 느낌을 수반하는 복합적 현상인지를 보여주는 것이다. 왜냐하면 감정이 역사적 시대마다 변화하고 문화에 따라 다르기 때문에, 감정은 단지 담론적으로만 이해할 수 있는 것이 아니기 때문이다.

이 테마는 느낌과 감정에 대한 미학적 이론을 발전시키는 제3장에서도 계속 이어진다. 이 미학적 이론은 의미를 만들어내고 경험하는 신체 과정의 중심에 느낌과 감정이 자리하고 있다고 인식한다. 거기서 나는 감정경험이 발생하기 위해서는 특정 상황에 대한 신체적 반응과 그러한 경험에 대한 주의 깊은 자각 ─ 이는 언어, 단어의 의미, 은유 속에서 표현된다 ─ 이 융합되어야만 한다는, 감정에 대한 복합적 이해를 주장한다. 나는 감정이 어떻게 서로 다른 느낌들로 구성되는지, 그리고 다음으로 그러한 느낌들이 어떻게 발생하는지를 이해하기 위해서는 그러한 복합적 현상 전부를 설명할 필요가 있다고 주장한다. 이러한 주장은 나로 하여금 제4장에서 현대 신경과학, 특히 감정에 대한 신경과학적 이해를 시도해온 안토니오 다마지오*Antonio Damasio*의 연구를 고찰하게 한다. 그에 따르면, 감정은 또한 몸과 마음을 결합하는 것이다. 그리고 이는 신경과학의 대부분의 다른 연구들에서는 무시되어온 것이다. 하지만 나는 다마지오를 비판적으로 조명하는 과정에서 그의 연구가 감정이 사회관계 속에서 만들어지는 방식을 이해하지 못함으로써 감정에 대한 복합적 견해에는 미치지 못하고 있음을 발견한다. 도리어 내가 부적절하다고 판단한 이러한 형태의 신경과학은 감정에 대한 인지-행동 모델을 채택하고 있다. 하지만 나는 제4장의 말미에서 내가 여기서 발전시키고 있는 종류의 감정 설명 방식에 맞게 더욱 개작할 수 있어 보이는, 현재 신경과학에서 출현하고 있는 연구를 고찰한다.

이들 테마 중 일부는 제5장에서도 계속 논의된다. 왜냐하면 다마지오는 감정연구에서 나타나는 몸과 마음의 이원론뿐만 아니라 이성과 감정의 이원론에 대해서도 도전하기 때문이다. 나는 제5장 도처에서 이원론을 진전시키지만, 러시아 이론가 미하일 바흐친*Mikhail Bakhtin*과 함께 듀이, 미드*Mead*, 쿨리*Cooley*의 실용주의에 의지하여 매우 상이한 방식으로 그렇게 한다. 거기서 나는 감정이 우리가 '합리적' 사고라고 부르는 것과 분리된 어떤 것이 아니라, 우리가 자주 '이성'과 대립시키는 상상과 같은 다른 요소들과 함께 합리적 사고에 필수적이라고 주장한다. 더 나아가 감정경험에서 그토록 중요하고 또 느낌에 기초를 두고 있는 자아도 이 접근방식에서는 하나의 인지적 현상 — 표상의 한 형태 — 이 아니라, 특정한 상황에서 일어나는 끝나지 않은 복잡한 사회관계와 신체적 상호작용 속에서 틀 지어지고 또 그것들에 의거하여 행위 하는 다성적인 대화적 개인으로 이해된다. 이는 현재 심리학에서 전개되고 있는 정서에 대한 인지적 이론, 즉 감정과 자아를 인지적 정보처리 과정의 요소들로 이해하는 이론에 반하는 것이다.

제6장에서는 다시 기어를 약간 바꾸어 감정에 대한 사회학적 연구, 특히 알리 러셀 혹실드*Arlie Russell Hochschild*의 독창적인 연구에서 유래한, 서비스 노동자의 '감정노동' 연구에 대해 고찰한다. 그녀가 시작한 감정노동*emotional labour*과 감정작업*emotion work*의 연구가 사회과학과 그것 너머로까지 지대한 영향을 미쳐왔지만, 감정노동 개념 속에서 발전한 실제 감정 이론에는 거의 주의가 기울여지지 않았다. 이 장에서 나는 감정노동, 감정작업, (감정상황을 지배하는) 감정규칙과 같은 혹실드의 개념들을 비판적으로 검토하고, 계속해서 내가 이 책에서 진전시키는 감정에 대한 관계적이고 복합적인 이해에 기초하여 노동에서만이 아니라 우리의 삶 전체에서 감정과 감정적 삶이 발생하는 방식에 대한 상이한 견해를 발전시킨다. 그다음에 나는 영국 NHS에서의 간호 행위에 관한 연구를 활용하여, 감정이 우리의 노동 생활에서 중심적이 되는 방식을 설명하는 데 이 견해를 적용한다.

마지막으로, 제7장에서는 감정이 권력관계와 정치에서 수행하는 역할을 연구한다. 나는 2003년 임박한 이라크 전쟁에 반대하는 대중저항에 관한 사례연구에 초점을 맞추어서, 감정이 권력이론과 통치 테크놀로지에서 등장하는 방식을 고찰한다. 거기서 내가 제시하는 테제는, '테러와의 전쟁' 동안에 권력을 장악한 사람들이 공포를 주입하여 감정을 지배하고자 시도했지만, 많은 사람에게 감정은 미리 예측할 수 없는 것이기 때문에 그러한 시도는 전혀 불가능한 일이었다는 것이다. 나는 또한 이 책의 테마들을 결합하여 다음과 같이 결론짓는다. 감정은 사람들이 다른 사람들, 중요한 사회적·정치적 사건이나 상황 모두와 맺는 관계유형에 뿌리내리는 방식에 대한 하나의 반응이다. 그리고 그러한 반응은 사람들이 갖고 있던 가치와 이전에 맺고 있던 관계에 달려 있는 개인적인 전기적 요소에 따라 다르다. 더 나아가 감정은 사회관계 속에서 출현하지만, 그러한 관계는 항상 변화하며, 따라서 감정 역시 계속해서 변화한다. 왜냐하면 감정이 그러한 출현하는 관계의 일부이기 때문이다. 따라서 감정은 사회관계를 틀 짓는 동시에 사회관계에 의해 틀 지어진다. 왜냐하면 감정과 사회관계는 시간이 경과하며 변화하고 바뀌기 때문이다.

주·1　나는 이 부분을 이러한 식으로 표현하라고 조언해준 제이슨 휴스에게 고마움을 표하고자 한다.

2

역사적·문화적 관계와 감정

감정이 관계유형이라면, 우리는 사회적 관계가 변화함에 따라 상이한 역사적 시기마다, 그리고 상이한 관계유형이 발견되는 상이한 문화마다 감정이 다른 것이라고 기대할 수 있다. 실제로 역사학자, 사회학자, 인류학자들이 수집한 다량의 증거들은 이것이 사실이라고 말하고 있다. 비록 그중 많은 것에 논쟁의 여지가 많이 있지만, 나는 이 장에서 그러한 증거의 일부에 근거하여 논의하고자 한다. 일부 사회학자, 그리고 분명히 많은 심리학자들은 여전히 모든 역사적·문화적 맥락에서 인간존재에 공통적인 '기본 감정'이 존재한다고 주장한다. 왜냐하면 그러한 감정들은 특정한 사회와 문화에 영향을 받기 이전에 생물학적 진화를 통해 발전해왔다고 보기 때문이다. 나는 이 논쟁에 관해 이야기하는 것으로 이 장을 시작하고, 그다음에 역사적 시기와 상이한 문화에서 나타나는 감정적 삶의 형태의 차이에 관한 문제로 넘어갈 것이다. 단 하나의 장에서 역사적 문헌과 인류학적 문헌에서 나타나는 감정과 관련한 모든 증거를 검토할 수는 없기에, 나는 세 가지 서로 다른 연구 영역에 초점을 맞추어 그 맛을 보여 줄 것이다. 나는 첫 번째로 12세기에 서구적 유형의 '낭만적' 사랑 또는 '에로틱한' 사랑이 출현한 것을 다룰 것이고, 두 번째로 유럽에서 12세기 부터 18세기 사이에 '세련된' 또는 '문명화된' 감정적 행동 유형에서 일어 난 변화에 대해 논의할 것이다. 그리고 나는 세 번째로 브라질 판자촌에 서 수행된 '모성애'와 아이의 죽음에 대한 반응에 관한 인류학적 연구를 검토할 것이다. 그다음에 나는 '감정'이라는 관념이 특정한 담론적 관행 에 기초한 서구적 사고 유형인지에 관한 인류학의 논쟁을 고찰한다. 감정 에 대한 인식을 전혀 가지고 있지 않은 문화가 대체 존재하기는 하는가?

기본 감정

때때로 언급되는 기본적 또는 일차적 감정들과 관련한 관념에 따르면, 그 것들은 인간의 진화뿐만 아니라 몇몇 여타 동물 종의 진화에서 출현하여 뇌에 '고정된' 신경생리적 각성 상태이다. 그리하여 한때 그러한 감정들 은 어떤 적절한 자극이 그것들을 불러일으킬 때마다 생겨나는 것으로 생 각되었다. 이러한 관념은 감정에 대한 다윈Darwin의 저작을 그대로 따른 다(나는 다음 장에서 이에 대해 보다 상세하게 다룰 것이다). 다윈은 감정을 특정한 조건하에 어떤 종에서 발생하여 진화 과정을 통해 생물학적으로 깊이 뿌리내린 습관적 행위로, 그리고 그러한 특정한 습관이 유전에 의해 세대를 통해 이어지는 것으로 이해했다(Darwin, 1872/1965). 그를 따르는 오늘날의 심리학자들처럼, 다윈은 그러한 기본 감정 내지 일차적 감정을

표현하는 것으로 생각되는, 인간과 여타 동물들에서 공통적으로 관찰되는 행동유형, 신체적 제스처, 얼굴 표정에 근거하여 그 관념을 구성했다. 이를테면 현대 심리학자 폴 에크만*Paul Ekman*은 얼굴 표정의 인지에 관한 비교문화적 경험조사에 얼마간 기초하여 연구한다. 그가 얼굴 표정을 어떤 시간 또는 장소에 있는 모든 인간이 인지하고 이해할 수 있는 기본 감정을 소통하는 것으로 이해했기 때문이다(Ekman and Friesen, 1971). 에크만은 그것에 근거하여 계속해서 그가 인간 경험에서 변치 않는 것으로 여긴 다섯 가지의 기본 감정 군群을 개관한다. 화, 공포, 기쁨, 슬픔, 혐오가 그것들로, 이것들은 인간사회에 공통적인 근본적 삶의 과업에 대처하기 위해 진화해온 것으로 인식된다(Ekman, 1992; Johnson-Laird and Oatley, 1992). 실제로 터너(Turner, 2007)가 지적하듯이, 몇몇 연구자들이 특정 감정에 서로 다른 이름을 부여하기는 하지만, 심리학에는 화, 공포, 슬픔, 행복이 인간뿐만 아니라 다른 동물들에게도 공통되는 일차적 감정이라는 데 일정한 합의가 존재한다.

에크만이 볼 때, 각각의 기본 감정은 단일한 정서적 상태가 아니라 공통의 테마를 공유하지만 차이 역시 드러나는 일군의 관련된 상태들이다. 따라서 이를테면 유아원에서 짜증을 내는 어떤 아이, 길에서 말다툼하는 두 사람, 또는 몹시 화가 나서 다른 운전자에게 '로드 레이지*road rage*'를 표출하는 어떤 운전자 모두는 '화'라는 공통의 군에 속하는 감정과 관련되어 있을 것이다. 감정을 표현하는 방식에서 나타나는 다양한 차이는 문화적 학습과 개인의 생애사에 기인하는 것일 수도 있지만, 많은 감정은 여전히 일반적으로 그것들이 속하는 공통의 군에 의해 인지될 수 있다. 다섯 가지 기본 감정의 범주화는 즐거움을 표현하는 것으로서의 미소 짓기와 같은 독특한 신호반응을 갖는 각각의 감정 군에 의거할 뿐만 아니라,

그것들 각각은 자율신경계 그리고 또한 어쩌면 중추신경계에서 일어나는 독특한 반응을 가지고 있다. 그곳에서 그것들은 뇌의 특정한 활동에 의해 특징지어진다. 다섯 가지 기본 감정을 구별 짓는, 그리고 어쩌면 더 나아가 그것들을 서로 다른 감정 군으로 특징짓는 것은 바로 이러한 독특한 근원적인 심리적·신경학적 반응들이다. 기본 감정 또는 일차적 감정 테제는 그것이 감정의 유사성뿐만 아니라 문화적 가변성을 설명한다고 주장한다. 왜냐하면 감정표현에 차이가 있기 때문이다. 플러치크(Plutchik, 1962, 1980)는 마치 화가가 일차적 색깔들을 자신의 팔레트 위에 섞어 엄청나게 많은 서로 다른 색깔과 색조를 만들어내듯이 일차적 감정들이 어떻게 혼합되어 새로운 감정경험을 창출하는지에 대해 이야기한 최초의 연구자들 가운데 한 명이었다.

하지만 기본 감정 테제가 갖는 문제 중 하나는, 일차적 감정으로 범주화된 네 가지 또는 다섯 가지 감정에 대한 매우 광범한 합의 이상으로, 어떤 감정을 기본적 또는 일차적 감정의 목록에 포함시킬 것인지를 놓고 연구자들 사이에 많은 차이가 존재한다는 것이다. 이 분야의 20명의 서로 다른 연구자들을 대상으로 하여 터너(Turner, 2007: 4~5)가 작성한 표를 놓고 볼 때, 기본적 또는 일차적 감정의 목록에 어떤 감정이 포함되어야 하는지를 두고 연구자들 사이에 합의보다는 이견이 더 많이 존재한다. 일부 연구자들이 사랑, 놀람, 승인을 목록에 담고 있다면, 대다수는 그렇지 않다. 그것은 아마도 사랑 또는 승인의 욕구와 같은 감정은 얼굴 표정이나 다른 제스처 또는 행동 속에서 쉽게 관찰되지 않기 때문일 것이다. 그러나 이것이 예증하는 것은, 하나의 명확한 목록을 작성하려 하면, 기본 감정 또는 일차적 감정으로 고려되는 감정들이 우리가 생각할 수 있는 것보다 확인하기가, 그리고 또 그것에 동의하기가 훨씬 더 어렵다는 것이다.

감정표현과 생리적 반응 - 즉, 자율신경계와 중추신경계에서 일어나는 기능 변화에 의한 특정한 신호 기능의 출현 또는 느낌상태에 대한 자기보고self-report - 간의 상관관계를 검증하는 30년간의 연구에서 나온 증거를 재검토하면서, 배럿(Barrett, 2006)은 측정 가능한 반응들 간에 기대한 만큼의 강한 상관관계가 나타나지 않았다고 결론지었다. 이는 그녀로 하여금 감정을 '자연종natural kinds' - 자연종은 세상 속에서 자연에 의해 주어진 대로 발생하는 사례들의 비非임의적 집합을 말한다 - 으로 이해하고자 하는 시도는 잘못된 것이라고 결론짓게 했다. 우리가 감정표현 또는 감정적 행동으로 간주하는 일련의 것들을 특정한 근원적인 기계적 원인 - 우리가 그것들을 확실히 동일한 군에 속한다고 보게 해주는 - 에 의해 유발되는 것으로 분류하기에는 증거가 불충분하다. 따라서 감정에 대한 자연종 견해는 임의적인 취합의 오류가 낳은 결과일 수 있다. 이러한 오류가 발생하는 까닭은 우리가 어떤 다른 사람의 얼굴 표정이나 신체 표현이 그들의 내적 상태 - 감정을 구성하는 - 를 알려주는 신호라고 가정하기 때문이다. 게다가 그것이 인과적 메커니즘에 의해 발생하기 때문에 그것은 대체로 모르는 사이에 표현되는 것으로 여겨진다. 미소는 행복을 알려주는 신호라고 가정되지만, 그것은 반드시 사실이 아니다. 사람들은 행복하지 않을 때에도 미소를 짓는다. 또는 사람들은 거리에서 친구를 알아보고 미소를 짓기도 한다. 이 경우에 미소는 우리 자신의 내적 상태보다는 대상에 의해 영향을 받는다.

내가 제1장에서 지적했듯이, 실제로 우리가 다른 사람이 표현하는 감정 - 또는 우리가 느끼고 있는 감정 - 이라고 받아들이는 것은 얼굴 표정이나 신체 표현만큼이나 우리가 속한 맥락에 의해서도 해석된다. 인류학자 E. 리처드 소렌슨E. Richard Sorenson은 에크만이 뉴기니의 포어Fore인들을 대상으로 하여 얼굴 표정의 인지에 관한 그의 초기 연구를 수행할 때 참여한 바 있는데, 그에 따르면 연구계획안에는 한 통역자이자 보조자가 각각의 연구 참여자에게 '감정이 실린 이야기'를 해주고 나서 그들에게 일련의 얼굴 사진 가운데서 그 이야기가 나타내는 감정을 가장 잘 표현하는 사진을 선택할 것을 요구하도록 되어 있었다. 소렌슨은 일부 선택은 그 이야기를 하는 과정에서 통역자와 참여자의 소통에 의해 영향을 받았을 가능성이 있다고 지적했다. 그가 에크만이 보여주었던 사진을 그것에 덧붙여진 이야기 없이 포어인들에게 보여주었을 때, 그들은 사진 속의 얼굴 표정에 대해 자신 없어 하고 주저하고 혼란스러워 했다(Sorenson, 1976). 우리가 제4장에서 살펴보듯이, 대부분의 얼굴 표정은 그 자체로 모호하다. 따라서 실험 참여자들이 얼굴 표정 사진을 보고 감정을 확인해줄 것을 요구받을 때, 그들은 실험이 무엇에 관한 것인지 그리고 어떻게 반응하도록 기대받고 있는지에 대한 단서를 찾기 위해 연구자들을 바라본다. 이것이 바로 연구자들이 실험 조건하에서 배제되는 것으로 자주 가정하는 하나의 상호작용이다.

이렇듯 기본적 또는 일차적 감정의 지지자들이 범하는 잘못은 오늘날 우리가 화, 기쁨 또는 공포와 같은 특별한 감정으로 기술하는 것이 그 자체로 **감정인** 특정한 신체적 행동이나 얼굴 표정으로 환원될 수 있다고 생각하는 것이다. 게다가 그러한 얼굴 표정이나 신체 표현들은 진화 초기에 자율신경계와 중추신경계에서 일어난 변화에 의해 뒷받침된다는 점에서 생물학적이다. 따라서 그것들은 前사회적이게 된다. 즉, 신체 반응들은 그것들이 출현하고 해석되는 관계유형으로부터 격리된다. 이 책에서 나는 반대 견해를 피력할 것이다. 나는 감정에 대한 복합적이고 미학적인 이해를 제시하면서, 상황에 대한 신체 반응의 생리학적 유형화는 그 맥락에 사회적 의미를 부여하고 또 그러한 의미를 만들어내는 것과 분리할 수 없다고 주장한다. 따라서 **감정**이라는 것은 신경생리학적 유형화와 그 결과 발생하는 신체 표현이 아니다. 그 대신 감정은 관계유형화와 사회적 의미의 맥락에서 이해되어야만 한다. 다음 절들에서 내가 보여주듯이, 감정은 얼마간은 사회경제적 상황과 그것이 특정한 관계를 뒷받침하거나 제약하는 방식, 그리고 또한 그것이 지역 문화 속에서 느껴지고 이해되는 방식에 의존하는 문화적 변형체이다.

낭만적 사랑과 에로틱한 사랑: 사랑의 언어

기본 감정 테제를 제안한 사람들이 작성한 기본 감정 목록의 많은 것에서 사랑이 크게 다루어지지 않는다는 것은 처음에는 나를 놀라게 했다. 그리고 사랑이 다루어질 때, 그것은 에크만의 연구(Ekman, 1992)에서처럼 하나의 기본 감정이 아니라 '감정적 태도'로 이해된다. 다른 연구에서는 사랑은 즐거움, 기쁨 또는 행복에서 파생하는 이차적 감정으로 등장한다. 하지만 나의 놀라움은 내가 서구 문화에서 우리가 실제로 사랑을 어떻게 정의하는지에 대해 생각하기 시작했을 때 빠르게 사라졌다. 왜냐하면 사랑 그 자체의 실체성이 분석적 성찰이라는 눈부신 빛 속에서 빠르게 흩어져버리기 때문이다. 우리가 '사랑'에 대해 말할 때, 우리가 실제로 언급하는 것은 돌보미와 아이들 간의, 형제, 친구, 연인들 간의 관계와 같은 다양한 관계에서 경험할 수 있는 다채로운 서로 다른 느낌들이다. 내가 당시에 실제로 연구하고 있었던 것은 서양에서 낭만적 사랑 또는 에로틱한 사랑의 기원과 계보였다. 하지만 나는 그 연구를 계속해나가기를 원했다. 왜냐하면 그러한 종류의 사랑에 대한 탐구가 바로 이 책의 주제인 감정경험의 복잡성과 역사적·문화적 가변성을 예증해주기 때문이었다.

이 장의 이 절이 '사랑의 언어'라는 부제를 달고 있는 까닭은 오늘날 서구에서 우리가 사랑 관계에 대해 말하고 쓰고 노래하고 느끼고 생각하고 행위 하고 창조하는 방식이 12세기 계몽주의 시대에 유럽에서 귀족의 궁정에서 고안된 언어와 일단의 관행에서 파생한 것이기 때문이다. 물론 그 시대 이후 낭만적 사랑 또는 에로틱한 사랑은 많은 변화를 거쳐왔지만, '궁정 사랑'이라고 알려지게 된 것의 문화는 여전히 많은 방식으로 우리와 함께하고 있으며, 그것이 우리가 사랑할 때 느끼는 방식 전체를 틀 짓고 있다. 사랑의 언어는 12세기에 트루바두르*troubadour*로 알려진 일군의 가인과 시인, 즉 유럽 귀족의 궁정들을 오가던, 특히 궁정의 귀부인들에게 자신들의 노래를 들려주던 방랑 예능인 악단이 창조한 것이었다. 트루바두르는 대영주에서부터 귀족의 하층, 부르주아의 일부, 성직자, 그리고 방랑 가인이 된 비천한 신분의 사람에 이르기까지 사회의 모든 계층으로부터 나왔다(Harvey, 1999). 처음에는 그들 모두는 오시타니아*Occitania* ― 푸아티에*Poitiers* 바로 밑에서부터 피레네산맥을 가로질러 이탈리아 알프스산맥 동쪽까지 뻗어 있는 오늘날 프랑스 남부를 포괄하는 지역 ― 출신이었다. 처음으로 알려진 트루바두르는 그 지역 출신인 아키텐 공작 기욤 9세*William IX, Duke of Aquitaine*이다. 그는, 프랑스의 왕비이자 후일 영국의 왕비로서 당시에 어느 누구보다도 유럽의 궁정에 트루바두르의 노래를 장려했던 아키텐의 엘레오노르*Eleanor of Aquitaine*의 할아버지이다(Swabey, 2004). 그 지역 출신 트루바두르는 오크 말*langue d'oc* ― 통속 라틴어에서 파생한, 카탈로니아 말과 유사한 로망스어 ― 로 작품을 만들었다. 이와 관련하여 중요한 것은 트루바두르가 일상어로 서정시를 창작했다는 것이다. 이는 그 이후 모든 대중가요가 일상 언어 ― 공식 언어와 대비되는 것으로서의 ― 로 창작되는 것의 선례가 되었다.

물론 트루바두르 전통이 그것의 지리적·언어적 맥락만을 가지는 것은 아니다. 그들의 전통은 또한 사회적·경제적 맥락 역시 가지고 있다. 트루바두르 전통은 유럽에서 봉건 군벌들의 권력이 기울었지만 몇몇 경쟁자들의 출현이 목도되던 시대, 즉 얼마간의 권력 이동이 일어나며 새로운 문화형태를 창조할 기회가 만들어지던 시대에 출현했다. 당시 교역의 확대와 함께 부르주아계급의 중요성이 부각되었고, 그들과 함께 몇몇 거대 교역도시가 성장했고, 그 안에 최초의 세속적 대학이 설립되었다. 서부 이탈리아, 시실리, 스페인의 이슬람 지역에서 아리스토텔레스, 베르길리우스, 호라티우스, 세네카의 텍스트를 포함하여 그리스와 아랍 텍스트들의 라틴어 번역이 이루어졌다. 낭만적 사랑의 관념에 가장 중요했던 것은 아마도 키케로의 『우정에 관하여*De Amicitia*』와 함께 오비디우스의 『사랑의 기술*The Art of Love*』과 『사랑 치료법*Cures for Love*』이 번역된 것일 것이다. 그 책들과 나란히 아랍 세계의 사랑시가 번역되었는데, 이것 또한 켈트 세계의 신화 및 이야기와 함께 낭만적 사랑의 에토스에 반영되었다. 그중 후자의 한 실례가 웨일스의 아서왕 신화에 낭만적 테마를 덧붙인 크레티앵 드 트루아*Chretien de Troyes*의 『수레 탄 기사*The Knight of the Cart*』 이야기이다. 이야기는 트루바두르 스타일의 고전적 로맨스를 구축하기 위해 랑슬로 경*Sir Lancelot*의 성품과 귀네비어*Guinevere* 왕비에 대한 그의 맹종적 헌신에 대해 자세하게 기술한다. 그 속에서 용감한 기사는 결혼한 왕비와 사랑에 빠져, 그녀에게 그녀의 아름다움, 고귀함, 순수함을 말로 그리고/또는 노래로 찬양한다. 이것은 트루바두르 서정시에서 이성과 욕망의 이분법, 그리고 또한 진정한 사랑과 열정적 사랑의 대상은 궁극적으로 도달할 수 없다는 관념을 둘러싸고 긴장을 유발한다. 『수레 탄 기사』에서 랑슬로는 귀네비어에 대한 자신의 사랑 때문에 이성을 버린다. 그리고 그 이야기의 끝에서 이성을 위해 자신의 열정을 통제하는 사람은 귀네비어이다(Swabey, 2004).

트루바두르 사랑 노래의 발전에서 중요한 측면의 하나는 서정시와 전체 사회 모두에서 여성이 갖는 지위이다. 봉건 유럽의 첫 번째 천 년 동안 여성은 기본적으로 군벌이 통제하는 사회에서 거의 또는 어떠한 권력도 가지지 못했다. 두 번째 천 년의 초반 무렵에도 사정은 단지 조금 나아졌을 뿐이었다. 결혼은 하나의 세속적인 실제적 제도였지만, (젊은 남자뿐만 아니라) 여자는 그 속에서 결혼할 사람과 관련하여 아무런 선택권도 가지지 못했다. 배우자는 상대방에 대한 자신의 느낌에 기초하여 선택되어야 한다는 관념은 용납되지 않았으며, 여자는 일단 결혼하면 남편에 굴종했다. 귀족 여성들조차 그들 자신이 행사할 수 있는 권력을 거의 가지고 있지 못했다. 믿을 수 없을 만큼 아름답기까지 했던 엘레오노르 같은 지적이고 박식하고 야심 있던 귀족 여성도 그녀가 구애자의 마음을 끌었던 것은 대체로 그녀가 상속받은 땅 때문이었다. 그리고 그녀는 처음에는 프랑스 왕 루이 7세와 결혼함으로써만, 그와 이혼한 후에는 잉글랜드의 왕 헨리 2세와 결혼함으로써만, 그다음에는 그녀의 자식들, 특히 역시 잉글랜드의 왕이 된 리처드 1세 ― 또한 사자왕 리처드로 알려진 ― 를 통해서만 권력을 행사할 수 있었다. 사실 엘레오노르는 그녀의 많은 재능 때문에, 그리고 루이 7세와 이혼했다는 사실 때문에 멸시받았다. 하지만 12세기경에 귀족 여성이 직접 권력과 영향력을 행사하는 길이 열렸는데, 그것은 엘레오노르가 트루바두르를 후원했던 것처럼 학자 또는 예술가의 후원자가 되는 것이었다.

여성의 지위와 결혼의 성격이 트루바두르의 노래 스타일에 크게 영향을 미쳤다. 결혼에 본질적으로 사랑이 존재하지 않았기 때문에, 사랑은 부정不貞과 관련하여 표현되었다. 이를테면 시인이나 가인은 결혼했기 때문에 다가갈 수 없는 궁정의 결혼한 귀부인을 대상으로 사랑 노래를 쓰거나, 랑슬로가 귀네비어와 그랬던 것처럼 결혼한 여성에게 구애하는 기사나 귀족에 관한 사랑 노래를 썼다. 또한 가인이나 시인은 자주 자신보다 사회적 신분이 훨씬 높은, 그리하여 한 번 더 말하지만 그가 다가갈 수 없는 여성의 매력에 관한 속요俗謠를 작곡했다. 이것이 바로 그렇게도 많은 트루바두르의 시가 멀리서 다른 사람을 찬미하고 갈망하는 것의 기쁨과 고통에 관한 것인 이유이다. 우리가 곧 살펴보듯이, 이것은 우리가 트루바두르로부터 물려받은 하나의 전통이다. 왜냐하면 동일한 감상, 그리고 심지어는 그것을 표현하는 유사한 양식이 오늘날 우리가 알고 있는 대중가요를 특징짓고 있기 때문이다. 하지만 12세기에 그것은 높은 신분 출신의 여성을 매우 상반되는 감정의 위치에 처하게 했다. 왜냐하면 남성의 부정한 구애에 굴복하는 여성은 사회적으로 비난받거나 심지어는 추방당했기 때문이다. 이것은 트루바두르의 노래에서 여성은 구애자의 연정 어린 구애에도 불구하고 여전히 순결하고 정숙해야 하는 것으로 인식되었다는 것을 의미한다. 따라서 이러한 특별한 이성애적 사랑의 표현에서 여성은 애모의 대상이 되지만, 반응할 수는 없다. 스와비(Swabey, 2004)가 말하듯이, 트루바두르의 노래가 궁정 여성의 지위를 향상시킬 수 있었던 것은 그들이 서정시의 초점이 되었기 때문이다. 하지만 그것은 단지 침묵하고 순결하고 정숙한 궁정 여성이라는 이상화의 대상으로서의 지위 향상일 뿐이었다.

하지만 트루바두르의 사랑 노래는 궁정에서 여성의 지위를 혁명적으로 향상시켰다. 그리고 그것은 여성들이 예술가와 예능인의 후원자가 될 수 있게 했다. 트루바두르의 노래와 시의 요소들이 서로 다른 다양한 문화적 영향 속에서 이끌어내졌다는 사실에도 불구하고, 그것은 서구에서 사랑에 대해 가지고 있는 느낌과 생각의 기원이 되었다. 그리고 그것 때문에 우리가 사랑으로 알고 있는 감정에 새로운 것이 덧붙여졌다. 트루바두르는 궁정 연애 *fin'amor*, 즉 진심에서 우러나오는 또는 진정한 사랑의 전통을 창조했다. 12세기 계몽주의에 연료를 공급한 그리스의 고전적 텍스트를 이용할 수 있는 학식의 강조는 또한 자기계발과 세련된 매너에 대한 욕망을 창출했다. 하비*Harvey*는 이러한 유형의 예의에 대해 다음과 같이 말했다.

> 귀족 집안에서 올바른 행실, 즉 예의*cortesia*는 하나의 예술형태가 되고 있었다. 남자에게는 재치, 매력, 분별력이 요구되었다. 그는 우아하게 옷을 입고, 쾌활하고, 품위 있고, 연장자를 포함하여 집안의 다른 성원들의 감성을 관리하는 데 능숙해야만 했다. 몸짓 언어와 말 자체가 극히 중요해졌다. 수사법의 신중한 사용이 호감을 주기 위한 공적 위장*public mask*과 함께 조신朝臣들을 특징지었다. 그러나 사람들 앞에서의 그러한 자기통제는 야망, 질시, 조작, 탐욕, 그리고 매우 경쟁적인 상황에서 교묘하게 험담하는 것을 덮기 위한 위선적 가장으로 해석될 수도 있었다. 출세, 물질적 안락, 안전은 자신이 봉건귀족이라는 은총과 누군가의 봉직에 대한 그의 치하에 의존했다(Harvey, 1999: 13).

트루바두르의 사랑 노래는 이러한 새로운 스타일의 예의를 반영했음이 틀림없다. 그리고 그러한 예의는 또한 기사도의 규약에 의해서도 영향을 받았다. 남자는 귀부인에게 구애하는 데서 재치, 매력, 분별력을 과시해야만 했다. 왜냐하면 세련되지 못하고 재치 없는 구애는 그가 그녀의 감동에 필수적인 감성을 결여하고 있고, 그리하여 훌륭하지 못한 상스러운 구애자임을 보여주는 것일 수 있기 때문이다. 따라서 노래는 귀부인의 재능과 아름다움을 찬미하여 귀부인을 거의 도달할 수 없는 높은 수준으로 끌어올린다. 여성은 순수하고 순결해야만 했기 때문에, 종교적 요소 또한 그러한 세속적 노래와 시 속으로 들어왔고, 그것은 또다시 기독교 기사의 기사도적 규약에서 끌어온 것이었다. 기사도 규약 속에서 여성은 숭배와 헌신의 대상으로 받들어 모셔졌고, 트루바두르는 자신의 귀부인에게 봉사를 맹세했다. 그러나 그러한 감상은 이제는 다른 사람에게 표현되는, 본질적으로 신에 대한 숭배, 헌신, 봉사의 감상, 즉 종교적 감상이었다. 실제로 이러한 종교적 요소는 오늘날 사랑의 감정에서도 좀처럼 사라지지 않는다. 이를테면 영혼이 통하는 친구를 찾고자 하는 욕망 속에서 단한 사람만이 우리 각자에게 숭배하는 소중한 사람으로 '만들어'진다.

하지만 12세기에, 앞의 인용문에서 개관한, 궁정에서의 모순은 트루바두르의 사랑 노래가 바로 궁정의 높은 신분의 성원, 즉 귀족과 귀부인의 환심을 사려는 것이었다는 것을 의미했다. 그리고 자주 트루바두르가 높은 신분의 연주자가 아닌 한, 그는 그러한 사람들에게 고용되어 있었을 것이다. 만약 궁정의 귀부인이 후원자였다면, 그는 그녀에게서 고용살이를 하고 있었을 것이다. 따라서 그러한 사랑 노래의 진실성에 대해 무언의 질문이 제기되었다. 그것은 바로 그들이 순전히 돈과 사회적 출세 가능성을 위해 노래를 불렀는가 하는 것이었다. 패터슨(Paterson, 1999)이 보여주었듯이, 그것은 베르나르 드 벵타도른Bernart de Ventadorn과 같은 트루바두르가 궁정 연애는 진정한 또는 진심에서 우러나오는 사랑이라고, 즉 그것은 돈이나 세속적인 부나 사회적 지위에 대한 욕망에 의해 타락한 사랑이 아니며, 그것보다는 지조, 다른 사람의 감정에 대한 배려, 진실성, 분별력과 같은 궁정의 덕목에 기초한다고 주장하게 했다. 이 모든 것을 합쳐서 트루바두르의 노래 속에서 사랑의 규약을 만들어보면, 패터슨이 역시 지적하듯이, 그 노래들은 일련의 독특한 토포스나 독특한 관념, 표현법, 모티프, 문체상의 기교 장치, 은유를 이용하고, 그것들이 그 규약의 일부를 형성한다. 이를테면 봄은 자주 발랄한 사랑의 기쁨을 환기시키기 위해 이용된다. 그리고 봄에 새는 마치 트루바두르처럼 사랑을 노래한다 (Paterson, 1999: 33). 그러나 귀부인은 트루바두르의 노래에 다가갈 수 없기 때문에, 기쁨과 고통, 사랑하고 있다는 의기양양함과 실의, 서로의 즐거움에 참여하는 기쁨과 짝사랑의 고통 속의 기쁨 사이를 오갔다.

하지만 종교적 헌신을 암시하고 사랑하는 사람의 순결을 지킬 필요성을 강조함에도 불구하고, 트루바두르의 노래는 에로틱하고 감각적인 욕망의 저의를 분명하게 드러냈다. 이를테면 트루바두르인 기욤 드 페티외 *Guilhem de Peitieu*는 노래에서 "신은 내가 나의 손을 그녀의 외투 속에 넣을 만큼 오래 살게 해주었다!"라고 선언했다(Paterson, 1999에서 인용함). 아이러니하게도 당시 여성의 사회적 지위를 감안할 때, 자신의 노래에서 성적 관심을 훨씬 더 저속하고 노골적으로 드러낸 것은 여성 트루바두르, 즉 트루바이리츠*trobairitz*였다. 가장 유명한 트루바이리츠 가운데 한 명인 디아의 백작부인*Comtessa de Dia*은 "나는 어느 날 밤에 나의 벌거벗은 기사를 나의 팔에 껴안고 싶다" 그리고 "내가 당신을 내 마음대로 할 수 있게 되어, 당신과 하룻밤을 보내며 당신에게 요염한 키스를 할 수 있는 것은 언제일까?"라고 노래한다(Sankovitch, 1999: 120~121에서 인용함). 상코비치 (Sankovitch, 1999)가 이에 대해 말하듯이, 거기서 백작부인은 성적 능력에 대한 자신의 참을 수 없는 갈망에 대처하는 도덕적 능력 ─ 자주 남성들의 욕망에 찬 구애에 대항하는 능력 – 의 소유자라는 당시의 여성에 대한 표준적인 묘사에 맞선다.

　이 모든 것에서 우리는 트루바두르의 노래 형식과 그것에 내재하는 긴장을 발견할 수 있다. 궁정 매너의 덕목과 세련된 품행이 극찬되고, 그것이 구애 행위를 하는 구혼자의 감성을 설명한다. 사랑하는 것의 기쁨이 짝사랑의 고통과 병치된다. 구애자는 욕망의 대상인 여성에게 유사 종교적인 헌신과 예속 의식을 가지고 구애한다. 하지만 그것의 이면에는 다른 사람과 그의 몸에 대한 성적 욕망이 자리하고 있고, 이따금 그것이 표면으로까지 뚫고 나온다. 모든 트루바두르가 꼭 동일한 사랑 규약 – 만약 우리가 그것을 그렇게 부를 수 있다면 – 을 과시하지는 않았다. 그리고 트루바두르의 노래는 진정한 또는 진심에서 우러나오는 사랑의 정확한 본질을 둘러싼 가인과 시인의 대화를 통해 가장 잘 인식할 수 있을지도 모른다. 그리고 이 논쟁에서 자기규율 또는 예의*mezura*의 지위와 필요성 이상으로 뜨겁게 다툰 쟁점은 아무것도 없다. 트루바두르인 베르나르 드 벵타도른은 사랑할 때 자기통제를 유지하는 것은 불가능하다는 입장을 피력했다. 반면 마르카브루*Marcabru*는 궁정 에티켓을 위반하는 극단적 행위를 피하기 위해 열정을 누그러뜨리는 능력이 극히 필요하다고 생각했다(Paterson, 1999). 아래의 크레티앵 드 트루아의 『수레 탄 기사』에서 따온 발췌문이 보여주듯이, 이것이 이성과 열정 간의 고전적 긴장을 촉발한다. 한 장면에서 랑슬로는 그가 사랑하는 아서왕의 부인, 즉 귀네비어 왕비를 만나기 위해 안달하다가 절박한 심정에서 자신을 그녀에게 더 빨리 데려다줄 수 있는 수레에 올라타려고 한다. 하지만 그는 잠시 주저한다. 왜냐하면 ……

…… 사랑을 따르지 않는 이성이 그에게 신중을 기하라고 말하고, 망신을 당하거나 비난받을 수 있는 어떤 것을 하지 말라고 훈계하고 충고했기 때문이다. 그에게 감히 그렇게 말하는 이성은 가슴에서가 아니라 입술을 통해 말했다. 그러나 그의 가슴을 지배하는 사랑은 그에게 당장 수레에 올라타라고 재촉하고 명령했다. 사랑이 그것을 명령하고 원했기 때문에, 그는 수레에 뛰어올라탔다. 사랑이 그의 행위를 지배했기 때문에, 망신 따위는 중요하지 않았다(Swabey, 2004: 150에서 인용함).

랑슬로가 귀네비어를 만나고 그녀가 그들이 신중해지는 것이 현명할 것이라고 판단할 때에야 상황이 종료된다. 거기에 남성의 격렬한 열정에도 불구하고 이성을 지지하는 여성의 사례 하나가 자리하고 있다. 하지만 앞의 예가 또한 설명하는 것은 감정을 표현하는 언어의 은유적 사용이다. 이성은 입술을 통해 말하지만, 사랑은 가슴에서 말한다. 이성보다는 열정에 휩싸여 있다는 것이 아주 다른 의미로 구체화되어 있다. 사랑이 가슴속에서 울린다면, 이성은 머릿속에 있다. 그리고 사람들은 그 두 강력한 힘 사이에서 괴로워한다. 내가 다음 장에서 감정에서 언어가 갖는 은유적 힘에 대해 좀 더 말할 것이지만, 여기서 사랑이 가슴에 위치해 있는 감정으로 간주되고 있다고 지적하는 것은 가치가 있다. 사랑이 거부당하거나 일방적일 때, 사랑하는 사람은 아픈 또는 상처 난 가슴으로 고통 받는다. 그리고 이러한 은유는 적어도 900년 전 트루바두르의 시대 이후로 우리와 함께해왔다.

　내가 여기서 주장하는 것은, 언어가 우리에게 모든 시간과 장소에 여전히 본질적으로 동일하게 남아 있는, 감정표현의 수단을 제공한다는 통상적인 주장이 아니다. 그러한 견해에 따르면, 모든 인간에게 보편적인 기본 감정이 존재하고, 그러한 감정의 표현 양식만이 변한다. 그리고 그러한 표현 양식이 서로 다른 문화에서 감정이 말로 서로 다르게 표현되게 한다. 여전히 기본적인 것은 동일하고, 이것이 번역과 비교문화적 이해를 가능하게 한다. 이러한 견해 대신에, 나는 12세기에 유럽에서 서로 다른 집단들 사이에 권력 균형이 변화함에 따라 그러했던 것과 마찬가지로 사회적 관계가 변화함에 따라 새로운 느낌을 표현하기 위해 새로운 말이 만들어졌다고 주장한다. 트루바두르가 쓰고 노래한 사랑의 언어는 이미 표현되기를 기다리고 있던 감정을 표현하는 수단이 아니다. 오히려 그것은 새롭고 어렴풋하게 출현하고 있던 감정에 형식을 부여했다. 그렇게 하면서, 그것은 그러한 감정을 형성하고 틀 짓고 세련화하고 명료화하고 그것들을 놓고 논쟁했다. 사랑의 언어는 하나의 대화를 만들어냈고, 궁정 매너 속에 존재하는 일단의 새로운 관행에 의존했다. 사람들은 그러한 관행을 통해 과거의 방식과는 다르게 다른 사람들과 상호작용하고 또 자신과 그들에 대해 느끼고 생각할 수 있었다. 트루바두르의 노래는 편지 쓰기와 함께 문화적으로 영향을 미쳤고, 그것은 "개인적 정체성, 다른 사람들과의 관계, 그리고 개인적 감정의 탐구에 대한 관심을 증대시켰다"(Swabey, 2004: 24). 그러나 그러한 정체성과 감정은 그러한 문화적 장르와 관행 속에서 단지 탐구되기만 한 것은 아니었다. 그것들은 그것들이 출현할 수 있는 기회를 준 변화된 관계의 맥락 속에서 노래, 시, 편지 속에 그 자신을 표현함으로써 형성되고 창조되었다. 푸코(Foucault, 1988)가 고전 시대의 키케로와 세네카의 편지와 관련하여 말했듯이, 그것은 바로 새로운 종류의 자아와 자기성찰의 기술이자 관행이었다. 우리는 그것이 또한 새로운 느낌을 구체화하고 새로운 감정을 창출했다고 덧붙일 수 있다.

트루바두르가 쓴 사랑의 언어가 수 세기를 지나면서 얼마간 변화했지만, 그럼에도 불구하고 그것은 오늘날에도 우리가 인지할 수 있는 형태로 살아남아 있다. 비록 트루바두르의 전성기가 13세기 말에 지나갔지만, 그들의 작품은 14세기에 이탈리아에서 단테*Dante*에 의해 인정받았고, 스페인과 독일의 궁정으로 확산되었으며[후자의 경우에는 민네장*Minnesang*(중세 독일의 연애시_옮긴이)의 전통을 통해], '궁정 사랑'으로 알려진 것에 대한 관심이 새로 일어났던 19세기 영국에서 다시 등장했다. 유럽에서 시간이 흐르면서 부르주아의 부와 권력이 증대하고 귀족주의적 궁정이 민주적으로 선출된 정부에게 그들의 권력을 빼앗기면서 사회적 관계 또한 변화했다. 12세기 말경 교회는 결혼을 인정하고 신성시하기 시작했다. 그리고 18세기와 19세기 부르주아 권력이 부상하던 시기에 이 계급은 동반자적 결혼과 가족생활에서의 우정이라는 관념을 옹호하고 나섰다. 낭만적 또는 에로틱한 사랑의 감정은 더 이상 결혼생활 밖에서 표현되지 말아야 하는 것이 되었고, 이제 그것은 결혼에서의 우정이라는 이상과 함께 결혼생활의 본질적 부분이 된다. 세 번째 천 년의 초기인 우리 시대에 에로틱한 사랑과 낭만적 사랑은 더 이상 이성애 커플의 보호물이 아니다. 하지만 트루바두르의 사랑의 감성과 사랑 표현 스타일의 많은 것이 여전히 살아 있다. 이를테면 수 세기 떨어져 있지만 스타일과 감상에서 거의 동일한 두 노래를 살펴보자. 첫 번째 노래는 베르나르 드 벵타도른이 1150년에서 1189년 사이에 쓴 「종달새*The Skylark*」이다(나는 여기서 단지 첫 번째 시구만을 인용하고 있다).

내가 보노라니, 종달새가 여명의 첫 빛 속에서
기쁨의 날갯짓을 하며 솟아오른다.
그리고는 아랑곳없이 마냥 떠돌아다닌다.

왜냐하면 가슴속에 기쁨과 즐거움이 가득하기 때문이다.

아! 엄청난 시기심이 나의 생각을 강탈한다.

다른 것들이 찾아내는 환희를 보노라니

나는 욕망이 나의 이 가슴을

불태워 없애버리지 않는 것을 기이하게 느낀다(Kehew, 2005: 75).

이 노래와 1942년에 호기 카마이클*Hoagy Carmichael*과 자니 머서*Johnny Mercer*가 쓴 「종달새*Skylark*」라고 불리는 노래는 매우 유사하다. 두 노래는 가슴의 욕망 ― 어디에선가 관심을 받기 위해 기다리는 잃어버린 사랑 또는 아직 발견하지 못한 사랑 ― 을 찾아 하늘을 나는 능력을 가진 자유로운 새라는 종달새의 은유를 이용한다. 카마이클과 머서는 다음과 같이 쓰고 있다. "종달새야 / 내게 할 말이 있지 / 나의 사랑이 어디에 있을 거라고 내게 말해주지 않을래." 그리고 두 노래는 사랑의 감정과 욕망을 위해 가슴의 은유를 이용한다. 베르나르 드 벵타도른의 첫 번째 노래에서 그는 사랑하는 다른 사람들의 기쁨에 찬 가슴을 시기하고, 동일한 종류의 행복에 대한 자신의 욕망이 부식되어 그의 가슴이 슬픔에 빠지지나 않을까 우려한다. 유사하게 카마이클과 머서도 그들의 노래에서 저기 어딘가에서 기다리는 진정한 사랑의 자유와 행복을 발견하기 위해 종달새에게 자신의 연인이 될 사람을 그의 가슴속으로 데려다달라고 요청한다. 두 노래는 모두 짝사랑 ― 트루바두르의 노래의 핵심 모티프 ― 의 상태에서 기다리고 갈망하는 어떤 사람이 겪는 슬픔과 중압감을 표현한다.

그러한 표현형태들 중 일부는 오늘날 보다 시대에 뒤진 것으로 보일 수도 있지만, 우리는 오늘날의 가사에서도 매우 유사한 감정들을 발견한다. 단지 그것들이 보다 직접적으로 표현될 뿐이다. 셰프(Scheff, 2011)는 대중가요에 대한 자신의 연구에서 많은 노래가 여전히 짝사랑의 감성을 다루고 있음을 발견했다. 1930년에서 2000년 사이의 상위 40위 히트 음반에 대한 조사에서 25%가 애끓는 마음과 관련된 주제를 다루고 있었고, 그 비율은 사랑하는 즐거움 – 이는 훨씬 더 적은 비율이었다 – 에 대한 노래를 포함하여 어떤 여타 범주의 노래들보다도 높았다. 트루바두르처럼 그러한 애끓는 마음에 대한 노래들은 멀리 떨어져 있는 어떤 사람과 사랑에 빠진 것에 대한 노래를 포함하고 있다. 그리고 노래의 주제가 되는 어떤 사람은 영원히 다다르지 못할 사랑의 대상에 대해 알지 못할 수도 또는 대담하게 말할 수 없을 수도 있다. 최근에는 또한 특히 랩 같은 장르에서는 보다 성적으로 노골적인 가사가 등장하기도 했다. 하지만 우리가 앞서 살펴보았듯이, 그것은 일부 트루바두르가 쓴 보다 외설적인 가사와 완전히 일치하지는 않는다. 셰프가 그의 연구의 일환으로 그의 학생들에게 대중가요가 그들의 삶에서 차지하는 위치에 관해 물었을 때, 대부분의 학생들은 그러한 노래가 자신들에게 강렬하고 거의 종교적인 사적 의미를 가지며, 중요한 이벤트나 행사를 두드러지게 만들어준다고 보고했다.

하지만 셰프는 계속해서 대중음악에서 애끓는 마음을 노래하는 많은 곡들이 사랑에 관한 것이 아니라 사랑의 열병과 육욕에 관한 것, 특히 멀리 떨어져 있는 어떤 사람에 대한 갈망과 관련된 노래들이라고 주장한다. 이것은 셰프로 하여금 진정한 또는 진실한 사랑과 사랑의 열병 또는 의존을 구분하게 한다. 사랑의 열병은 다른 사람에 대한 이상화된 환상으로, 자주 외모에만 기초한다. 반면 병리학적 의존의 경우에는 사람들이 그들을 사랑한다는 이유로 그들을 학대하는 사람들과의 관계를 지속하는 경우에서처럼 사랑이라는 단어는 바로 그러한 상태를 부정하는 역할을 할 뿐이다. 이 두 상태와 대조적으로 진정한 사랑은 두 사람이 상호 의존하고 있고 서로를 흠모하고 있고 또 서로에 대해 매력과 이해심을 가지고 있으나 어느 누구도 관계가 한쪽으로 치우칠 정도로 상대에게 지나치게 의존하지 않는, 친밀한 사이의 형태이다. 이 경우 두 사람은 전적으로 의존거나 사로잡힘 없이 서로 마음을 맞춘다. 셰프에 따르면, 팝송이 지닌 문제는 거기에 이러한 종류의 진정한 사랑에 관한 노래가 거의 없다는 것이다. 그리하여 근대 세계에서 우리는 사랑이라는 용어와 사랑의 열병 및 육욕과 같은 다른 감정을 혼동한다.

애끓는 마음에 관한 노래와 짝사랑에 관한 노래에서 표현되는 갈망은 실제의 사람이나 집단보다는 하나의 이상화된 사람이나 집단을 향하고 있고, 근대사회의 소외를 나타낸다. 다른 사람과의 의미 있는 실제 관계를 형성할 수 있는 공동체나 집단에 대한 소속 의식을 결여한 사람들은 순수하게 이상화된 관계를 갈망한다. 즉, 대중가요에서 표현되는 갈망은 사랑에 대한 동경, 그리고 사랑 없이 집착하는 애끓는 마음이다. 마르크스와 뒤르켐 같은 고전사회학자들은 분명 이를 소외 또는 아노미의 한 징후로 파악했을 것이다. 마르크스의 경우에 소외는 개인들이 생산수단으로부터, 그리고 상호 관계의 유대에 기초한 사회가 부재하는 상황에서 개인들 서로가 분리된 결과 발생할 수 있다. 그러한 욕망은 사랑의 이데올로기로 대체되고 있고, 사랑의 이데올로기 속에서 그러한 욕망은 오로지 단 한 명의 다른 사람만을 향한다. 뒤르켐이 볼 때, 자신보다 더 큰 어떤 것에 속하고자 하는 욕망은 아노미의 결과이고 사회에 대한 욕망을 표현하지만, 집합의식 속에서 다른 어떤 것으로 대체된다. 마르크스와 뒤르켐의 시대에 그러한 어떤 것은 종교였다. 셰프가 시사하는 바에 따르면, 그것은 지금은 하나의 새로운 형태의 종교가 된, 이상화된 낭만적 사랑의 열병이다.

이러한 논의 속에는 많은 진실이 포함되어 있지만, 셰프의 진정한 또는 진실한 사랑의 개념화에는 한 가지 문제가 있다. 다시 말해, 진정한 사랑이 무엇인지를 안다는 것은 우선 모든 시간과 장소에서 사실인, 사랑에 대한 보편적 기준을 가지고 있어야만 한다는 것을 의미한다. 그리고 그것은 어느 누구도 가질 수 없는 것이다. 우리가 진정한 또는 진실한 사랑을 구성하는 것에 대해 말할 때, 우리는 당시의 어떤 기준에 의해 그것을 판단하며, 그러한 기준은 역사 속에서 항상 변화하는 움직이는 플랫폼이다. 이상화된 사랑의 열병은 진정하지 않은 사랑이라고 주장하는 것은, 서구에서는 트루바두르의 시대 이래로 그리고 아마도 다른 문화들에서는 그 전에도, 상대방의 이상화가 에로틱한 또는 낭만적 사랑의 중심적 부분이었다는 사실을 무시한다. 트루바두르는 다가갈 수 없는 어떤 사람에 대한 욕망을 성적인 에로틱한 감정, 종교적 헌신과 섬김의 욕망, 그리고 영혼과 정신의 슬픔과 자극적으로 혼합하여 융합시켰다. 하지만 그들은 또한 보다 세련된 궁정 매너가 사랑에서 일익을 담당할 것이라는 관념을 도입했다. 이는 자기 자신의 감정과 다른 사람의 감정 모두에 대한 민감함이 구애에 개입할 것임을 의미했다. 이것이 바로 셰프가 진정한 사랑의 토대라고 생각한, 사람들 간의 상호 이해와 조율이 일어날 수 있는 토대이다. 하지만 이것은 트루바두르뿐만 아니라 다른 사회계급이 우리에게 남겨 놓은 역사적 유산이다. 우리가 다음 절에서 살펴보듯이, 그들은 사랑에 대한 우리의 감정과 생각을 바꾸어놓았다. 그러나 좋든 나쁘든 간에 트루바두르는 오늘날 우리가 사랑으로 생각하는 감정을 틀 지어왔다. 사회적 기준이 변화함에 따라, 우리는 우리의 느낌과 감정이 변하기를 바랄 수도 있지만, 그것은 쉽지 않다. 왜냐하면 우리의 느낌과 감정은 우리가 유아였을 때부터 우리를 감싸고 있던 문화에 의해 교육되어온 것이고, 또 이 문화가 감정을 구성하는 느낌과 생각의 습관으로 우리 속에 깊이 배어들어 있기 때문이다. 셰프가 인용한 시에서 마지 피어시Marge Piercy는 다음과 같이 쓰고 있다. "소유권 없이 소유한다는 것 / 다르게 사랑하는 법을 배우기는 어렵다, 움켜쥐기, 즉 가지고자 함이라는 반사작용을 방해받는 것은 아프다"(Scheff, 2011: 118에서 인용함). 그러나 내가 주장하듯이, 만약 그것이 우리의 반사작용 또는 습관이라면, 그것은 생물학적인 것이 아니다. 그것은 역사적, 생물학적, 관행적 그리고 관계적 육체화를 통해 깊이 몸에 밴 습관이다.

예절, 문명화 그리고 감정의 변형

사회학자 노르베르트 엘리아스는 또한 예절과 사랑 노래의 사회적 발생을 내가 앞에서 개관한 사회적 관계에서 일어난 변화와 관련하여 설명하면서, 중세의 예절 규약이 문명화 과정에서 트루바두르의 예술과 민네장에 미친 영향을 지적한다(Elias, 1939/2000, 1969/1983). 그는 또한 내가 주장하는 것과 동일한 주장을 한다. 즉, 그는 트루바두르는 그들의 노래 속에 그 당시의 궁정 관례의 많은 것과 궁정에서 행해지던 감정 게임의 많은 것을 반영하고 있지만, 그럼에도 불구하고 "그러한 종류의 진정한 경험과 감정이 부재했더라면 그러한 관례도 그리고 그것의 표현도 생겨나지 못했을 것"이라고 주장한다(Elias, 1939/2000: 250). 게다가 앞서 내가 보여주었듯이, 트루바두르의 사랑 노래는 배경과 스타일을 가지고 있고, 연인들은 그것들을 통해 지난 수 세기 동안 자신들의 감정을 인지해왔다. 하지만 엘리아스가 기본적으로 관심을 가지고 있던 것은 중세 예절이 사회변화를 통해 (대략 14세기에서부터 18세기까지) 유럽 르네상스 시대에 절대주의 국가의 궁정에서 예절의 관념과 관행으로 변화된 방식과 그다음에 18세기 이래로 부르주아사회에 깊이 뿌리내린 '문명'의 관념과 관행으로 변화된 방식이다. 계급, 분파, 집단 간의 사회적 관계에서 일어난 이러한 역사의 단절과 불연속성 속에서, 그리고 에티켓과 도덕의 규약에서 일어난 급격한 변화의 이면에서 엘리아스는 사회 내부의 평화를 향한 보다 장기적인 추세를 관찰한다. 그리고 그러한 추세는 또한 사람들의 사회적 관행에 막대한 영향을 미치며, 그들의 감정을 포함하여 그들의 퍼스낼리티 구조를 완전히 개조시켰다. 우리는 곧 이 문제로 다시 돌아올 것이지만, 그것은 분명 공격으로 판단되는 행위유형과 그 배후에 있는 감정을 포함하여 모든 감정에 심대한 영향을 미쳤다.

이를테면, 엘리아스에 따르면, 트루바두르는 단지 사랑 노래를 노래할 뿐만 아니라 자신들이 궁정에서 다양한 영주와 기사에게 받는 환대 또는 환대받지 못함에 대해 언급하는 노래도 불렀고, 전쟁 노래 또는 무훈시 *chansons de geste*도 창작했다. 베르트랑 드 보른*Bertran de Born*은 1180년에서 1200년 사이에 쓴 그러한 시들 중 하나에서 아래와 같이 노래한다.

내가 당신에게 말하노니 …… 먹는 것, 마시는 것 또는 잠자는 것 중 그 어느 것도, 내가 양 진영으로부터 들려오는 '전진하라!'는 외침, 주인 잃은 말의 겁먹은 울음소리, '도와줘! 도와줘'라는 절규를 들을 때만큼, 그리고 도랑 옆 풀밭에 쓰러져 있는 신분 높은 사람과 천한 사람 그리고 깃발 달린 나무창에 찔려 죽은 사람을 보는 것만큼 나를 자극하지 못한다(Elias, 1939/2000: 162에서 인용함).

전쟁의 기쁨과 살인과 불구 만들기의 즐거움을 찬양하는 노래를 듣는 것은 오늘날 우리에게는 이례적인 일일 것이다. 실제로 근대 시기의 트루바두르 사이에서, 즉 1960년대에 반전평화 노래들 속에서 하나의 스타일이 출현했다. 이를 예증하는 것이 밥 딜런*Bob Dylan*과 조안 바에즈*Joan Baez*이다. 하지만 그러한 가수들은 군벌에 고용되어 있지 않았다. 오히려 그들은 당시의 군산복합체에 반대한 1960년대 세대들과 제휴하고 있었고, 따라서 그들이 노래하는 감정은 베르트랑 드 보른이 표현한 감정과는 매우 달랐다. 사실 베르트랑 드 보른은 플랜태저넷*Plantagenet* 왕가 사람들이 벌인 전투 중 많은 싸움이 일어난 아우타포트*Autafort*에 하나의 성을 가지고 있는 소귀족의 한 사람이었다(Harvey, 1999). 그는 1140년경 그 지역 남작들 간의 복잡하고 변화하는 야망, 동맹, 갈등의 네트워크 속에서 태어났고, 그의 노래는 그러한 상황을 반영하는 것이었다. 케휴(Kehew, 2005)가 지적하듯이, 베르트랑 드 보른은 자신의 퍼스낼리티의 그러한 측면과 세련된 시적 감성을 결합하며, 뻔뻔스러울 정도로 전쟁이 불러일으키는 감정을 즐긴다. 그러한 감성이 또한 그에게 사랑에 대한 감성적인 시를 쓸 수 있게 했지만, 아래의 시에서 그의 숙적 가운데 한 명과의 싸움에서 그가 무엇을 할 것인지를 우리에게 노골적으로 말할 때, 그의 시는 다시 한번 더 전쟁을 향하고 있다. "그리고 만약 거기서 내가 미련한 뚱뚱보 푸아트뱅*Poitevin*을 발견한다면, 그들은 나의 검이 그를 어떻게 베는지를 보게 될 것이다. 내가 그의 머리 속에 옥수수 죽, 진흙, 뇌를 그의 갑옷의 이음매들과 함께 섞어버리는 것을"(Kehew, 2005: 149에서 인용함).

그의 시대의 다른 민스트렐*minstrel*[독일의 트루바두르_옮긴이]처럼 베르트랑 드 보른이 사랑시에 필요한 세련된 감성과 그러한 살해 욕망을 혼합할 수 있었다는 것은 엘리아스에게 전혀 놀랄 만한 일이 아니었다. 그는 그 시대의 퍼스낼리티 구조는 그 시대의 사람들이 살아가는 사회적 관계를 반영한다고 지적했다. 당시의 사회적 관계 속에서 베르트랑 드 보른과 같은 소귀족들은 항상 폭력적 공격으로부터 자신을 보호해야만 했고, 그것은 그들의 미래가 매우 불확실하다는 것을 의미했다. 하지만 여성들이 예술가와 예능인의 후원자로서 적은 정도로나마 권력을 획득할 수 있었던, 더 크고 더 부유한 궁정에서는 새로운 예절 관행들이 적어도 사람들의 감정적 삶의 일부를 틀 짓고 있었다. 이것은 그 당시 귀족의 퍼스낼리티 구조가 전쟁 준비와 승리, 그다음에는 피정복자와 전쟁 포로의 야만적 대우에 대한 죄책감과 연민, 그리고 궁정에서 요구되는 보다 예의 바른 행동 ─ 특히 구애 관행과 사랑의 기술에서 볼 수 있는, 다른 사람의 감정을 겉으로나마 얼마간 세심하게 고려하는 행동 ─ 사이를 오갔다는 것을 의미했다. 따라서 페이든과 그의 동료들(Paden et al., 1986)이 보여주듯이, 전쟁에서의 기쁨을 찬양하는 베르트랑 드 보른의 시는 아름다운 젊은 여자에 대한 강렬한 사랑을 표현하는 시와 부합된다. 하지만 엘리아스가 베르트랑 드 보른 ─ 특히 그의 전쟁 노래와 관련한 ─ 과 같은 트루바두르의 작품을 해석해온 방식으로 여겨지는, '지나치게 단순화된' 해석 방식을 둘러싸고 논란이 일고 있다(Rosenwein, 2010). 그러한 전쟁 노래는 단지 공격적인 감정의 표현만이 아니라 또한 결집 요청, 즉 전쟁에서 사기를 끌어올리려는 시도이고, 물리적 상호작용과 남성 권력과 관련되어 있다는 것이다(Léglu, 1999). 하지만 레글루 역시 보여주듯이, 베르트랑 드 보른 같은 사람들의 이데올로기는 귀족들로 하여금 계속해서 서로 싸우게 하는 것을 자신의 역할로 하는 전사의 이데올로기이다. 그리고 이러한 의미에서 공격과 공격의 선동은 분명 그것의 일부이다. 베르트랑 드 보른 같은 귀족들은 사회적 안정성을 창출하는 데에는 관심이 없었다.

중세에 절대주의 궁정이 도래하여 유럽 전역에서 오늘날 우리가 알고 있는 국민국가를 축으로 합체되고 나서야, 지배 엘리트들이 삶의 환경에서 더 큰 안정성을 확보하고 또 그들의 행동이 새로운 예절 규약에 따라 모든 측면에서 더 많은 제약을 받게 되었다. 엘리아스는 그러한 예절 규약이 그 이전에는 전혀 통제받지 않던 기본적 본능과 인간의 전쟁과 공격 욕구를 더 많이 **억제**했다고 주장하지 않는다. 오히려 그것은 **이전 시기에 형성된 습관을 특별한 방식으로 조절하는 것**이었다. 사람들의 정서 구조의 조절은 이제 부단하고 한결같아야만 했다. 기분과 감정이 극단 사이를 오가지 않을 것으로 기대되었다. 왜냐하면 이제 사람들이 사회적 경쟁을 통해 서로에게 새로운 종류의 압력을 행사하기 때문이었다. 궁정이 내적으로 평화를 되찾음에 따라, 사람들은 전쟁을 수행하기보다는 특히 왕과 왕비 그리고 그 실세 집단의 환심을 삼으로써 자신들의 대의명분을 진전시켜야만 했다. 그러나 이것은 예절이 지배했던 궁정에서조차 파벌에 속하고 동맹을 형성하고 출세를 위한 전술을 수립하고 경쟁자보다 한 발 앞설 것을 요구했다. 이러한 과정 속에서 "끊임없는 성찰, 예견, 계산, 자신의 감정의 세세하고 확실한 조절, 사람들이 행동하는 전 영역 ― 인간 영역과 비인간 영역 ― 에 대한 지식이 점점 더 사회적 성공의 불가결한 조건이 된다"(Elias, 1939/2000: 398). 특정한 사람에게 부여되는 가치는 이제 그러한 사회적 스킬의 숙달에 의거하지만, 그들의 성공은 다른 사람들의 감정과 생각, 그들이 짜고 있을 수 있는 전략, 그러한 전략에 대응하는 최선의 방법에 대한 통찰에 의존했다. 따라서 사람들이 다른 사람들에 대해 갖는 이미지는 다른 사람들의 내적 삶 ― 오늘날 우리가 '심리적'인 것으로 알고 있는 것이 되었을 ― 에 대한 이해를 포함하는, 더 다채로워지고 더 미묘한 차이를 지니게 되었다.

비록 궁정에서의 삶이 보다 평화로워졌지만, 전쟁은 여전히 국민국가들 사이를 사납게 휘몰아쳤고, 하층계급과 다른 비인간 피조물에 대한 대우는 오늘날 우리가 야만적이라고 인식하는 것이었다. 이를테면 16세기에 프랑스에서 고양이 불태우기는 세례 요한 축일Midsummer Day에 공적 연회로 행해졌다. 그날 한 자루에 담긴 10여 마리에서 20여 마리의 고양이가 처형대에서 불 속으로 뛰어내리고, 군중은 고양이의 울부짖는 소리를 한껏 즐긴다(Elias, 1939/2000). 프랑스에서는 18세기의 끝을 향해 갈 때에도 대역죄인 다미엥Damiens이 네 마리의 말이 사방으로 끌어 사지를 절단하는 매우 가혹한 처벌을 받았고, 사형집행인은 아직 살아 있는 사형수 남자의 수족을 자르고 난 후 그의 몸통을 불에 던져야만 했다(Foucault, 1975/1979). 하지만 당시에 그때까지 사회에서 흔히 있는 일이었던 그러한 형벌이 유럽 전역의 많은 열강들과 마찬가지로 프랑스 국민에게도 엄청난 충격을 주었고, 또한 그것이 프랑스 귀족정치의 몰락을 이끌고 혁명을 야기한 요인들 중 하나였다는 것은 흥미롭다. 그러나 이것이 그 당시에 사회가 어떤 절대적 의미에서 보다 계몽되고 문명화되고 있었다는 것을 뜻하지는 않는다. 왜냐하면 엘리아스와 푸코 모두가 그들 나름의 서로 다른 방식으로 보여주듯이, 당시 감정과 태도의 변화는 실제로는 사회 내에 새로운 사회적 규율 - 자신과 다른 사람의 통제방식 - 을 창출한 새로운 형태의 권력관계를 반영하는 것이었기 때문이다.

엘리아스가 볼 때, 새로운 사회적 규율은 계획과 예견을 통해 행동을 더욱 합리화하고, 즉각적 충동을 더욱 끊임없이 통제 - 가혹한 억압에 대립하는 것으로서의 - 하게 했다. 엘리아스는 1939년에 첫 출간된『문명화과정The Civilizing Process』에서 인간의 퍼스낼리티 구조의 변화에 관한 그의 생각의 많은 것을 프로이트식 이론과 관련하여 표명한다. 그중에서도 슈

퍼에고와 에고, 다시 말해 의식과 의식적 성찰이, 이드의 충동 또는 '이드' 자체보다, 사람들의 행동을 조종하는 데서 더 큰 역할을 하게 된다. 하지만 여기서 문제는 그것이 마치 엘리아스가 프로이트식으로 문명화 과정이 보다 높은 수준의 의식에 의한 통제를 통해 보다 원시적인 본능을 억누르고자 시도했다고 주장하는 것처럼 들리게 할 수도 있다는 것이다(Rosenwein, 2010). 그의 후기 저작에서 엘리아스는 그의 주장을 펼치는 용어들을 얼마간 바꾸어 사회적 요구의 압력하에서 (충동과 욕구의 순환을 포함하여) 전체 퍼스낼리티 구조가 변화하는 방식을 추적한다(Elias, 1978, 1987). 오늘날 전쟁 상황에서 인간의 폭력 행위는 보다 일반적으로 수치심과 혐오와 결합되고, 우리는 그것을 애써 감추고 싶어 한다. 엘리아스가 볼 때, 이것은 인간에게 생물학적으로 유전된, 즉 경험과 학습에 의해 영향 받지 않고 원래대로 남아 있는 기본적 본능과 충동 또는 감정은 전혀 존재하지 않는다는 것을 의미한다. 왜냐하면 문화가 아주 어린 시절부터 자아의 모든 측면을 주조하기 때문이다. 인간 행동의 학습되지 않은 측면들도 성숙과 학습의 과정에 의해 영향 받지 않은 채로 원래대로 남아 있는 것은 아니다. 실제로 인간의 삶에서 생명 활동과 사회적 경험은 함께 가며, 따라서 그것들 간에는 어떠한 이분법도 존재하지 않는다. 우리가 다음 장에서 살펴보듯이, 이는 우리가 존 듀이와 함께하는 견해이다. 인간의 경우에 언어와 문화적 경험은 우리가 우리의 행동을 조종하는 수단을 제공한다. 따라서 아이가 성숙해감에 따라 우리의 행동에 영향을 미치는 사회적 조건과 분리된, 학습되지 않은 행동을 우리가 순수한 상태로 포착할 수 있는 순간은 존재하지 않는다. 따라서 이를테면 문명화가 인간의 성적·파괴적 본능을 억누르거나 승화시키려는, 대체로 성공할 수 없는 시도를 포함한다고 생각하는 프로이트(Freud, 1930/1961)와는 달리, 엘리아스는 그보다는 "공격성이 갈등을 촉발하는 것이 아니라 갈등이 공격성을 촉발한다"고 믿는다(Elias, 1988: 178). 문명사회에서 전쟁은 원시적 본능과 그것을 억누르려는 계몽된 문화 간의 갈등이 아니라 권력과 위세를 놓고 경쟁하는 서로 다른 집단들 사이에서 발생한다.

18세기 프랑스에서 경쟁하는 계급과 집단들 간의 투쟁은 지배 엘리트들이 발전시킨 에티켓의 규약 ― 그들의 예절 의식을 상징하는 ― 을 축으로 하고 있었다. 레디(Reddy, 2001)가 지적하듯이, 상층 부르주아는 엄격한 귀족주의 에티켓 체계로 인해 자신들이 궁정사회에서 배제되고 있다고 느꼈다. 그리고 예절에 대한 초기 비판가들처럼, 그들은 귀족주의적 궁정의 지나치게 고상하고 격식화된 매너를 위선적인 가장 ― 권력과 지위를 획득하기 위해 쓰고 있는 사회적 가면 ― 에 지나지 않는 것으로 보게 되었다. 특정 부르주아 집단들은 권력과 지위에 개의치 않고 고상함보다 솔직함과 진실함을 더 높이 평가하는, 보다 개방적인 평등주의적 매너를 발전시키기 시작했다. 그들은 프리메이슨 오두막Masonic lodge과 사적 살롱 같은 폐쇄 집단에 감정적 피난처를 마련하고자 했다. 그리고 그 계급의 성원들은 거기에서 자신들의 관계가 궁정의 지나치게 정교화된 매너보다는 호의와 신뢰에 기초하는, 보다 개방적인 감정 양식을 발전시키기 시작했다. 중상계급 또한 가족생활에서 애정이 넘치는 결혼생활과 우정의 관념을 옹호했다. 그러한 관념은 1700년 이전에는 알려지지 않았고, 그 후 서구에서 사랑, 결혼, 가정에 대한 감정을 변화시켰다. 결혼은 더 이상 특정 집단 내에서 지위의 재생산을 보장하는 장치가 아니라 결혼 상대자들의 사랑에 기초하는 것이 되었고, 그러한 사랑은 그들의 아이들에게로 확대되었다. 실제로 이러한 사회적 움직임은 대체로 그것을 특징짓는 감정 양식 때문에 '감상주의'라는 꼬리표를 얻었고, 소설과 연극을 통해 대중화되었다. 그러한 것들 속에서 순박한 농민과 시중드는 젊은 여성들이 이상화되었다. 왜냐하면 허식과 지나치게 격식을 차리는 스타일을 결여하고 있는 것이 지배계급의 '가장된' 매너와 대비되어 '자연적인' 것으로 인식되었기 때문이다. 자연 또한 루소의 저작에서처럼 본질적으로 선한 것으로 감상화되고 이상화되었다. 물론 루소는 인간 행위를 판단하는 데서 이성과 예견을 강조하는 것을 포함하여 사회에서 일어난 모든 진보를 버리기를 원하지 않는다. 그 대신에 그는 자연이 이성에 의해 인도되기보다는 이성이 자연에 의해 인도되기를 바랐고, 그렇지 않으면 이성 자체가 타락할 것이라고 보았다. 레디가 감상주의와 관련하여 말하듯이, "감정과 감정표현의 인정이 예술, 정치 또는 사적 삶 그 어느 영역에서든 올바른 행위를 낳을 것"으로 여겨졌다(Reddy, 2001: 164).

레디가 볼 때, 감상주의가 자연적·감정적 존재방식에 대한 자신의 해명에서 이해하지 못한 것은 그것 역시 귀족주의적 예절 규약과 동일한 방식의 감정관리체계였다는 것이다. 그에 따르면, '감정 레짐emotional regimes'이기도 한 모든 정치 레짐이 안고 있는 문제는 사람들이 그 레짐 내부에서 초래되는 감정을 처리할 수 있게 해주는 하나의 시스템을 이용한다는 것이다. 그러한 시스템 없이는 정치 레짐들이 너무나도 가혹한 감정적 고통을 창출하여, 구체제의 말기에 중상계급이 그러했던 것처럼 사람들로 하여금 감정적 피난처를 찾게 할 수도 있다. 감상주의의 발흥은 다시 한번 더 프랑스 귀족주의의 파멸을 재촉하며 혁명을 유발한 요인이었지만, 엘리아스가 지적하듯이, 지배 엘리트들 자체는 또한 어떠한 종류의 진지한 개혁 - 특히 교역과 초기 산업화를 통해 더욱 강력해지고 있던 중간계급에 부응할 수 있는 개혁 - 도 불가능하게 하는 궁지에 몰려 있었다(Elias, 1969/1983). 엘리아스는 또한 귀족주의적 예절 관념이 혁명 후에도 완전히 사라지지는 않았다고 믿는다. 왜냐하면 상당히 많은 수의 부르주아가 궁정의 성원이었기에, 그 에티켓이 중간계급에게도 영향을 미쳤기 때문이다. 이것은 부르주아가 그토록 자랑하는 다른 것들, 이를테면 과학의 진보와 학습과 나란히(Elias, 1939/2000) 예절 규약과 고상함이, 비격식화된 방식으로이기는 하지만, 19세기에 '문명' 관념으로 결합되었다는 것을 의미했다(Wouters, 2007). 하지만 우리는 이를 액면 그대로 받아들이는 데 신중을 기할 필요가 있다. 왜냐하면 문명이라는 용어는 또한 문명화되지 않는 것으로 간주된 집단에 대한 폭력과 억압을 감추기 위해서 사용될 수도 있고, 또 폭력이 새로운 형태 - 이를테면 신체적·심리적 결과와는 일정한 거리를 두고 있는, 신기술을 통해 수행되는 전쟁 - 를 취할 수 있게 해주기 때문이다(Burkitt, 1996).

레디의 견해에 따르면, 19세기의 시작은 새로운 감정 처리 시스템의 출현을 목도했다. 그는 그것을 데카르트적 이원론의 근대적 형태라고 생각한다. 그러한 시스템에서는 사고가 감정을 감시하고 관찰하고 또 조정하려고 시도하지만, 자주 사고는 감정과의 그러한 거리로 인해 감정을 통제할 수 없다고 느낀다. 사람들은 그들 자신이 이성과 감정으로 분할되어 있고, 강력하지만 무질서한 감정 앞에서 이성은 무력하다고 생각한다. 이것은, 오늘날 이성과 감정의 대립이 더 이상 두 경쟁하는 불안정한 힘들 간의 공개적 대립만큼이나 하나의 대화로 느껴지지 않는다는 것을 제외하고는, 마치 트루바두르의 『수레 탄 기사』 이야기에서 자세하게 이야기된 이성과 열정 간의 대화와 비슷하다. 역설적이게도 레디는 이 '이중의 닻을 내린 자아double anchored self'가 서구 국가들에서 입헌적 개혁, 법의 지배, 시민사회를 매우 안정적이게 만들어왔다고 믿는다. 그러한 과정에서 우리가 경험하는 이중성은 우리로 하여금 지성을 가지고 불확실성에 대처할 수 있는 능력과 함께 불확정성과 해답 없음에 대해 포용력을 가질 수 있게 해준다. 그리고 이러한 포용력은 항상 새로워져야만 하는 다양하고 열려 있는 모든 사회에 필수적이다(Reddy, 2001).

엘리아스의 저작과 마찬가지로, 레디의 저작은 감정을 역사적으로 연구할 수 있는 접근방식을 발전시키기 위해 역사와 심리학적 이해를 접목하려는 독특한 시도이다. 이는 우리가 기본 감정 테제를 받아들일 수 없으며, 감정이 상이한 정치체계를 통해 그리고 사회적 관계의 결합태들을 통해 역사 속에서 어떻게 변화되고 또 그 감정의 뿌리까지 재정식화되는지를 이해할 수 있는 방법을 개발하기 위해 노력해야만 한다는 것을 의미한다. 이러한 다양한 감정 레짐 속에서 생산된 상이한 사회적 관행과 문화유물들은 단순히 이미 존재하는 감정을 **표현**하는 것이 아니라, 내가 앞에서 제시했듯이 감정을 만들어내는 실제적 도구들이다. 레디가 볼 때, 감정에 대한 단어의 용도는 서술적인 것도 그리고 수행적인 것도 아니다. 왜냐하면 그러한 단어의 용도는 단지 이미 거기에 존재하는 어떤 것을 묘사하거나 그 단어를 말로 표현함으로써 어떤 행위를 수행하는 것이 아니기 때문이다. 오히려 레디가 '이모티프*emotive*[감정을 불러일으키는 단서_옮긴이]'라고 부르는 것이 단어가 지칭하는 무엇으로 추정되는 것을 형성한다. 이러한 방식으로 감상주의자들의 작품 ― 그들의 일기, 편지, 책, 연극 ― 은 실제로는 그들이 기술한 것으로 알려진 강렬한 감정을 고무하고 유도해냈다. 이것이 바로 상이한 감정 레짐이 문화 속에서 공통적으로 통용되는 이모티프들을 통해 감정을 유도해내는 동시에 통제하는 방법이다. 절대주의 프랑스의 귀족정치가 그랬던 것처럼, 정치체제가 개인들에게 그들의 감정을 처리할 수 있는 능력을 제공하지 못하고 강렬한 고통을 야기하는 곳에서 체제는 곤경에 빠지게 된다.

하지만 내가 볼 때, 레디의 연구가 지닌 문제 중 하나는 사람들이 어떻게 이모티프를 사용할 수 있는지에 대한 그의 생각이 근대 인지심리학에 근거하고 있다는 것이다. 오늘날의 일부 인지심리학자들처럼 레디는 인지와 감정 간의 어떠한 차이도 인식하지 못한 채 감정을 인지의 한 형태로 이해한다. 레디가 볼 때 "감정은 느슨하게 결합되어 있는 일련의 사고 재료*thought material*들이다. 그리고 그러한 사고 재료들은 다양한 규약으로 정식화되어 있고, 목적과 관련된 유인성과 효력을 지니며, 하나의 도식을 구성할 수도 있다". 나아가 지각이나 기억과 같은 서로 다른 일련의 사고들이 함께 작동하는 경향이 있지만, "그것들이 작동할 때 그것들은 짧은 시간 지평 속에서 그것에 주목하여 그것을 행위나 담화로 전환할 수 있는 우리의 능력을 넘어서버린다"(Reddy, 2001: 94). 이것이 바로 우리가 느끼는 것이 무엇인지를 항상 즉시 말할 수 없으면서 어떤 것을 감정으로 인식할 수 있게 되는 방식이다. 내가 제4장에서 감정에 대한 인지적 견해에 대해 좀 더 말할 것이지만, 현 상황에서 레디의 접근방식이 갖는 문제는 그가 몰역사적인 심리학적 접근방식 내에 감정에 대한 역사적 견해를 접합시키고 있다는 것이다. 컴퓨터가 정보를 처리하는 것처럼 사고 재료들을 다양한 규약에 의해 정리하고 분류하는 방식을 다루는 인지심리학은 개인들이 존재하는 사회적 맥락을 떠나서 **개인들**의 사고 과정에만 초점을 맞춘다. 엘리아스가 그의 역사사회학에서 보여준 것은 르네상스 시대에서부터 계몽주의 시대에 이르는 동안 전체 퍼스낼리티 구조가 변화된 방식이었다. 그 결과 개인들은 다른 사람들과 상호작용을 할 때 그들의 감정과 행위를 조절하기 위해 더욱 신중을 기할 것을 사회변화에 의해 강요받았다. 달리 말해, **사람들은 자신들을 대체로 인지적 존재라고,** 즉 자아가 감정보다는 사고 속에 소재한다고 (데카르트의 유명한 말로, 나는 생각한다, 고로 존재한다고) **느끼게 되었다**. 레디는 인지심리학을 통해 시대별 감정의 역사적 차이를 설명할 수 있는, 보편적으로 적용 가능한 접근방식을 발견하고 싶어 하지만, 그 둘은 양립할 수 없는 것이다. 인지적 접근방식은 **개인주의적**이다. 왜냐하면 인지는 "개인 **내부에서**" 발생하는 활동이기 때문이다(Reddy, 2001: 332). 그러나 역사적 접근방식과 관련한 질문은 분명 인간의 자아 전체 ― 우리가 느끼는 방식뿐만 아니라 우리가 생각하는 방식까지 ― 를 완전히 재구성하는, 사회적 관계의 성격 변화에 관한 것임이 틀림없을 것이다.

레디처럼 서로 다른 역사적 시기의 감정 처리 문제를 인지적 전략의 문제로 파악하는 것은 또한 사람들이 하나의 **집단**으로서 그 집단 내에서 계속되는 대화 속에서 그리고 그 집단과 다른 사회적 분파, 파벌, 계급 간의 관계 속에서 형성하는 전략들을 경시한다. 달리 말해, 감정에 대한 심리학적 설명을 제시하기 위해 인지에 초점을 맞추는 것은 감정이 형성되는 역사적·사회적 맥락으로부터 주의를 다른 곳으로 돌리게 하여, 감정 경험과 그 변이의 복잡성을 제대로 포착하지 못하게 한다.

사랑과 죽음: 브라질의 경우

다음으로 이 절에서 나는 낸시 셰퍼휴스*Nancy Scheper-Hughes*의 인류학적 저작과 그녀가 1964년부터 1980년대 후반까지 브라질 봄 제우스 다 마타 *Bom Jesus da Mata*(가명)에서 모성애와 아이의 죽음과 관련하여 수행한 연구를 다룬다(Scheper-Hughes, 1992). 이 연구는 감정이 문화마다 어떻게 다른지를 보여주는 현대의 사례를 제공한다. 그녀에 따르면, 감정은 지역 내의 사회적 관계, 그 다양한 관계형태를 뒷받침하는 데 이용될 수 있는 물질적 자원, 그리고 특정 집단 내에서 그 물질적 자원으로부터 도출되는 도덕적 가치와 도덕적 느낌에 달려 있다. 그녀의 연구는 내가 여기서 주장하는 유형의 감정적 삶에 대한 보다 복잡한 견해를 제시한다.

봄 제우스 다 마타와 빈민가 알토 도 크루제이로*Alto do Cruzeiro*는 극히 가난한 지역이다. 그곳에서 사람들은 사탕수수를 베는 일을 하며 빈약한 생계를 꾸려간다. 그들의 일은 보수가 너무나도 형편없기 때문에, 그 지역에는 빈곤, 기아, 영양실조가 만연해 있다. 만연한 영양실조 때문에 많은 유아가 위험스러울 정도의 저체중으로 태어나고 유아사망률도 높다. 아이의 생존을 기대할 수 있는 확실한 근거가 부재한 상태에서 모성적 사고, 감정, 관행은 일단의 가정에 입각해 있다. 다시 말해, 그곳에서는 아기와 유아는 어떤 감정도 가지고 있지 않고, 따라서 '사람'의 지위를 가지지 않으며 아이는 쉽게 대체 가능하다거나 아니면 일부는 태어나서 죽지 '않으면 안 된다'고 생각한다. 세계의 부유한 북서부 지역에 사는 우리에게는 아이의 삶과 죽음에 대한 이러한 태도와 관행의 많은 것이 충격적이고 심지어 부도덕해 보인다. 우리에게 모성애는 자연적이고 거의 신성한 것이 되었다. 그리고 아이들의 삶은 너무나도 귀중해서 어떤 다른 지역에서는 그렇지 않다고 생각하기조차 어렵다. 셰퍼휴스가 자신의 책을 시작하며 그녀의 일기식 현장 노트에서 따와 기술해놓은 것, 즉 한 아이가 심각한 영양실조 상태로 태어나서 모든 사람이 그 아이가 죽을 것이라는 것을 알고 있고 어머니를 포함한 주변의 여성들이 버둥거리는 아이에게 거의 신경을 쓰지 않고 닭을 손질하고 요리하는 데 더 몰두하고 있는 것에 대해 묘사해놓은 것을 읽기란 괴로울 것이다. 아이가 죽을 때, 거기에 슬픔이란 전혀 존재하지 않는다. 이는 아이가 태어난 상태를 감안할 때 아이가 죽는 것이 더 낫다는 태도이다. 이것은 셰퍼휴스가 빈곤 가정에서 태어난 아이의 경우에 죽음이 가장 예상되는 결과가 되어버린 세계에서 유아 사망의 '관례화'라고 여긴 것의 한 사례이다.

셰퍼휴스가 빈민가에서 반복적으로 마주친 태도는 죽은 유아가 아니라 살아 있는 유아에게 눈물을 흘린다는 것이었다. 한 엄마는 자신의 아장아장 걷던 죽은 아이에 대해 이렇게 말했다. "그때 그 애가 죽게 그냥 놔뒀어요. 그 애는 내가 가질 수 있는 유일한 아이가 아니에요"(Scheper-Hughes, 1992: 407). 엄마들이 이렇게 말할 수 있는 까닭은 유아가 감정을 가지지 않은 것으로, 그러니까 아직 사람이 아닌 것으로 인식되기 때문이다. 가족의 일부가 되고 엄마가 애착을 가지고 있는 좀 더 나이가 들은 아이의 죽음은 강렬한 슬픔을 유발하지만, 그것은 갓난아기의 경우에는 사실이 아니다. 실제로 그곳 여성들은 자주 발버둥 치거나 죽어가는 아이를 좀처럼 구하려고 노력하지 않을 것이다. 왜냐하면 앞에서 든 예에서처럼, 음식을 포함한 빈약한 가족자원을 나이가 더 들고 더 건강한 아이들에게 투자하는 것을 더 선호하기 때문이다. 엄마들이 죽은 아기들에 대해 이야기할 때, 그들이 표현하는 감정은 슬픔의 감정이 아니라 연민*pena*의 감정 ― 슬픔으로 이어지는 것이 아니라 단지 체념한 채 일정한 거리를 두고 불쌍히 여길 뿐인 감정 ― 이다. 실제로 여성들은 눈물이 아기가 천국 ― 이는 아기에 대한 어머니의 집착적 사랑의 한 상징이다 ― 으로 들어가는 것을 방해할 수도 있다고 믿었다. 따라서 그들은 아기와 유아를 회상하며 눈물을 흘리면 안 되었다.

셰퍼휴스는 그녀에 앞서 브라질의 빈민 지역의 삶을 연구해온 많은 인류학자들이 아기의 죽음에 대한 어머니들의 무관심을 슬픔에 맞서는 방어기제로 파악해왔다고 지적한다. 그러니까 그 과정에서 여성들은 관행화된 무관심을 통해 단련된 항시적인 사별에 매우 무감각해졌다는 것이었다. 하지만 셰퍼휴스는 그녀가 빈민가에서 25년을 연구하며 알게 된 여성에게서 연기延期된 또는 억압된 슬픔이 초래한 지속적인 심리적 결과에 대해서는 전혀 지적하지 않았다. 그녀는 연구를 수행하는 동안에 여성들의 슬픔이 아닌 연민의 감정이 그들의 '실제' 감정에 대한 방어라기보다는 그들이 실제로 느끼는 것이라고 확신하게 되었다. 그러한 여성들이 자신들의 죽은 아기에 대해 실제로 느끼는 연민은 앞서 자세히 이야기했듯이 그들이 죽은 아기에 대해 생각하는 방식으로부터 생겨나는 것이었으며, 따라서 이성과 감정은 서로 분리되어 있지 않았다. 우리가 이 책에서 앞으로 주장하듯이, 거기에는 지적 이성이 존재하는 것과 마찬가지로 **감정적 이성**이 존재한다. 더 나아가 셰퍼휴스는 또한 유아 사망에 대한 반응이 빈민가 사람들의 일반적인 감정 발육 부진으로부터 파생하는 것이 아니라는 것 — 즉, 일반적으로 낮은 수준의 정서가 끔찍한 빈곤이라는 폭력 속에서 살아온 결과라는 것 — 도 보여줄 수 있었다. 그렇기는커녕 빈민가 사람들은 북미 사람들을 감정적으로 '목석같다'고 여기는 대부분의 브라질 사람들처럼 믿을 수 없을 정도로 풍부하고 개방적인 감정적 삶을 살고 있었다.

따라서 셰퍼휴스가 볼 때, 아이 잃음에 대한 어머니의 반응은 그들의 끔찍한 삶의 현실에 대한 그들의 감정적·이성적 조절로부터, 그리고 그들이 서로와, 그들의 유아와, 그들의 더 나이 먹은 아이들과 관계 맺는 방식으로부터 나오는 것이다. 그러나 그들의 감정적 반응이 사회적으로 특수한 것과 마찬가지로 우리의 반응도 그러하다. 셰퍼휴스는, 모성애는 근대 서구 부르주아 가족에 내재하는 가정과 가치에서 파생된 것이라고 주장한다. 내가 이 장의 바로 앞 절에서 보여주었듯이, 가족 관계가 사랑,

애정, 우정에 근거해야만 한다는 관념은 18세기와 19세기에 부르주아 가족이 모든 가족생활의 모델이 되기 전까지는 유럽에서 들어본 적이 없는 것이었다. 셰퍼휴스는 이에 덧붙여 그 당시에 물질적 부의 증대는 비록 빈민들에게는 아닐지라도 특히 부르주아의 경우에 여성들에게 새로운 생식 전략을 가져다주었다고 생각한다. 그것은 바로 여성들이 (생활수준의 향상과 함께 더 많은 아이들이 어린 시절에 살아남았기 때문에) 더 적은 수의 아이를 가지고 그들에게 감정적으로 그리고 물질적으로도 크게 투자하는 것이었다. 이는 오늘날 브라질의 보다 부유한 사람들에게서도 발생하고 있으며, 그곳에서도 유사한 가족생활 형태와 아이들에 대한 유사한 감상이 발전하고 있다.

이렇듯 셰퍼휴스의 연구가 우리에게 보여주는 것은 우리가 자연에 기초하고 있기에 모든 곳의 모든 인간 그리고 일부 다른 동물들에게 기본적인 것이라고 생각하는 감정의 많은 것이 실제로는 역사적으로 그리고 문화적으로 특수하다는 것이다. 20세기에 존 보울비*John Bowlby* 같은 정신분석학자들은 유아와 엄마의 애착이 방긋거림, 옹알이, 응시, 파고들기와 같은, 긴밀한 유대를 만들어내는 특정한 선천적인 행동에 기초한 생물학적 기능이라고 생각했다. 만약 그러한 일이 아이가 태어나자마자 곧바로 일어나지 않았다면, 엄마와 아이의 유대는 형성되지 '못했을'지도 모른다 (Bowlby, 1969). 애착이 자연적인 것으로 간주되는 까닭은 엄마와 그 자식 간에 유대를 낳은 유사한 행동유형이 인간뿐만 아니라 새와 같은 다른 동물들에게서도 관찰된다고 언급되기 때문이다. 게다가 동일한 영국 정신분석학파는 슬픔이 특별한 애착 대상을 상실한 것에 대한 하나의 반응으로(이는 울부짖기, 소리 지르기, 찾아다니기와 같은 행동유형에서 관찰된다), 모든 인간과 일부 다른 동물들에게 기본적이고 공통적인 감정이라는 관념을 발전시켰다(Parkes, 1972/1975). 하지만 셰퍼휴스가 제시하는 것은 그러한 감정이 엄마의 아이 출산이나 잃음과 같은 특정한 사건에 대해 생물학적으로 주어진 반응이 아니라는 것이다. 왜냐하면 우리는 인간사회 모든 곳에서 그러한 감정을 관찰하지 못하고, 또 그러한 감정은 동일한 사건에 대한 하나의 반응으로 반사적으로 출현하지도 않기 때문이다. 우리가 앞에서 살펴보았듯이, 브라질 일부에서 모성과 슬픔은 매우 다른 형태를 취했고, 슬픔은 엄마와 아이 간의 어떤 관계에도 존재하지 않았다.

이것은 셰퍼휴스로 하여금 모성을 "보편적이고 선천적인 것이 결코 아니라 오히려 여성의 생식적 삶을 규정하는 기본적인 물질적 조건에 근거한 하나의 이데올로기적인 상징적 표상"이라고 주장하게 했다(Scheper-Hughes, 1992: 401). 하지만 나는 감정이 이데올로기적 또는 상징적 표상의 결과라는 관념에 동의하지 않는다. 왜냐하면 감정은 비록 역사적, 문화적으로 다르지만 사람들의 살아 있는 육체화된 관계적 삶의 핵심적 측면이기 때문이다. 서구에서 어머니와 아버지는 자신의 아이들에게 특히 감정적으로 훨씬 더 많이 투자하고, 아이 잃음의 결과는 하나의 표상이 아니라 엄청난 감정적 상실이다. 동시에 감정은 목적과 관련한 유의성과 강렬성을 갖는 사고 재료이며 그 자체로 정신적 표상이라는 레디의 생각과 마찬가지로, 셰퍼휴스의 주장은 애착이나 상실과 같은 본능적 성격을 갖는 감정이 특정한 관계가 존중받는 문화에서 사람들의 삶을 특징짓는다는 것을 완전히 놓치고 있다. 감정조정emotional navigation은 단지 하나의 인지적 전략이 아니라 사회적·문화적 전략이며, 셰퍼휴스가 보여주었듯이 물리적 상황에 달려 있다. 그러나 감정은 다른 의미에서는, 즉 그것이 인간의 몸을 통해 경험되고 또한 강렬한 느낌을 포함한다는 점에서 물질적이다. 그러한 감정은 하나의 상징적 차원을 가지고 사고 재료를 포함하지만, 내가 다음 장에서 보여주듯이 그것만으로 환원할 수는 없다.

이것은 인류학에서 연구자들이 문화들 사이에서 발생하는 서로 다른 언어적 관행에 초점을 맞추기 때문에 발생하는 문제이다. 캐서린 루츠 *Catherine Lutz*는 이팔루크*Ifaluk* 사람들 — 동일한 이름의 미크로네시아 산호섬에 사는 사람들 — 에 대한 매력적인 연구에서, 그 부족 사람들은 그들의 어휘에 '감정'으로 번역할 수 있는 어떠한 말도 가지고 있지 않다는 것을 발견했다(Lutz, 1986). 그러한 포괄적인 범주가 부재하는 상황에서, 루츠는 서구에서 감정 단어들이 내적 상태를 식별하기 위해 사용되듯이 그 부족의 한 집단이 "우리의 내면과 관련한" 몇몇 단어들을 식별하고 있음을 찾아냈다. 그러나 그러한 성격의 단어 31개를 확인했지만, 그것들이 어떤 내적 감정상태와 관계되어 있는 만큼이나 이팔루크 사람들이 처해 있던 **상황**과도 관계되어 있다는 것이 곧 분명해졌다. 이것은 루츠로 하여금 서구에서 감정을 상황과 거의 무관하게 단지 사적인 내적 상태에만 관계 있는 것으로 개념화하고 감정을 비합리성, 위험, 여성적인 것과 연관시키는 것에 대해 비판하게 했다(Lutz, 1988). 그런 다음에 루츠는 다양한 문화에서 발견되는 상이한 담론들이 실제로는 그것을 둘러싸고 있는 지배체계, 특히 남성과 여성 간의 지배체계를 확립할 뿐만 아니라 그러한 담론이 묘사하는 것으로 알려진 감정을 만들어낸다고 주장한다(Lutz and Abu-Lughod, 1990). 다른 학문들에서 감정의 성격을 둘러싸고 논쟁을 벌이는 것처럼, 인류학에서도 유사한 논쟁이 계속되고 있다. 일부는 특정한 기본 감정을 비교문화적으로 식별할 수 있다고 주장하는 반면(Levy, 1984), 루츠와 아부루고드 같은 사상가들은 서구의 감정 개념은 분명히 서구적인 것이라고 주장한다. 그리고 루츠에 따르면, 우리의 감정 관념이 전혀 말이 되지 않을 수도 있는 몇몇 문화도 존재한다.

비록 내가 루츠와 아부루고드의 접근방식 쪽으로 훨씬 더 기울어 있기는 하지만, 그럼에도 불구하고 내가 이 장에서 주장해온 것에 견주어볼 때, 나는 그들의 접근방식처럼 감정을 권력 및 지배 관계와 마찬가지로 담론 — 또는 일단의 언어적 관행 — 에만 맞추어 정렬하고자 하는 접근방식은 문제가 있다고 생각한다. 내가 여기서 지금까지 보여준 것은 집단과 계급들 간의 권력 균형이 변함으로써 사회관계가 변화하고, 그에 따라 사람들 사이에 새로운 관계유형이 발전하여 사람들의 감정 또한 변화한다는 것이다. 그리하여 사람들은 그러한 감정을 표현하는 새로운 형식을 찾아내고, 다시 그러한 새로운 형식은 새로운 언어적·사회적 관행을 통해 그러한 감정을 구체화하고 틀 짓고 형성한다. 하지만 신체적 느낌은 여전히 중요하다. 왜냐하면 확실히 서구에서 신체적 느낌은 우리에게 우리가 다른 사람과 그리고 또한 우리 자신과 맺는 관계에 대해 말해주기 때문이다. 이것이 바로 내가 제5장에서 정교화하고자 하는 것이다. 더 나아가 우리가 '사랑하고 있음'과 같은 특정한 감정으로 특징짓는 것은 실제로는 서로 다른 감정들 — 확실히 서구 세계에서는 우정이라는 감정 및 개인적 매력과 혼합된 성적 욕망과 갈망, 그리고 또한 그 스펙트럼의 보다 강박적인 끝에서는 숭배와 헌신과 같은 감정을 포함하는 — 의 복합체이다.

다음 장에서 나는 신체적 느낌이 서구에서 우리가 감정이라고 부르는 것에서 갖는 중심성에 대해 훨씬 더 많은 것을 이야기할 것이다. 왜냐하면 느낌은 우리로 하여금 우리가 세계 및 다른 사람들과 맺는 육체화된 관계를 의식할 수 있게 해주기 때문이다. 하지만 이 장을 끝맺으며 내가 제기하는 주요한 주장은 기본 감정 또는 감정군이론은 지지되기 어렵다는 것이다. 그 이론은 우리가 감정에 대해 가지고 있는 현재의 이름이 모든 문화에서 나타나는 유전된 행위 습관, 표현, 제스처를 지칭하는 것처럼 파악한다. 하지만 분명 그것은 그렇지 않다. 게다가 우리가 참여하는 사회관계들은 물질적 자원과 집단들 간의 권력 균형에 따라 문화마다 크게 다르다. 그러한 관계가 변화함에 따라 느낌과 감정을 포함하여 전체 퍼스낼리티 구조도 변화한다. 예견과 계획 역시 우리가 느낌 및 충동과 맺는 서로 다른 관계에 개입한다. 왜냐하면 우리가 서로 다른 상황에 세심하게 적응하는 행동을 해야 할 필요가 있기 때문이다. 이러한 상태에서 감정은 아이의 출산과 잃음 또는 성인의 애착과 같은 동일한 삶의 경험에 대해 자동적으로 일어나는 반응일 수 없다. 사회적·문화적 관계들이 변화하는 상황에서 인간은 그들의 용인된 습관과 관행을 다른 사람들과 맺는 새로운 관계 형태에 맞게 변화시키고자 노력하며, 그와 함께 새로운 형태의 느낌과 감정이 출현한다.

3

감정과 몸

앞 장의 마지막에서 나는 감정은 상이한 느낌과 신체적 감각의 복합체로 가장 잘 이해될 수 있으며, 그러한 느낌과 신체적 감각은 특정한 역사적 시기와 장소에 존재하는 지역 문화 내에서 조직화되고, 그것에 의해 의미를 부여받는다고 결론지었다. 이것이 갖는 함의는 감정은 물리적 영역, 사회적 영역 또는 담론적 영역으로 환원될 수 없다는 것이다. 왜냐하면 감정은 그러한 것들 모두의 복합체이기 때문이다. 이것이 말하는 것은 감정은 삶과 느낌에 의해, 그리고 인간의 몸에 대해 말하기에 의해 경험될 수 있을 뿐이라는 것이다. 즉, 사회적 관행과 그러한 관계 내에서 일어나는 의사소통적 상호작용이 우리가 감정이라고 부르는 것을 형성한다. 하지만 이것은 우리에게 여전히 답변되지 않는 질문들, 특히 감정경험에서 느낌의 본질과 몸의 역할과 관련한 질문들을 남겨 놓고 있다. 그것들이 내가 신체적 느낌과 그것이 감정의 토대가 되는 방식에 대한 논의로부터 시작하는 이 장에서 탐구할 문제들이다. 우리가 제1장에서 살펴보았듯이, 크롬비(Cromby, 2007)는 느낌을 세 가지 범주로 표현할 수 있는 하나의 분석적 구분 ─ 하지만 그것들은 실제로는 중첩된다 ─ 을 만들어냈다. 첫째로, 우리가 두려움을 느낄 때, 거기에는 심장이 두근거리는 것과 같은, 감정의 육체화된 요소들이 존재한다. 둘째로, 화, 갈증, 고통과 같은 감정 외적인 느낌들이 있다. 셋째로, 사회적 상호작용 속에서 그리고 보다 일반적으로는 세상 내 상호작용 속에서 발생하는 보다 미묘한 느낌들이 있다. 하지만 이 장에서 나는 서로 다른 유형의 육체화된 느낌과 감정을 정의하기 위해 여전히 이 정의의 전반적인 윤곽을 유지하면서도 이 정의를 얼마간 확장할 것이다. 나는 그것들을 이해하기 위해 감정에 대한 미학적 접근방식을 발전시킬 것이다. 내가 제1장에서 말했듯이, 여기서 미학적 접근방식이라는 것은 예술과 아름다움을 평가하는 이론이라는 의미에서가 아니라 인간이 몸과 신체적 느낌을 가지고 의미를 만들고 경험하는 방식에 관한 연구라는 의미에서 미학과 관련된 것이다(몸과 신체적 느낌은 그 과정에서 중심적인 위치를 차지한다). 느낌과 감정에 대한 이러한 미학적 이해는 윌리엄 제임스, 존 듀이, 마크 존슨*Mark Johnson*과 같은 사상가들의 저작에 기초한다. 하지만 나는 감정에 관한 다윈의 저작을 비판적으로 평가하는 것에서 시작할 것이다. 왜냐하면 실용주의 사상가 제임스와 듀이의 저작이 다윈의 저작에 대한 하나의 반응으로, 즉 몸을 여전히 감정 이해에 중심적인 것으로 보면서도 동시에 감정경험에서 개인적·사회적 의미를 고려하는 방식으로 전개되었기 때문이다.

감정, 감각적 느낌 그리고 몸

앞 장에서 살펴보았듯이, 오늘날 몸과 신체 표현을 감정연구의 중심에 위치시키는 심리학자 가운데 많은 사람이 감정에 대한 다윈의 고전적 연구를 따르고 있다(Darwin, 1872/1965). 다윈이 감정의 서로 다른 표현이나 신체적 현시를 최초로 연구한 인물은 아니었다. 그의 책은 특정한 감정의 표현으로 인식되는 서로 다른 많은 얼굴 표정과 신체적 표현을 목록화한 일련의 이전의 저자들을 언급한다. 하지만 다윈은, 1859년에『종의 기원 The Origin of Species』을 출간한 후 처음으로, 그러한 표현들은 인류 역사의 초기에 '유용한 습관serviceable habits'으로 발전하여 진화적 적응을 통해 생물학적으로 타고난 본능이 되었으며, 그것은 특정한 조건하에서 인간과 몇몇 다른 동물에게서 관찰될 수 있다고 주장했다. 1872년에 그의 연구가 출간되었을 때에는 감정에 대한 이러한 진화론적 관점은 새로운 것이었다. 하지만 다윈의 사고를 지배하는 전형적인 관념은 얼굴 표정과 신체적 표현은 단지 감정의 **표현**일 뿐이며, 감정 자체는 '마음'의 한 상태라는 것이었다. 이것은 다윈이 그의 저작에서 던진 중심적 질문, 즉 "일반적으로 특정한 마음의 상태를 특징짓는 것으로 간주되는 얼굴과 몸의 움직임을 결정하는 것은 무엇인가"라는 질문 속에서도 찾아볼 수 있다(Darwin, 1872/1965: 18). 이를테면 공포는 비명 속에서, 그리고 숨거나 피하려고 노력하는 도피 움직임 속에서 스스로를 드러낸다. 하지만 "그것들은 단지 실제적인 해害를 두려운 것으로 실제로 경험하는 것이 수반하곤 하는 표현들일 뿐이다"(Darwin, 1872/1965: 8~9). 그리고 그러한 경험은 공포의 심적 상태의 하나이다. 하지만 이것은 감정이 본질적으로 그것의 신체 표현을 가지는 하나의 심리적 경험 — 신체 표현은 그것의 표현들 중 하나이다

– 이라는 것을 의미한다.

이러한 입장은 (19세기 말부터 20세기에) 윌리엄 제임스의 저작에서 (William James, 1884/1971, 1892/1985) 시작되는 미국의 실용주의학파에 의해 크게 바뀌었다. 비록 실용주의자들이 다윈의 진화이론을 받아들였지만, 그들은 진화이론에 기초한 감정 이해를 손질하기 시작했다. 특히 윌리엄 제임스는 감정의 **미학**에, 다시 말해 단지 앞선 감정상태를 표현하는 것일 뿐인 신체적 느낌이 아니라 실제로 감정경험 자체의 중심부를 형성하는 신체적 **느낌**에 초점을 맞추었다. 감정경험에 대한 미학적 이해에서는 감정의 의미에 대해 언어적으로 표현하거나 감정에 대해 합리적인 성찰적 태도를 취하기에 앞서 감정 – 상황과 관련한 감정을 포함하여 – 에 의미를 부여하는 것은 우리가 상황에 대해 **느낀** 질적 통일성이다. 그다음에 신체적 느낌이 우리로 하여금 다양한 맥락에 적응하고 상황에 의미를 부여하고 상황을 분별하게 한다. 느낌은 시각, 청각, 촉각과 같은 다른 감각만큼이나 세계를 지각하고 의식하는 기본 능력의 일부이다. 이것이 의미하는 것은 느낌이 다른 신체감각만큼 지각과 의식에서 중심적이며, 따라서 느낌은 우리가 우리와 우리를 둘러싼 세계 – 그 세계 속의 다른 사람들을 포함하여 – 의 관계에 적응할 수 있게 해준다는 것이다.

제임스가 볼 때, 몸은 모든 지각 또는 의식의 변화를 불러일으키는 '공명판'의 역할을 한다(James, 1884/1971). 제임스가 들고 있는 이것의 고전적 예가 사람들이 숲속에서 배고픈 곰을 만났을 때 경험할 수 있는 공포감이다. 하지만 곰과 마주치는 것이 먼저 공포라는 심적 **관념** 또는 두려운 척하기를 유발한 다음에 그것이 심장박동의 증가나 진땀나기, 공포로 얼어붙기 또는 뒤돌아서 달아나기(전통적으로 싸우기/도망치기 반응이라고 불러온 것)와 같은 신체적 반응으로 되지는 않을 것이다. 오히려 신체 변화는 자극적인 사실의 지각에서 직접 생겨난다. 그리고 그러한 신체감각의 느낌이 바로 감정 또는 내가 여기서 앞으로 주장하는 바로는 감정의 본질적 부분**이다**. 그러한 두려움의 느낌과 생각이 없어지는 것은 전체 경험이 희미해질 때뿐이다. 공포를 **느끼기** 위해서는 몸이 그 감정에 공통적인 모든 신체적 반향을 드러내는 공명판 역할을 해야만 한다. 우리는 통상적으로 특정 감정을 유발하는 요인이 부재한 상황에서 그러한 감정을 흉내 내려는 시도를 통해 그러한 사실을 알 수 있다. 이 경우에 감정은 텅 비어 있는 것으로 느끼게 된다. 우리가 앞 장에서 간단히 언급했던 기본 감정에 관한 이론들과는 달리, 제임스는 감정의 종류는 무수하다고 생각한다. 왜냐하면 감정은 사회적·개인적 경험을 통해 바뀌기 때문이다. 하지만 그는 그러한 감정들을 화, 공포, 사랑, 증오, 기쁨, 슬픔, 수치심, 자부심과 같은 '보다 거친' 감정 — 강렬한 신체적 느낌 및 반향과 관련된 — 과 도덕적, 지적, 심미적 느낌과 같은 '보다 섬세한' 감정 — 보다 불분명한 신체적 느낌이 동반하는 — 으로 나누었다(James, 1892/1985). 그런데 대체로 지적인 활동들조차도 신체 공명판을 요구한다. 왜냐하면 이야기와 등장인물들의 감정에 감정적으로 개입하지 않고 책을 읽을 수는 없을 것이고, 아니면 과학 서적이나 학술 서적을 읽으면서도 즐거움, 불쾌함, 동의, 의견 차이 또는 짜증을 느낄 것이기 때문이다. 우리가 하고 있는 것이 무엇이든 간에 그것의 의미를 육체적으로 깨닫게 하는 것은 바로 그러한 느낌들이다.

하지만 수년간 감정에 대한 제임스의 생각에 비판이 쏟아졌다. 그것은 대체로 많은 사람이 그의 생각을 행동주의의 한 형태와 혼동했기 때문이었다. 그러한 행동주의는 감정을 기본적으로 환경의 자극에 대한 생리적 반응과 관련되어 있는 것으로 제시하고, 그리하여 감정의 인지적·심리적 측면은 중요하지 않거나 기껏해야 부수 현상에 불과한 것으로 치부한다(Sartre, 1939/1994). 불행하게도 제임스는 이 점과 관련하여, 특히 감정에 관한 그의 에세이의 자주 인용되는 다소 서툴게 표현된 구절과 관련하여 스스로 조처를 취하지 않았다. 그 구절에서 제임스는 감정이 그것의 표현에 선행하지 않는다는 자신의 생각을 정교화하기 위해 노력한다. 제임스는 "우리는 재산을 잃고서 슬퍼서 울고, 우리는 곰과 마주쳐서 두려워서 달아나고, 우리는 라이벌에 모욕당하고 나서 화가 나서 때린다"는 일반의 믿음과는 대조적으로 "우리는 울기 때문에 슬픔을 느끼고, 우리는 때리기 때문에 화가 났다고 느끼고, 우리는 몸을 떨기 때문에 두렵다고 느낀다"라고 말했다(James, 1884/1971: 42~43). 비판가들은 그가 여기서 놓친 것이 왜 우리가 울고 있는가에 대한 심리학적 이해이며, 특정한 감정들은 지각을 유발하는 것에 직접 근거하지 않는다고 말한다. 나는 슬프기보다는 행복하기 때문에 울 수도 있다. 이 두 감정경험은 질적으로 다르다.

하지만 바바렛(Barbalet, 1999)이 지적하듯이, 이러한 비판은 감정에 대한 제임스의 에세이를 그의 전체 심리학적 작업의 맥락에 위치시키지 않고 단지 그 에세이에만 기초하여 독해함으로써 발생한, 제임스에 대한 오해이다. 제임스에게 생각과 느낌은 제임스가 강물처럼 흐르는 '의식의 흐름*stream of consciousness*'이라고 부른 것 속에서 함께 진전된다. 게다가 **의식의 흐름 속에서 느낌은 특정한 생각들을 하나로 연결시키고 그러한 생각들을 그것들을 불러일으키는 객관적 상황은 물론 생각에 대해 생각하는 사람으로서의 우리와 연결시키는 역할을 한다.** 이를테면, 좋은 기억은 그것을 나의 것 또는 나의 일부로 만드는 따뜻함과 친밀함으로 가득 차 있다. 소중한 소유물이나 친구에 대한 나의 따뜻함과 애정은 나와 그것 또는 그와의 관계, 그리고 내가 그것 또는 그를 나의 것(나의 물건, 나의 친

구)으로 간주하는 방식을 말해준다. 제임스가 말하듯이,

> 어쨌든 만약 느낌 같은 것이 존재한다면, **대상들 사이에도 원래 어떤 관계가 존재한다는 것은 확실하며, 그러한 관계를 알려주는 느낌이 존재한다는 것은 더더욱 확실하다.** 인간이 말 속에서 사용하는 모든 접속사와 전치사, 그리고 거의 모든 부사구, 구문론적 형식 또는 목소리의 억양은 우리가 어떤 순간에 우리가 생각하고 있는 더 큰 대상들 사이에 실제로 존재한다고 느끼는 관계의 이런저런 미묘한 차이를 표현한다(James, 1892/1985: 29, 강조는 원저자).

제임스는 계속해서 '그리고'라는 단어는 하나의 문법적 의미를 가지는 것만이 아니라 의식의 흐름 속에서 생각들 간의 관계 — 즉, 다른 생각에서 나오는 하나의 생각 — 에 대한 **느낌**을 나타내거나 대상, 사건 또는 사람들 간의 관계에 대한 느낌을 나타낸다는 것을 보여준다. 이러한 '그리고'라는 느낌은 또한 우리가 어떤 단어를 말할 때 사용하는 목소리의 억양에서도 분명하게 드러난다. 우리의 목소리의 억양은 그 단어를 사용하는 서로 다른 상황에 따라 미세하게 변하기도 한다. 이를테면 우리가 어떤 사람이 우리와 분명하게 느껴지는 어떤 관계를 맺기를 기다리고 있는 중이라면, 우리는 '그리고'를 조급한 느낌의 어조로 말할 것이다. 마찬가지로 우리가 대안이나 반대를 더 이상 검토하지 않으려 하기 때문에 '그러나'라고 말할 때에는 거기에는 주저함의 느낌이 자리하고 있고, '만약'이라는 말을 할 때는 가능성의 느낌이 자리한다. 다시 한 번 더 말하지만 우리가 말하거나 낭독할 때마다, 우리가 다른 사람에게 말하든 아니면 의식의 흐름 속에서 우리 자신에게 무언으로 말하든 간에, 우리의 말씨에는 느낌과 의

미를 부여하는 신체 공명판이 존재한다. 그리고 그러한 느낌들은 우리가 우리 자신, 우리의 일련의 생각, 다른 사람들, 또는 특정한 사건 및 상황과 맺는 **관계유형**을 표현한다.

게다가 제임스와 같은 실용주의 사상가들은 모든 심리적 과정에서 **행위**가 갖는 근본적 중요성을 강조하기 때문에, 그들에게 우리의 생각과 느낌은 실용적, 심미적 또는 윤리적 관심에 의해 인도되는 것으로 인식된다. 이는 의식의 흐름은 스스로 방향을 잡는 것이 아니라 세상과 다른 사람들에 대한 우리의 실용적 개입에 의해 영향을 받는다는 것을 의미한다. 우리가 특정한 상황에 들어갈 때 우리는 현재의 상황에 의해서만이 아니라 과거의 경험과 우리 자신의 관심에 의해, 그리고 우리가 그 상황의 가능한 결과로 예상하는 것에 의해 우리의 행위의 방향을 결정한다. 그것은 우리가 이전에 행한 **차별** 행위에 달려 있다. 즉, 우리는 대상, 사람, 사건과 관계를 맺을 뿐만 아니라 나의 것과 나의 것이 아닌 것 또는 좋아하는 것과 싫어하는 것과 관련하여 그것들을 차별한다. 그러한 것들이 우리로 하여금 특정한 사물에, 또는 상황이 가져다줄 바람직한 결과에 마음이 쏠리게 한다. 그러므로 생각과 느낌은 당면한 상황을 마음에 등록하고, 우리로 하여금 그것에 적응하게 할 뿐만 아니라 또한 그러한 상황이 낳을 가능한 결과를 예기한다. 제임스는 이러한 상황에서 우리가 의식의 흐름 내에서 **추세에 대한 느낌***feelings of tendency*을 받는다고 생각한다. 그러한 느낌은 자주 너무나도 모호해서 우리가 그것에 이름을 붙일 수도 없지만, 우리의 생각과 행위가 특정한 결과를 지향하게 한다(James, 1890/1950a). 이런 점에서 생각, 느낌, 행위, 동작 모두는 세계 내 신체적 존재*bodily being in the world*가 드러내는 동일한 전체 현상의 일부이다. 그리고 그것들은 우리가 속해 있는 상황이 진전됨에 따라 변화한다. 이를테면 만약 우리의 기대와 예상이 충족되지 못한다면, 우리는 상황에 따라 좌절 또는 어쩌면 심지어 안도감을 느낄 것이다. 그러나 어떤 때에는 추세에 대한 우리의 느낌이 너무나도 모호해서 우리는 그것에 이름조차 붙일 수 없다. 그러한 경우에 그러한 느낌은 불분명한 성향이나 직관으로 남아 우리의 행위를 인도한다. 하지만 우리가 그 느낌에 합리적으로 이름을 붙이거나 또는 정당화하도록 요구받을 때, 우리는 그렇게 할 수 없다.

그러므로 제임스가 볼 때, 신체 공명판은 우리가 특정한 상황에 따라 행위를 방향 짓고 유발하고 조정하게 함으로써 신체감각을 객관적 상황이나 몸속의 장소와 연결시킨다. 덴진(Denzin, 1984)이 지적하듯이, 우리는 우리의 몸속에서 일어나는 고통과 같은 감각을 국지화한다. 그리고 우리는 그것을 기술하기 위한 독자적 언어를 가지고 있다. 하지만 우리는 또한 감각과 느낌의 가능한 의미를 이해하기 위해 감각과 느낌을 상황과 연결시킨다. 만약 나의 가슴이 답답하고 쑤신 다음에 내가 어제 정원에서 땅을 파며 보낸 것이 갑자기 생각난다면, 나는 그것이 나의 신체적 불편함 때문이라고 판단할 것이다. 만약 내가 그것을 어떤 객관적 상황과 연결시킬 수 없다면, 나는 그것이 심장질환의 신호라고 걱정하기 시작할 수도 있다. 크롬비(Cromby, 2007)가 말했듯이, 그러한 것들은 우리가 반드시 감정과 연결시키지는 않는, 감정 외적인 신체 느낌들이다. 하지만 내가 이 장에서 나중에 주장하듯이, 신체적·심적 고통은 일정한 감정경험으로 은유적으로 투사된다. 또한 우리의 신체 느낌들은 다마지오(Damasio, 2000)가 '후면 느낌*background feelings*'이라고 불러온 것으로 귀결될 수도 있다. 후면 느낌이란 이를테면 우리의 몸 상태가 좋고 건강하고 아픈 데가 전혀 없고 편안하고 스트레스를 받지 않는다고 느낄 때 우리가 가지는 웰빙의 느낌 같은 것을 말한다. 후면 느낌은 우리의 의식의 전면에 있는 것이 아니라 다른 생각과 느낌들을 휩싸고 있는 배경, 아우라 또는 후광을 제공하는 것일 수 있다. 그렇지 않고, 만약에 우리의 몸이 질병이나 상처 때문에 아프거나 불편하다면, 그것은 고통, 불편함, 자기연민 또는 언짢음의 느낌을 유발할 수도 있다. 이러한 느낌들은 의식의 보다 전면에서 우리의 기분에 영향을 미친다. 덴진(Denzin, 1984)에 따르면, 기분은 웰빙이나 언짢음과 같은 감정적 느낌이다. 이러한 기분은 특정한 상황을 초월할 수 있고 또 사람들의 삶에 대한 접근방식에 보다 일반적으로 영향을 미친다는 것을 특징으로 한다. 그러나 이것은 "다시 감정이란 무엇인가", 그리고 "감정은 느낌으로 구성되면서도 동시에 감정은 어떻게 자주 서로 다른 유형의 느낌들과 구분되는가"라는 질문을 제기하게 한다.

제임스가 볼 때, 감정은 "감정의 심적 본체를 구성하는 느낌들[과 신체 감각들]의 특별한 복합체"이다(James, 1890/1950b: 459). 하지만 이것은 감정에 대한 최종적 정의일 수 없다. 왜냐하면 제임스가 감정의 전형적인 신체적 표현은 전혀 존재하지 않는다는 점을 분명히 하고 있기 때문이다. 감정의 신체적 표현은 사회적 경험과 개인적 경험 모두에 따라 다르기 때문에 감정의 종류는 무수하다(James, 1892/1985, 1894/1994). 따라서 기본 감정 또는 일차적 감정 이론가들과 다윈 모두가 특정한 감정은 신체 표현에 의해 또는 자율신경계와 중추신경계의 변화에 의해 확인될 수 있다고 생각했지만, 제임스는 그들과 달리 그것은 전혀 사실이 아니라고 주장한다. 그 대신 감정은 대체로 개인적 경험과 사회적 경험 모두에 따라 변화하는 '전체 상황'과 관련하여 확인된다(Barbalet, 1999). 따라서 제임스는 "무엇이 화 또는 공포의 '실제적' 또는 '전형적' 표현인가?"라는 질문에 다음과 같은 말로 답변한다. 그 질문은 ⋯⋯

······ 전혀 객관적 의미를 가지지 않는 것으로 보인다. 그것 대신에 우리는 이제 "화 또는 공포를 나타내는 어떤 일정한 '표현'이 어떻게 존재할 수 있게 되었는가"라는 질문을 던져야 한다. 그리고 그것은 한편으로는 실제로 생리적 역학에 관한 질문이자 다른 한편으로 역사에 관한 질문이기도 하다(James, 1892/1985: 249).

하나의 사례가 제임스가 여기서 말하는 것 — 그리고 감정은 사회적·개인적 역사를 배경으로 하여 특정한 상황과 관련하여 이해되는, 신체감각과 느낌의 복합체라는 나의 주장에서 내가 그의 아이디어를 이용하는 방식 — 을 예증하는 데 도움을 줄 수 있다. 내가 아래에서 사용하는 예는 귀스타브 플로베르 *Gustave Flaubert*의 소설 『마담 보바리*Madame Bovary*』에서 따온 것으로, 주인공 엠마 보바리가 일련의 연인들과 함께 쌓아온 비밀 채무를 남편에게 더 이상 숨길 수 없음을 깨달을 때 그 책은 끝을 향해간다.[1] 플로베르는 엠마가 자신의 현재의 애인이 빚을 갚아주지 못하면 그녀와 그녀의 가정이 재정적으로 파산하고 남편에게 자신의 부정한 정사가 발각되어 그녀의 평판을 해칠 것이라는 점을 깨닫는 것을 다음과 같은 장면으로 묘사한다.

그녀는 당황해서 아주 멍한 상태로 서 있었다. 그러나 그녀는 자신에게서 새어 나오는, 자신의 동맥을 사정없이 치는 피 소리를 들었다. 그녀는 그 것이 사방으로 울려 퍼지는 나팔소리 같다고 생각했다. 그녀의 발밑의 땅은 서서히 파동치기 시작했고, 밭고랑은 해변으로 밀려드는 거대한 갈색 파도처럼 보였다. 그녀의 머릿속의 모든 것, 그녀의 기억 속의 모든 것, 그녀의 모든 생각이 폭발하는 무수한 불꽃처럼 발작적으로 한꺼번에 쏟아져 나왔다. 그녀는 그녀의 아버지, 그의 사무실에 있는 뢰르*Lheureux*, 도시에 있는 그들의 방, 그리고 또 다른 풍경들을 보았다. 미쳐버릴 것 같은 느낌에 무서웠지만, 그녀는 다시 어떻게든 스스로를 추슬렀다. 그렇지만 약간은 혼란스러웠다. 왜냐하면 그 무서운 상태의 원인, 다시 말해 돈 문제를 완전히 잊고 있었기 때문이었다. 그녀는 순전히 사랑으로 괴로워하고 있었다. 그리고 그를 기억하면서, 그녀는 자신에게서 영혼이 빠져나가는 것처럼 느꼈다. 마치 부상당한 사람이 고통 속에서 피가 흐르는 상처를 통해 생명이 새어 나가는 것으로 느끼는 것처럼 말이다.

......

그러자 나락 같은 그녀의 상황이 그녀에게 되돌아왔다. 그녀는 숨을 헐떡거렸고, 그녀의 가슴은 거의 터질 것 같았다. 그리고 그녀는 영웅심에 빠져 아주 기쁘다는 듯이 언덕을 뛰어내려갔다 …… (Flaubert, 1857/2007: 389~390).

이 장면에서 묘사된 감정상황은 내가 지금까지 복합체로서의 감정에 대해 말해온 것을 예증한다. 첫째, 거기에는 신체감각이 존재한다. 그것 없이는 신체 공명판이 감정을 완전히 경험할 수 없을 것이다. 쿵쾅거리는 가슴, 그녀의 동맥을 따라 빠르게 흐르는 피, 두근거림과 헐떡거림, 거의 터질 것 같은 가슴이 바로 그러한 것들이다. 둘째로, 거기에는 그녀를 상황 – 그녀의 연인이 그녀를 도울 수 없는 상황(이는 그녀가 파산에 직면한다는 것을 의미한다) – 과 연결시키는 동시에 단절시키는 느낌들이 존재한다. 당혹감, 혼란, 괴로움, 고통(신체적 고통이 아닌 감정적 고통)이 그것들이다. 셋째로, 거기에는 내가 이 장에서 나중에 이야기할 은유적 느낌들이 존재한다. 이를테면 피는 "그녀에게서 새어나갈" 듯이 너무나도 빠르게 분출되고 '나팔소리'처럼 쿵쾅거리며, 그녀의 의식의 흐름은 그녀의 머릿속에서 "폭발하는 불꽃"처럼 파열한다. 그리고 그녀는 부상당한 사람이 '피가 흐르는 상처'를 통해 생명이 쇠하는 것으로 느끼는 것처럼 "그녀에게서 영혼이 빠져나가는" 것으로 느꼈을 것이다. 넷째로, 하나의 단일한 고동 속에서 기억, 생각, 이미지(그의 사무실에 있는 그녀의 아버지)가 방출되며, 의식의 시냇물이 홍수를 이룬다. 마지막으로, 그러한 느낌들 중 일부는 이를테면 공포, 사랑, 환희, 기쁨으로 이름 붙일 수 있는, 보다 복잡한 감정적 느낌으로 합체된다. 제임스가 감정을 정적인 상태가 아닌 연속적이고 합류하는 것으로 기술했던 것처럼(James, 1890/1950b), 그러한 느낌들이 그녀의 경험의 흐름 속에서 서로를 대체하기 때문이다. 이러한 강렬한 경험 속에서 시간과 공간에 대한 지각조차 왜곡되기 시작한다. 왜냐하면 엠마의 발밑에서 땅이 파동치고, 들판의 밭고랑이 갈색 파도처럼 보이고, 그녀의 모든 기억이 하나의 단일한 고동 속으로 되돌아가기 때문이다.

앞의 장면이 비록 하나의 극적인 문학의 형태로 하나의 감정적 공황 상태를 묘사하고 있기는 하지만, 그것은 내가 여기서 느낌과 감정에 대해 말하고 있는 것을 예증하는 데 도움을 준다. 느낌은 유기체가 상황과 그 상황이 초래할 것 같은 결과를 의식적으로 지향할 때 유기체에서 일어나는 어떤 변화에서 발생하는 신체적 감각이다. 느낌은 또한 우리가 의식의 흐름 내에서 일어나는 서로 다른 생각과 경향들 간의 관계를 직감하고, 우리의 생각과 경험들을 연결시켜 **우리 자신의 것**으로, 즉 본질적으로 우리 자신에 속하는 것으로 만드는 것과 관련되어 있다. 이러한 점에서 느낌은 경험에 불가결한 측면이다. 즉, 느낌은 우리가 **살아 있음**을 알게 해 주고, 우리에게 일어난 경험을 **살아 있게** 만들거나 의식의 흐름 속에서 출현하는 생각을 살아 있게 만들어주는 것이다. 따라서 우리의 생각, 기억, 심상은 또한 정서적 유의성을 가지게 되어, 우리가 어떤 시나리오를 생각하거나 기억하거나 상상할 때 무언가를 느끼게 만든다. 그러한 많은 느낌들이 일시적으로 결합하여 이름 붙여진 감정들 ─ 매우 다양한 감정 중에서 몇 가지만 거론하면 두려움, 공포, 사랑, 애정, 화, 증오 또는 기쁨과 같은 ─ 이 되고, 경험의 흐름 속에서 다시 흩어져서 다른 감정들과 재결합된다. 그러나 그러한 감정들은 앞서의 엠마 보바리가 빠진 감정적 공황 상태에서처럼 항상 상황과 우리가 그 상황에 이르는 궤적과 관련되어 있다. 그녀는 오직 그녀가 직면한 상황과 그것이 초래할 것 같은 결과 때문에 두려움, 혼란, 사랑을 알았다. 그렇지 않고는 그녀는 자신이 느꼈던 모든 것을 느끼지도 못했을 것이며, 자신이 그렇게 느꼈던 이유를 알 수도 없었을 것이고, 구체적인 느낌과 감정에 이름을 붙일 수도 없었을 것이다. 우리가 감정을 경험하고 그 감정이 우리에게 의미를 지니는 것은 단지 상황이라는 맥락 속에서뿐이다.

상황과 감정적 몸-마음

느낌과 감정에 대한 윌리엄 제임스의 연구는 그의 동료인 실용주의 사상가 존 듀이에 의해 발전되었다. 듀이는 감정은 그 자체로 몸짓이나 행위 속에서 표현되는 심리적 현상이 아니라 (웃음이나 울음이 에너지의 리드미컬한 배출 속에서 경험되는 것처럼) 몸짓이나 행위 속에서 발생하는 신체적 느낌**이라**고 파악하는 제임스에 동의한다(Dewey, 1894/1971). 듀이는 또한 감정을 미학적으로 이해한다. 그러한 미학적 이해 속에서 감정은 상황에 대해 느낀 질적 통일성 ─ 이것이 상황에 의미를 부여한다 ─ 과 관련된 것이다. 하지만 듀이는 제임스가 지각행위를 (현재의 정황뿐만 아니라 사람들이 과거의 경험으로부터 가져온 정황과 함께 종료 지점 또한 가지는 더 큰 행위 유형에 통합되어 있는 것으로 파악하기보다는) 다른 행위 및 상황과 고립된 특정 상황에서 감정을 유발하는 것으로 고려한 것은 실수라고 생각했다. 더 나아가 듀이는 미학은 상황에 대해 느낀 질적 의미를 감지하는 것뿐만 아니라 그것을 **평가하는** 것과도 관계되어 있다고 생각했다. 또한 우리는 의미를 만들어내는 행위 속에서도 우리가 특정 상황에서 **느끼는** 가치를 창출한다. 그리고 이것은 감정은 차별적이라는 제임스의 생각을 확장한다. 듀이가 볼 때, 상황을 평가하는 것은 심리적 지각행위라기보다는 하나의 행위 또는 습관이다. 이를테면 만약 내가 숲속에서 야생의 곰을 만났고, 내가 그러한 상황에 전혀 익숙하지 못하다면, 나는 공포로 얼어붙거나 뒤돌아 달아날 것이다. 하지만 그러한 상황에 대해 훈련받은 삼림 감시원은 곰을 만났을 때 어떻게 해야 하는지를 알고 있기 때문에 달리 대응할 것이다. 그러한 상황에 보다 익숙하기 때문에 그 또는 그녀의 느낌 또한 다를 것이다. 만약 내가 전혀 다른 상황에서, 그러니까 외국의 거리에서 돈을 위해 춤을 추고 있는 곰을 만난다면, 나는 공포보다 연민이나 격분을 느낄 것이다. 나의 느낌과 감정은 내가 상황에 부여하는 가치와 함께 과거의 경험 속에서 발전된 습관에 달려 있을 것이다. 따라서 춤추는 곰에 대한 나의 느낌과 감정은 포획 동물과 동물에 대한 대우와 관련한 가치에 달려 있을 것이다. 이러한 점에서 듀이는 감정은 원래 본능적인 생물학적 반응이 아니라 사회적·개인적 경험에 의해 무수히 다양하게 수정되고 변화되고 정제되고 재구성되는, 감각으로 아는 신체적 느낌이라는 관념을 확대하고 심화시키고 있다.

어떤 단일한 행위도 결코 별개로 검토될 수 있는 것이 아니라 항상 더 큰 일련의 조정된 활동의 일환이라는 사실은 감정 이해에 또 다른 함의를 지닌다. 왜냐하면 감정이 유발되기 위해서는 어떤 활동이 더 큰 전체의 일부를 이루는 기대에 의해 어떤 식으로든 방해받아야만 하기 때문이다. 우리가 느끼는 것이 무엇인지를 알기 위해서는 우리는 특정 상황에 대한 **해석과 평가**를 잠시 멈추고 그것이 어디로 귀착될 것인지(제임스가 말하는 '추세에 대한 느낌')를 인식해야만 한다. 실제로 하나의 감정 시나리오는 그것 내에서 관계유형이 미묘하게 변화하고, 또 사람들이 거기에 순응함에 따라 일련의 상이한 국면을 거치기도 한다. 앞 절에서 들었던 엠마 보바리의 예로 돌아가면, 그녀의 감정적 공황 상태가 시작되기 전에, 그녀는 그녀의 빚을 갚도록 사랑하는 사람이 그녀에게 돈을 줄 것으로 기대했다. 그리고 그가 그렇게 할 수 없다고 말했을 때, 예상했던 행위 경로가 차단되었다. 그러자 그녀는 그에게 간곡하게 부탁해보았고, 그다음에는 그가 죄책감을 느끼게 하려고 했다. 그리고 결국에는 그녀는 돈을 얻어내기 위해 그에게 화를 냈다. 뜻대로 되지 않고 결국 파산이 분명해졌을 때 그녀에게서 감정적 공황 상태가 발생했다. 서로 다른 국면을 통과하고 다양하게 감정을 조절하면서 두 주인공이 감정형상의 변화를 겪고 둘 사이에서 유발되는 것을 해석하고 재해석할 때, 어색함과 주저함이 발생했다.

현재의 상황과 그것의 있음직한 결과에 더하여, 거기에는 항상 과거가, 그리고 사람들이 자신들의 과거로부터 현 상황으로 끌어오는 것이 자리하고 있다. 이러한 견지에서 듀이(Dewey, 1894/1971)가 볼 때, 감정은 또한 **성향**과 관련된 것, 즉 우리가 우리의 느낌에 따라 행위 하곤 하는 습관적 방식과 관련된 것이다. 제1장에서 나는 이것을 특히 기차에서 자신과 자신의 아내가 예매한 것으로 생각되는 좌석들 중 하나에 앉아 있는 여성을 발견하고 폭력적으로 행동한 남자와 관련하여 얼마간 상세히 기술했다. 그 남자와 다른 사람들과의 폭력적 관계가 그가 어린아이였을 때 그의 아버지와 함께 시작된 이래로, 그 후 그는 생애 내내 다른 사람들이 자신을 깔본다고 믿을 때 화를 내고 폭력적으로 행동하는 경향이 있었다. 이렇듯 하나의 성향은 단지 우리가 의식하는 하나의 느낌인 것만이 아니다. 즉, 성향은 특정한 방식으로 기꺼이 행위 하게 만드는 하나의 실제적 태도로서, 우리는 그것을 완전히 의식하지 못할 수도 있고 또 그것을 통제하지 못할 수도 있다. 따라서 하나의 감정적 성향은 과거로부터 형성된 습관을 현재의 순간에 우리가 적응해야만 하는 상황에 맞추어 조절하는 것이다. 우리 모두는 우리가 아는 사람들이 지니고 있는 감정적 성향, 그들이 특정한 상황에서 특정한 방식으로 감정적으로 기꺼이 반응하는 방식, 그리고 그것이 우리가 그들의 성격 또는 퍼스낼리티로 파악하는 것의 일부를 형성하는 방식을 인지한다.

특정한 느낌 및 감정과 관련한 성향 – 이것이 우리의 행위의 배경을 이룬다 – 이 만들어지는 것과 관련하여, 듀이는 두 가지 핵심적 요소를 꼽았다. 첫째는 내가 앞에서 말한 우리 자신의 전기 속에서 만들어지는 개인적 성향이다. 이것은 우리가 우리의 삶을 통해 다른 사람들과 맺어온 관계유형을 반영한다. 그리고 둘째는 사회적·문화적 의미라는 배경이다. 이것이 느낌과 감정에 형태와 언어적 표현을 제공한다. 이 두 번째 요소와 관련하여, 듀이는 우리가 한 성원을 이루고 있는 사회 또는 그 사회의 사회집단에서 작동하는 문화적 의미들이 우리의 행위와 의식의 구조적 배경을 이룬다고 생각한다. 그가 볼 때, 우리의 개인적 행위와 '의식의 흐름'의 흐름 – 이 의식의 흐름이 감각과 느낌 속에 해당 상황의 속성을 등록한다 – 은 그것을 배경으로 하여 특정한 형태를 띠고 의미를 가지게 된다 (Dewey, 1929/1958). 이 배후 의미background meaning – 우리는 그것을 일정 정도 인식하고 있다 – 가 바로 듀이가 '마음mind'이라고 지칭하는 것이다. 반면, 의식consciousness은 특정한 상황에서 우리가 다른 사람들과 벌이는 하나의 적극적이고 상호작용적인 과정이다. 여기서 듀이가 말하고자 하는 것은 레이먼드 윌리엄스(Raymond Williams, 1977)가 느낌의 구조라고 말했던 것과 유사하다. 내가 제1장에서 말했듯이, 느낌의 구조는 해당 순간에 실제적 의식을 통해 생생하게 살아 있고 또 느껴지는 의미와 가치에 의해 형성된다. 반면 그러한 의미와 가치가 근거하는 사회적·문화적 의미는 과거로부터 형성된 고정된 형태의 것으로, 오직 실제의 특정한 관계에서 실제적 의식의 일부로 살아 있을 때에만 살아 움직인다.

마찬가지로 듀이에게 마음과 의미의 구조적 틀과 당면한 순간에 일어나는 순간적인 의식과 행위의 전이적 성격은 시간적으로 연결된다. 조직화된 의미체계가 특정한 상황을 이해할 수 있게 해주지만, 해당 상황의 드라마를 산출하는 것은 의식과 행위이다. 우리는 이를 내가 앞 장에서 상술한 서구의 낭만적 사랑의 양식과 관련하여 인식할 수 있다. 서구의 낭만적 사랑 속에서 예의 바름, 정중함, 공손함이 지닌 사회적 의미와 그 관행들은 성적 욕망과 갈망, 동반자적 우정, 헌신과 예속, 짝사랑의 슬픔과 같은 느낌과 마찬가지로 사랑의 의미에 영향을 미쳐왔다. 하지만 그러한 것들이 우리가 어떤 사람을 만나고 사랑에 빠지는 바로 그 상황에, 즉 우리가 그러한 느낌과 감정을 온갖 극적인 사건과 함께 격렬하게 **경험하는** 바로 그 순간에 배경을 형성한다. 그리고 '사랑해'와 같은 말이 마치 그 자리에서 새로 만들어지거나 한 것처럼 그 순간에 그 관계가 생기와 활기를 띠게 하는 것도 바로 그러한 상황이다.

이처럼 사회적 의미와 개인의 전기가 배후 구조background structure를 틀 짓고, 그 순간에 일어나는 습관적 상호작용의 방향을 설정하지만, 새로움을 낳고 그러한 새로움을 경험하는 드라마를 산출하는 것은 그러한 상호작용이다. 우리는 언어를 가지고 사회적 의미를 만들고 언어를 통해 우리 자신의 독특한 경험에 대해 소통하지만, 언어는 항상 우리가 살고 있고 또 우리의 경험이 이루어지는 상황으로부터 추상화된 어떤 것이다. 그러므로 듀이는 추상개념 속에 **그** 공포, **그** 증오, **그** 사랑의 감정과 같은 **어떤 것**이 존재한다는 관념에 반대한다. 만약 말이 그것이 언급하는 것을 그대로 재현하는 것이라면, "우리는 우리에게 다가오는 그 특정한 자동차에 대한 공포만을 이야기할 수 있을 뿐이지 공포에 대해서는 결코 이야기할 수 없다"(Dewey, 1934/1980: 67). 설사 그렇다고 하더라도 보다 일반화된 사회적 의미들 없이는 감정은 원래의 위치에, 즉 그것이 출현한 맥락에 머물러 있게 될 것이며, 따라서 우리는 우리가 그 감정을 경험한 상황을 벗어나서는 그 감정에 대해 결코 소통할 수 없을 것이다. 하지만 "우리가 아이에게 그 결과를 알려주는 식으로 그 아이가 특정한 지각 상황을 화나 증오 또는 사랑으로 지칭하도록 교육하는" 것처럼(Dewey, 1929/1958: 304), 우리는 사람들이 다른 사람과 특정한 상호작용을 하는 상황에서 감정을 드러내는 특정한 행위나 지각에 담겨 있는 의미를 학습한다. 행위 또는 지각적 인식은 "그것이 어떤 상태나 그 결과 또는 둘 다와 얼마간 **관련되어** 일어날 때에만 그 맥락과 관련하여 독특한 감정, 감각, 생각 또는 욕망의 속성을 가진다"(Dewey, 1929/1958: 304~305). 이러한 의미에서 감정은 항상 "어떤 상황과 연루된 ······ 객관적인 어떤 것을 **향한** 또는 그것**으로부터 나오는** 또는 그것**에 대한**" 것이다(Dewey, 1934/1980: 67). 게다가 해당 상황에서 생각, 느낌, 감각 그리고 여타 형태의 지각은 당시의 고동치는 의식 속에 혼합되어 있지만, 우리는 눈 깜짝할 사이에 우리의 의식의 흐름을 성찰하고 나서, 그 속에서 어떤 성분을 골라내어 그것에 언어학적으로 생각, 느낌 또는 감정이라는 이름을 붙이고, 그것을 추상화하고, 그것을 우리 자신과 다른 사람들에게 언어학적으로 의미 있게 만든다.

당면한 순간에 존재하는 감정과 언어(또는 언어적 말씨) 간의 이러한 간극이 사람들로 하여금 그들의 목소리의 억양을 통해 위트, 반어법, 풍자를 이용하거나, 얼떨결에 당시에 느끼는 감정 목록 중 어떤 것을 누설하게 하기도 한다. 바흐친(Bakhtin, 1986)이 지적했듯이, 단어집 속의 또는 그의 용어로는 '말하기 장르speech genre' 속의 감정 단어들은 그러한 감정을 표현하는 용어들이라는 점에서는 중립적이다. 그러나 언어적 측면에서 행복의 의미를 전달하는 기쁨joy 같은 단어조차, 어떤 사람이 전혀 마음에 들지 않는 상황에 접하여 'oh joy[그래 좋기도 하겠다]'라고 말했을 때처럼, 그것을 표현하는 억양에 따라 정반대로 이용될 수 있다. 어떤 억양이 정확하게 그 단어의 정반대를 의미할 때, 그 상황에 대한 감정적-평가적 반응은 분명하다. 즉, 그 사람이 당시에 느끼는 것은 기쁨과는 정반대이다. 유사하게 기쁨이라는 단어가 정반대의 의미로 말이나 글로 표현될 수도 있다. 이를테면 "어떤 기쁨은 이제 나에게는 고통일 뿐이다"라는 표현이 그러하다(Bakhtin, 1986: 87). 이 표현은 자신의 삶에서 어떤 기쁨도 느낄 수 없는 사람의 기분 또는 분위기를 전달한다. 이러한 예들에서 우리는 감정이 어째서 하나의 복합체인지를 알 수 있다. 여기서 단어 또는 문구를 통해 말로 표현되는 느낌과 억양은 언어적 의미에 하나의 대위법으로 사용되며, 감정에 더 넓은 스펙트럼을 만들어낸다. 따라서 감정은 단어 그 자체의 의미 속에서 발견되지 않는다. 왜냐하면 단어를 통해 말로 표현되는 것은 어떤 신체적 느낌이며, 우리는 그렇게 표현된 것을 가지고 어떤 사람이 경험하는 감정을 이해하기 때문이다. 바흐친이 또한 보여주듯이, 그러한 느낌들은 그것들에 대한 감정적으로 평가된 측면을 포함하고 있으며, 이는 느낌이 가치의 창조를 통해 평가되고 판별된다는 것을 의미한다. "그가 죽었다고!"라고 말로 표현하는 것은 어떤 사람의 사망 소식에 대한 충격을 큰소리로 말하는 것이지만, 그것은 슬픔의 색조를 띠고 있을 수도 있고, 아니면 그 순간 마음에서 우러나는 기쁨을 넌지시 드러내는 것일 수도 있다. 이는 어떤 사람과 막 죽은 사람의 관계에 달려 있다. 이렇듯 억양 속에 표현된 가치는 어떤 사람이 그 사람과 맺고 있던 관계의 성격 또는 유형으로부터 나온다. 그리고 사회적 관습의 요구에도 불구하고, 그는 얼떨결에 그러한 자신의 느낌을 사람들에게 드러낼 수도 있다.

이를 전제로 할 때, 우리가 어떤 느낌과 감정이 발생한 상황으로부터 그 느낌과 감정을 정확히 추출할 수 없는 것처럼 우리는 몸으로부터도 그 느낌과 감정을 정확히 추출할 수 없다. 듀이의 표현으로, 인간은 하나의 '몸-마음'을 가진다. 이 '몸-마음'은 느끼고 생각하는 하나의 몸으로, 이 몸은 그것의 활동 속에서 생각하고 평가할 수 있기 때문에 느낀다. 이 '몸-마음' 관념은 듀이의 후기 저작에서 탐구되었다(Dewey, 1929/1958). 이 개념은 인간의 심적 생활은 '이성' — 자연과 대비되는, 그리하여 몸 및 정신물리적*psychophysical* 삶과는 구별되는 하나의 정신*spirit* — 이라는 '더 높은' 초월적 영역에서 생겨나는 것이 아니며, 오히려 심적 영역은 생명 활동과 정신물리적 삶에서 생겨나고 여전히 항상 그것에 의존한다는 그의 믿음을 보여준다. 듀이는 일반적인 언어 — 적어도 영어 — 속에서 물리적인 것과 생명이 없는 것을 동일시하는 경향을 피하기 위해 '정신물리적'이라는 용어를 만들어냈다. 따라서 '정신물리적'이라는 용어는 활동하고 생각하는 유기체, 즉 행동과 생각을 분리할 수 없는 유기체를 묘사하기 위한 것이다. 실제로 인간과 같은 살아 있는 유기체는 오직 그들이 활동하고 그들의 활동이 생각을 요구하기 때문에 **생각하게** 된다. 이 수준에서 생각과 느낌은 분리될 수 없다. 왜냐하면 생각하는 동물들은 세상 속에서 행하는 활동을 통해 자신들의 행동방식을 생각하는 동시에 느끼기 때문이다. 하지만 이것은 '마음' — 행위와 느낌이 유의미하다는 심적 자각 — 을 가진다는 것과 동일하지 않다. 왜냐하면 의미는 단지 언어와 문화 내에서만 발생하기 때문이다. '마음'은 정신물리적 경험에서 생겨나지만, 그것은 사회적·문화적 활동을 통해 이룩되는 또 다른 조직 수준에서 재구조화된다. 이러한 재구조화는 특히 언어의 습득과 더불어 일어난다. 심적 과정은 언어를 통해 몸짓과 느낌이 명명될 때 재구성된다. 듀이가 말하듯이,

> 그러므로 활동하는 복잡한 동물들은 …… 매우 다른 속성을 갖는 느낌들을 **가진다.** 그러한 속성은 그 동물들이 환경 상황과 맺는 독특한 관계와 관련되어 있다. 그러한 동물들은 느낌들을 **가지지만,** 그러한 느낌을 가지고 있다는 것을 알지 못한다. 활동은 정신물리적이지만, '심적인' 것은 아니다. 즉, 활동은 의미를 인식하지 못한다. 삶이 특유한 조직 상태 속에서 일어나는 사건들의 한 속성이고, '느낌'이 복잡하게 변화하는 서로 다른 반응들에 의해 특징지어지는 삶의 형태의 한 속성인 것처럼, '마음'은 감각을 지닌 피조물이 다른 살아 있는 피조물들과 조직화된 상호작용 — 말, 소통 — 을 할 때 그 피조물에 의해 덧붙여지는 속성이다. 따라서 느낌의 속성은 외부 사물들의 객관적 차이와 (과거에 마주친 그리고 앞으로 발생할) 에피소드들을 표현한다. 이처럼 질적으로 다른 느낌이 단지 객관적 차이를 지니는 것만이 아니라 객관적 차이를 표현하는 상태가 마음이다. 느낌은 더 이상 단지 느껴지는 것이 아니다. 느낌은 감지하고 또 **이해**한다(Dewey, 1929/1958: 258, 강조는 원저자).

비록 듀이가 그 형이상학적 함의 때문에 '마음'이라는 용어를 사용한 것을 후회하지만, 실제로 그는 그 형이상학적 짐을 털어버리고자 시도하면서 그 용어를 사용한다. 듀이가 볼 때, 마음은 하나의 초월적 현상이 아니다. 왜냐하면 앞서의 인용문에서 알 수 있듯이, 마음은 단지 인간이 생물학적으로 물려받은 것이기보다는 오직 발명해온 사회적 의미와 여타 능력 그리고 습관과 함께 발생하기 때문이다(Brinkmann, 2011; Putnam, 1999). 언어의 사용과 함께 느낌은 공동체의 속성으로 객관화된다. 그리고 우리는 언어를 통해 우리의 느낌과 그것이 집단에 대해 가질 수 있는 결과에 대해 이야기할 수 있고, 또한 그러한 느낌을 확인하고 구별할 수 있다. 어떤 느낌들은 감각으로, 어떤 느낌들은 생각, 욕구, 욕망으로 지칭될 수 있다. 그리고 다른 느낌들은 어떤 특별한 의미를 지니는 감정으로 지칭될 수 있다. 그 감정은 화일 수도, 공포일 수도 또는 사랑일 수도 있다. 그러한 감정들은 세상 일반을 향해 있지만, 특히 살아 있는 피조물, 무엇보다도 인간을 향해 있다. 듀이가 말하듯이, 우리의 경험은 결코 곧바로 그러한 것들 중 하나가 되는 것이 아니고, 맥락에 준거해서만 그중 하나가 된다. 경험은 그럴 때에만 느낌, 감정, 감각, 생각 또는 욕망이라는 독특한 속성을 지니게 된다.

듀이의 생각이 우리의 감정 이해를 어떻게 돕는지를 보여주는 하나의 실제적 사례를 상실, 사별, 슬픔과 관련하여 제시해보자. 우리는 정신물리적 수준에서 인간이 '슬픔'이라고 부르는 것의 요소들을 다른 동물들의 몸짓과 행동 — 이것들이 감정의 정신물리적 측면을 형성한다 — 에서도 발견할 수 있다. 감정을 형성하는 몸짓과 행위를 듀이(Dewey, 1894/1971)는 '근감각 이미지*kinaesthetic image*'라고, 그리고 시츠존스톤(Sheets-Johnstone, 2009)은 '동적 신체 로고*kinetic bodily logo*'라고 지칭해왔다. 이 두 용어는 역동적으로 전개되는 상황에 맞추어 일어나는, 동물의 의식적인 몸짓을 의미한다. 슬픔 속에서 관찰할 수 있는 종류의 근감각 이미지의 실례가 충격과 놀람의 몸짓이며, 이어서 사랑하는 사람을 찾는 것과 같은, 슬픔이라는 감정에 특수한 움직임이 일어난다(Parkes, 1972/1975). 이런 식으로 잃어버린 누군가를 찾는 것이 자신들의 짝과 떨어진 회색기러기들에게서 관찰되기도 했지만(Lorenz, 1963), 이는 서로 다른 동물 종들에서도 흔히 발견되는 일이다. 잃어버린 누군가를 그리며 목 놓아 우는 회색기러기들에게서와 마찬가지로 우리는 슬퍼하는 사람들의 몸짓에서 그러한 근감각 이미지를 발견한다. 이를테면 유족들은 그 사람이 죽었다는 것을 사람들이 알고 있을 때조차 죽은 사람을 하염없이 찾고 절망 속에서 울부짖는다. 듀이가 지적했듯이, 이러한 종류의 몸짓은 유족들에게서 슬픔과 그리움이 함께 요동치는 것에서처럼 하나의 자연적 리듬을 지닌다.

그러나 이것이 우리가 정신물리적 영역을 떠나 인간의 몸-마음의 영역으로 들어가는 지점(시츠존스톤이 취하지 않는 하나의 단계)이다. 거기서 인간은 삶과 죽음의 차이를 인식하고 그들의 하염없는 망자 찾기와 울부짖음은 무익하다는 것을 알게 된다. 그것은 망자를, 그리고 우리가 시간을 되돌려 그를 소생시킬 수 없음을 노래하는 수많은 시, 속요, 애가哀歌를 만들어냈다. 월트 휘트먼*Walt Whitman*은 그의 시「바다 표류*Sea Drift*」에서 포마녹*Paumanok* 해변에서 홀로 둥지에 남아 있는 아기 새 한 마리를 보고 두 마리 부모 바닷새를 묘사한다. 암컷 새는 아마도 죽었거나 둥지로 돌아오지 않은 것으로 보인다. 그다음에 휘트먼의 시는 매일 짝이 돌아오기를 기다리며 밤새 파도 소리보다 더 크게 암컷 새를 부르고 있는 수컷 새를 묘사한다. 바닷새의 지저귐, 울음소리, 노래에 가사를 붙이면서 휘트먼은 다음과 같이 쓰고 있다. "바닷바람아 포마녹 해변을 따라 거세게 불어라. 나는 네가 나의 짝을 바람에 날려 내게 오게 할 때까지 기다리고 기다릴 것이다"(Whitman, 1892/1975: 276). 휘트먼은 시를 쓰는 한 성인으로서 그 자신의 잃어버린 첫사랑과 새의 지저귐을 다음과 같이 일체화한다. "그는 많은 사람들 가운데서도 하필이면 내가 알고 있는 의미들을 쏟아냈다"(Whitman, 1892/1975: 277). 그러나 휘트먼은 거기서 트루바두르와 그 이전으로까지 거슬러 올라가는, 잃어버린 사랑에 대한 애가로부터 끌어온 시적 언어를 통해 슬픔의 감정을 언어로 정식화하고, 그리하여 우리 모두를 위해 한 번 더 그것을 재창조한다. 새는 그렇게 할 수 없다. 휘트먼은 새의 지저귐과 짝 찾기 속에서 슬픔의 근감각 이미지를 분명하게 보았다. 그러나 그것을 언어로 표현할 수 있는 것은 그뿐이다. 정신물리적 신체 로고들을 통해 볼 때, 새는 분명하게 괴로워하고 있었다. 하지만 휘트먼과 같은 인간만이 새의 신체 로고를 슬픔으로 변환하는 단어들을 가지고 있다. 인간과 여타 동물들은 분명 서로의 근감각 이미지를 독해할 수 있는 정신물리적 로고들을 공유하고 있지만, 그렇다고 인간 세계와 동물의 세계가 완전히 겹친다고 볼 수는 없다. 비록 동물들이 감정과 지능을 가지고 있지만, 어느 누구도 우리가 슬픔과 같은 감정으로 말하는 것을 동물도 가지고 있는지를 확실하게 말할 수는 없다.

그뿐 아니라 슬픔과 같은 감정에는 인간에게만 공통적이고 유일무이한 다른 느낌들 — 이를테면 화와 죄책감 — 이 존재하고, 사람들에게는 애도 과정을 안내하는 개인적 지원 네트워크와 사회적 의례들이 존재한다. 이것이 바로 특정한 시간 동안에 일련의 다양한 느낌과 감정이 발생하는 과정이며, 그것들은 개인, 그들의 개인사, 현재의 상황에 달려 있을 뿐만 아니라 또한 사회적 의례가 용인되는 애도 기간을 얼마로 규정하는지에 따라 서로 다르다(Parkes, 1972/1975). 사람들이 그러한 애도 기간으로부터 벗어나기 시작할 때, 삶, 습관, 관계, 정체성을 재구성하고자 하는 욕구가 발생한다. 그리고 다시 이것은 인간에게 독특한 것이다. 이러한 사회적 의례, 그리고 사람들이 그들의 느낌을 언어로 표현할 수 있는 방식은, 인간이 몸과 마음으로 감정을 경험하는 방식이 다른 동물들의 그것과 매우 다르다는 것을 의미한다. 하지만 언어적 의미의 세계는 인간에게만 유일무이하다. 그리고 내가 여기서 앞으로 주장하듯이, 그것은 전혀 다른 방식으로 감정의 경험을 **심화하고 확장하여** 정신물리적인 근감각 신체 로고와 이미지를 재구성한다. 따라서 느낌은 단지 느껴지는 것이 아니다. 느낌은 그것이 의미 있는 만큼만 이해한다. 게다가 인간에게 감정은 특정한 자극이나 사건에 대한 자동적 반응이 아니라 사람들이 대상이나 상황에 부여하는 가치나 그것에 대한 해석에 달려 있다. 우리가 앞 장에서 셰퍼휴스가 브라질 빈민가를 대상으로 하여 수행한 죽음에 관한 연구와 관련하여 살펴보았듯이, 그곳 여성들은 아이의 생명에 별 가치를 부여하지 않기 때문에 자신의 죽은 아이에 대해 슬퍼하지 않았다. 그곳의 어머니와 아버지가 적은 수의 아이들 — 태내에 있는 아이와 갓 태어난 아이를 포함하여 — 에게 금전적, 감정적으로 크게 투자하는 것은 오직 물질적 부의 증대와 상이한 양육 전략과 관련되어 있을 뿐이다. 슬픔을 경험하기 위해서는 당신이 슬퍼하는 대상에 높은 가치가 부여되어 있어야만 한다. 만약 그렇지 않을 경우, 빈민가의 여성들이 병든 아이나 죽은 아이에 대해 슬픔보다는 연민을 느끼는 것처럼, 어떤 사람 또는 대상의 잃음에 대한 당신의 느낌은 덜 강할 것이다.

요약하면, 몸은 우리의 모든 경험에서 하나의 공명판으로 작용한다. 왜냐하면 신체적 느낌이 우리를 상황, 다른 사람 그리고 우리 자신의 생각 및 자아와 **연결**시키고 또 때로는 단절시키기 때문이다. 이러한 방식으로 느낌은 우리의 경험들을 극히 중요한 방식으로 하나로 묶어주는 관계 유형을 선별하고 연결시킨다. 왜냐하면 우리가 몸을 통해 경험하기 때문이다. 그러나 느낌은 또한 우리를 상황 내에 **적응시키고**, 그 상황이 초래할 수 있는 결과 또는 초래할 바람직한 결과와 관련한 **추세에 대한 느낌**을 만들어낸다. 우리는 바로 그러한 상황 속에서 어떤 시나리오를 화, 공포, 사랑, 기쁨 또는 증오로 경험하게 되고, 그것들을 사회적, 문화적으로 의미를 지니는 방식으로 표현하는 과정에서 우리의 신체적 느낌을 재구성하여 그것들 자체에 이름을 붙인다. 그러나 느낌은 또한 **가치와 차별**을 표현한다. 즉, 느낌은 우리 자신의 개인적 좋아함과 싫어함, 취향과 비취향, 내켜함과 내켜하지 않음, 관심과 무관심을 표현한다. 우리가 제7장에서 살펴보듯이, 비록 그러한 것들이 개인적이기는 하지만, 그것들은 또한 사회적이고 특정한 의미를 지니고 있으며, 또 우리 자신의 개인적인 가치체계에 관한 것뿐만 아니라 우리가 속하거나 우리가 동일시하는 사회집단에 관한 어떤 것도 표현한다. 상황에 대한 우리의 몸-마음의 반응 배후에는 전체 문화적 장, 그리고 우리가 그것의 특정한 맥락에 귀속시킨 의미들이 자리하고 있다. 우리가 상황과 그러한 상황에 속한 사건과 대상을 평가할 수 있고 또 그런 다음 그것을 **느낄 수 있는** 것은 오직 그러한 의미를 통해서이다. 그렇기에 느낌이 그 상황 내에서 일어나는 우리의 행위를 인도하지만, 그것은 오직 그러한 행위가 보다 광범한 일련의 행위들 - 역시 우리에게 의미를 지니는 - 과 관련되는 한에서만 그러하다. 따라서 그러한 서로 다른 행위들을 결합할 때 발생하는 충돌은 우리로 하여금 주저하게 한다. 왜냐하면 감정을 숙고하고 그 감정에 따라 어떻게 행위 할지를 결정해야 하기 때문이다.

다음 절에서 나는 느낌, 감정, 언어 간의 관계에 대해 좀 더 언급할 것이다. 왜냐하면 내가 지금까지 말해온 것으로부터 추론해볼 때, 그것들이 긴밀하게 연결되어 있다는 것은 분명하지만(언어는 실제로 느낌을 재구성하고, 우리가 감정이라고 부르는 것을 사회적 의미에 기대어 이해할 수 있게 해준다), 동시에 느낌과 언어가 일치하지 않기 때문이다. 내가 상반되는 표현들을 가지고 보여주었듯이, 느낌과 단어는 의미를 창출하기 위해 병치될 수 있다. 그리고 그것은 느낌과 단어의 차이와 긴밀한 관계 모두를 보여준다. 하지만 우리는 느끼지 않고는 결코 말할 수 없을 것이며, 말 없이는 느낌을 분명하게 표현할 수 없을 것이다.

언어, 느낌, 감정

인간 정신*psyche*의 내용 — 사고, 느낌, 욕망으로 구성되는 어떤 내용 — 은 의식이 만들어낸 정식 속에, 그리고 그 결과 인간의 언어적 담론의 정식 속에 주어져 있다. 언어적 담론 — 그것의 협소한 언어학적 의미가 아니라 보다 광범하고 구체적인 의미에서의 — 은 정신의 내용이 표현되는 **객관적 환경**이다. 바로 그곳에서 행동의 동기, 주장, 목적, 평가가 조정되어 외적으로 표현된다. 그것들 간의 갈등이 발생하는 것도 바로 그곳이다 (Vološinov, 1927/1976: 83).

볼로시노프가 이 인용문에서 말하고 있는 것은 내가 여기서 개관하려고 노력해온 것, 즉 느낌과 감정 — '정신' 또는 마음과 몸의 여타 측면들과 마찬가지로 — 이 서구에서 일반적으로 생각되는 것처럼 원래 우리가 소통할 수 없는 사적 경험이 아니라는 것이다. 오히려 감정은 우리가 세상 속의 여러 사회적 상황들 속에서 다른 사람들과 함께하는 공적 경험에 관한 것이다. 따라서 사고와 욕망 같은 의식의 여타 측면들뿐만 아니라 감정과 느낌 역시 담고 있는 정식은 하나의 사적 언어의 정식이 아니라 보다 광범위한 사회학적 의미에서의 언어적 담론의 정식이다. 다시 말해, **의미는 하나의 특정한 언어의 문법과 관련해서만 만들어지는 것이 아니라 그 담론이 자리하고 있는 특정한 상호작용 상황의 관계유형과 관련해서도 만들어진다.** 이것이 바로 우리 그리고 우리가 관계를 맺는 사람들이 느낌과 감정을 이해할 수 있게 해주는 객관적 환경이다. 객관적인 상황과 언어적 담론 없이는 우리의 생각, 느낌, 감정은 무의미할 것이다.

이것이 바로 듀이가 우리가 지각에 생각, 감각, 느낌 또는 감정이라고 이름 붙이고 우리가 그렇게 생각하기 때문에 지각은 단지 언어 속에서만 의미를 지닌다고 말할 때 그가 주장하던 것이었다. 하지만 앞에서 볼로시노프가 말하고 있는 것은 우리의 심적 삶 또한 언어의 습득과 함께 변화된다는 것이다. 왜냐하면 의식이 인간의 언어적 담론의 정식 속에 주어져 있기 때문이다. 따라서 이를테면 조심과 같은 느낌은 실제 상황에서 '조심해'나 '주의해'와 같은 말로 표현될 수 있다. 그리고 우리가 상황을 성찰할 때 우리는 조심의 형태를 취하는 느낌을 "나는 그 모임에서 매우 조심했어"라고 말하거나 생각할 수 있다. 이러한 말들은 반드시 사전의 생각을 표현하는 것이 아니라 우리가 처한 상황으로부터 직접 나오는 것일 수도 있다. 그 이유는 언어가 원래 심적 현상이 아니라 사회적 맥락에서 이용되는 몸의 습관화와 조절이기 때문이다. 이를테면 몸이 조심할 것을 느낄 때, 그것은 언어적 말로 직접 표현될 수 있고, 따라서 느낌은 언어에 의해 심화되고 확장되고 재구조화된다. 하지만 똑같은 것이 모든 대화에도 적용된다. 왜냐하면 대화도 사회적 상황 속에서 일어나기 때문이다.

비고츠키*Vygotsky*가 보여주듯이, '말의 동기*speech motive*' — 상황 속에서 우리로 하여금 말을 하게 하는 것 — 가 모든 대화와 표현에 앞서 존재한다. 비고츠키는 계속해서 다음과 같이 말한다.

> 그러한 동기가 사람들로 하여금 활동을 하게 하는 정서적 유인과 욕구의 원천이다. 매 순간 입말*oral speech*에 내재하는 상황이 각각의 말할 차례에 동기를 제공한다. 다시 말해, 상황이 대화나 토론의 각 부분에 동기를 제공한다. …… 이처럼 입말은 상황의 동학에 의해 조절된다. 입말은 그러한 유형의 상황-동기적·상황-조건적 과정에 따라 상황으로부터 직접 나온다(Vygotsky, 1934/1987: 203).

이 인용문은 말을 유발하는 것은 충분하게 숙고된 정신적 과정 또는 내용이 아니라 하나의 **정서적** 과정 또는 내용 — 즉, 누군가가 그 상황 속에서 말 **해야만 한다**거나 말하고 **싶다**고 느끼는 것 또는 누군가로 하여금 생각하지 않고 말을 하게 하는 것 — 이라는 점을 분명히 하고 있다. 더 나아가 그러한 욕구나 원망은 반드시 이미 '머릿속에서' 정식화된 형태의, 그리고 하나의 각본처럼 그대로 반복되는 단어나 문장 형태의 심리적 내용을 가지지도 않는다. 오히려 누군가가 말해야만 한다고 느끼거나 말하고 싶은 욕구를 느끼는 것은 상황으로부터 나오고, 사람들은 자신이 그 상황이 어떠하다고 **느끼는**지 또는 그 상황이 유발하는 감정적 속성에 의해 자신의 마음이 어떻게 움직이고 영향을 받는지에 관해 말한다.

하지만 언어적 또는 담론적 표현은 우리가 우리 스스로에게 말할 때처럼 무언으로 이루어질 수도 있다. 이것이 바로 제임스가 목소리의 억양이 우리 자신에게 느낌의 미묘한 차이를 표현할 때 의식의 흐름 속에서 발생하는 것으로 생각했던 것이다. 우리는 조심해야 하는 어떤 상황에 들어가면서 우리는 '조심해' 또는 '신중해'라고 자신에게 말할 수 있지만, 꼭 그것을 완전한 음성의 형태로 자신에게 말로 표현할 필요는 없다. 비고츠키가 주장했듯이, 우리는 '단어의 의미'를 가지고 생각할 수 있다. 다시 말해, 우리는 목소리를 내어 우리 자신에게 음성으로 말하지 않고도 **단어의 이미지**, 보다 정확하게는 그것의 의미를 이용하여 무언으로 우리 자신에게 말할 수 있다. 그 대신 우리는 단어에 대한 **감**을 통해 생각한다. 보다 구체적으로는 우리는 단어의 정확한 의미보다도 오히려 그 단어의 **느낌**을 말한다. 제임스가 말했듯이, 우리는 '만약' 또는 '그러나' 같은 단어를 말하는 억양을 느낄 수 있다. 즉, 우리는 단어의 의미를 지적으로 이해하는 것만큼이나 신체 공명판을 통해 느낄 수 있다. 듀이와 마찬가지로 비고츠키에게도 비록 단어의 의미가 그것의 가장 안정적인 또는 구조적인 측면임에도 불구하고, 그것은 단어에 대한 감의 한 측면일 뿐이다. 그리고 우리가 단어를 사용하는 맥락에 따라 그 단어에 대한 감과 느낌은 미묘하게 다를 수 있다. 나는 이를 누군가가 달갑지 않은 상황에 마주쳤음을 분명하게 드러내는 특정한 느낌을 실어 또는 억양을 통해 'oh joy'라고 말하는 경우를 예로 들어 설명한 바 있다. 여기서 'joy'라는 단어는 감에 의해 특정한 맥락 속에 재배치되어 그것과 정반대의 의미를 전달하는 억양으로 제시된다. 단어에 대한 감도 변화해왔다. 누군가가 불편한 무언가를 건네받으며 'nice[거참 난처하게 되었구먼]'라고 말하는 것도 마찬가지이다.

이처럼 우리가 단어에 대해 갖는 감 또는 느낌은 그것의 실제 의미를 넘어서는 어떤 것이다. 그렇지만 우리는 단어와 의미 없이 그 자체로 그러한 감이나 느낌을 가질 수 없다. 이것이 바로 비고츠키가 생각은 말하는 것과 함께 재구성된다고 말할 때 우리에게 전달하고자 하는 것이다.

언어와 독자적으로 존재하는 '생각' – 그다음에 말로 '표현되는' – 같은 것은 결코 존재하지 않는다. 하지만 어쨌든 언어는 하나의 형태, 즉 심적 형태를 다른 형태, 즉 말의 형태로 마술적으로 전환시킨다. 우리가 어린아이일 때 말을 배우기 시작한 이후 말은 언어적 표현의 수단뿐만 아니라 또한 생각의 수단이 된다. 게다가 우리는 생각할 때, 단어의 정확한 의미보다는 단어에 대한 전체적인 감을 가지고 그렇게 한다. 따라서 우리 각각의 생각은 완전하게 구성된 문장으로 정확하게 표현되지 않는다. 문장은 단지 우리가 말할 때 만들어지기 시작한다. 하지만 우리가 대화가 이루어지는 상황 내에 위치해 있고 우리가 하는 말이 정서적으로 유인되기 때문에, 우리는 말하기 전에 우리의 의도를 알고 있다. 따라서 말에서 사실인 것은 느낌과 감정을 포함한 지각의 다른 측면들에서도 사실이다. 생각처럼 느낌과 감정도 언어와 말에 선행하지 않으며, 모종의 번역 행위에 의해 말과 언어 속에서 표현된다. 우리가 언어적 담론의 의미를 감지할 때 느낌과 감정은 단어의 의미에 의해 이미 조절된다. 말이 신체적 습성의 일부가 되기 때문에 그것은 신체 공명판을 다시 조절하며, 따라서 우리는 동적 신체 이미지, 동작, 표정, 제스처, 행위에서뿐만 아니라 말의 억양과 대화에서 정서적 유의성을 포착할 수 있다. 우리의 신체적 존재의 이러한 상이한 측면들은 별개로 존재하는 것이 아니라 육체적 존재를 구성하는 전체 현상의 일부이다(그리고 그러한 육체적 존재 또한 구체적 상황 속에서 언어적 담론의 사회학에 의해 조건 지어지는 또 다른 육체적 존재들로 구성되는 세계 속의 일부이다).

하지만 느낌과 감정이 언어와 말에 의해 재구성된다고 해서 그것이 느낌이 즉시 자동적으로 말로 표현된다는 것을 의미하지는 않는다. 제임스가 약술했듯이, 우리는 매우 애매하고 불분명해서 우리가 그것을 말로 표현하기 어렵거나 표현하는 것이 불가능하다고 느끼는 연관성 내지 추세에 대한 느낌을 가지기도 한다. 그리고 비고츠키가 예증하듯이, 하나의 포괄적 현상으로서의 생각 ― 즉, 상황과 연관 지어 그 상황을 이해할 수 있게 해주는 의미를 찾고자 노력하는 것 ― 은 감 또는 그러한 감을 느끼는 활동, 그렇지만 이미 단어로 표현되지는 않은 어떤 것에 의거한다. 그것은 하나의 감으로, 즉 의미가 있거나 의미가 있을 수 있지만 확실하게 표현할 수 없는 어떤 것이라는 느낌으로 존재한다. 비고츠키가 우스펜스키*Uspenskii*를 인용하여 표현하듯이, "우리가 말하는 것이 생각으로는 구체화되지만, …… 언어로는 그렇게 되지 않는 것으로 보인다. …… 때로는 우리는 시인처럼 안개가 걷히고 나면 …… 어느 순간에 미스터리가 친숙한 모습을 드러낼 것이라고 생각한다"(Vygotsky, 1934/1987: 280). 그러나 이것은 느낌과 감정에서도 또한 사실이다. 즉, 어떤 상황 또는 상태에서 우리는 우리가 완전히 표현할 수 없는 애매한 느낌을 가지기도 하며, 따라서 우리는 우리가 느끼는 것이 무엇인지 또는 왜 우리가 그러한 방식으로 느끼고 있는지를 이해하기 위해 노력한다. 그러나 그러한 노력은 일정한 표현형태 ― 언어형태로 아니면 (어쩌면 자신들이 느끼는 의미를 다른 사람들과 공유하기 위해 예술가들이 창조하는 시각적 또는 다른 이미지 속에서) 다른 형태로 ― 를 향한다.

내가 여기서 말하고 있는 것을 요약해보자. 나의 주요한 논점은 언어의 습득과 함께 지각, 느낌, 생각, 이미지는 기호적인 것이 된다는 것이다. 그것들은 우리가 **이름 붙일** 수 있는, 의미 있는 기호들이다. 이러한 언어를 통한 이름 붙이기는 거기에 이미 존재하는 어떤 내용에 단지 이름을 붙이기만 하는 것이 아니라 그 단어에 부여된 의미를 통해 내용을 변화시킨다. 이를테면 우리는 눈으로 단지 콘크리트 블록들만을 보는 것이 아니라 (비록 그것이 특정한 이름을 통해 지각하는 것이기는 하지만) 집, 공장, 창고, 오피스 빌딩 등을 본다. 단어가 우리의 지각을 불러일으키고, 우리가 보는 것뿐만 아니라 우리가 생각하는 것을 변화시킨다. 만약 누군가가 아파트에서 산다고 말한다면, 우리는 그것이 무엇을 의미하는지를 알기 위해 그것을 볼 필요가 없다. 즉, 우리는 단어의 의미를 통해 생각하고, 그것이 우리에게 하나의 이미지를 만들어낸다. 왜냐하면 느낌이나 감정과 마찬가지로 단어 역시 하나의 기호의 기능을 가지기 때문이다. 다시 말해, 충격, 놀람, 화, 혐오, 증오, 매력, 좋아함, 사랑은 단지 단어가 아니라 대부분의 사람들이 알고 있고 자주 경험하는 느낌들이다. 우리는 그러한 것들이 다른 사람들의 몸에 대해 갖는 의미를 그들의 동작, 제스처, 표현과 관련지어 근감각 이미지로 이해하고 해석한다. **그러한 기호와 단어의 의미들은 선행 감정을 표현하는 것이 아니다. 그것들은 감정이 만들어지는 복합체의 한 요소이다.** 단어는 느낌과 감정에 형태, 감, 의미를 부여한다. 그리고 그러한 느낌과 감정은 사회적 관계가 변화함에 따라, 그리고 그것과 함께 언어의 형식과 사회적 관행이 변화함에 따라 변화한다. 이러한 일이 발생하며 그 특정한 시간과 장소의 사회적 관계에 적합한 새로운 느낌과 감정이 출현한다. 그럼에도 불구하고 우리는 우리가 당면한 사회적 상황을 이해하기 위해 노력할 때 특정한 느낌을 함축하는 단어를 **사용한다.** 직접적인 의식적 경험의 순간에 가장 중요한 것은 단어의 엄격한 언어적·문법적 의미가 아니라 우리가 단어를 사용할 때 가지는 감이다. 다시 말해, 중요한 것은 우리가 우리 자신과 다른 사람들의 행위, 느낌, 감정에 의해 영향을 받으며 계속 진행되는 상호작용의 흐름 속에서 감지하는 감을 우리가 단어를 가지고 표현하는 방식이다.

비록 내가 감정은 지역의 도덕적 질서와 공동체의 감정 어휘와 별개로 연구될 수 없다고 주장하는 하레와 같은 사회적 구성주의자들에게 동의하지만, 신체 공명판의 효과는 의식 속으로 '흘러 들' 뿐이며 그렇기에 감정에는 '부수적'이라는 그의 언급에는 의견을 같이하지 않는다(Harré, 1986: 5). 그것보다는 감정 어휘가 특정 상황에서 느끼는 감정을 엄밀하게 최종적으로 **규정**한다면, 신체 공명판은 우리가 그 맥락에서 그 감정을 **경험**하는 데 필수적이다. 더 나아가 우리가 당면한 상황에서 단어를 사용할 때 가지는 감 역시 그 단어의 의미에 따라 미묘하게 변화하거나 그것과 상호작용한다. 이 경우에 우리의 온몸이 감정적-평가적 억양을 표현하는 말씨에 관여한다. 그리고 그러한 억양은 문법 양식과 동시에 (또는 그것과 나란히 존재하는) 감정적 또는 정서적 양식을 따른다. 감정은 말로 표현될 수 있지만, 그 말씨에 맥락적 의미를 부여하는 것은 바로 온몸이 만들어내는 조음調音이다. 이러한 의미에서 담론과 감정은 밀접하게 연결되어 있지만, 그것들은 동일하지 않다. 우리가 진정으로 **느끼지** 않는 감정 단어를 사용하는 것은 단지 말로만 하는 경험일 뿐이다. 경험이 전체 신체 공명판을 울릴 때 우리는 그저 어떤 감정을 느끼기만 할 뿐이고, 그 느낌이 말로 표현된다.

내가 여기서 언어, 느낌, 감정에 대해 말할 것을 종합해볼 때, 나는 세 가지 핵심적 요소가 그것들 간의 관계를 설명해준다고 생각한다. 첫째, 단어가 느낌과 다른 지각들을 틀 짓고 형성하고 재구조화한다. 왜냐하면 그것들이 말로 표현되기 때문이다. 그리하여 단어는 느낌 – 놀람, 조심, 불안, 흥분 등과 같은 – 의 일부가 된다. 왜냐하면 느낌처럼 언어도 몸이 만들어내는 조음의 하나이자 몸의 가능한 용도들 중의 하나이기 때문이다. 또한 낭만적 사랑이 성적·개인적 매력, 갈망, 욕망, 기쁨 그리고 때로는 슬픔의 결합인 것처럼, 느낌들이 결합되어 우리가 감정이라고 부르는 보다 큰 복합체를 만들어낸다. 둘째, 의식의 흐름의 한 부분을 이루는 (단어의 의미의 형태를 하고 있는) 마음속의 말*inner speech*과 다른 인식들은 특정한 상황에 대한 정서적 반응이지만, (언쟁이 끝난 후에도 어떤 주장이 어떤 사람과 함께 우리의 마음속에 계속 남아 있을 때처럼) 의식의 흐름 속에서 마음속의 말과 여타 이미지들은 또한 느낌과 감정을 불러일으킬 수 있다. 갑자기 떠오르는 나쁜 기억은 원래의 상황의 일부를 이루고 있던 여러 느낌과 감정을 어떤 새로운 느낌 및 감정과 함께 불러낼 수도 있다. 또는 친구나 동료들과 벌였던 논쟁의 회상은 외부에 존재하는 상대방과는 상관없이 마음속에서 다시 논쟁을 시작하게 할 수도 있다. 셋째, 이 모든 것은 어떤 점에서는 우리가 실제로 겪었거나 또는 우리가 상상할 수 있는 상황과 관계되어 있다. 그리고 바로 그러한 관계가 그것의 언어적 표현과 함께 감정의 준거점을 이룬다. "나 어제 화났었어"라고 말하는 것은 우리에게 말해주는 것이 별로 없다. 그러나 "내가 어제 사장과 내 급료를 놓고 논쟁할 때 나 화났었어"라고 말하는 것은 우리에게 화라는 감정의 속성과 그 이유에 대해 훨씬 더 많은 것을 말해준다.

이 장을 마무리하기 전에 몸의 보다 중요한 한 가지 측면과 그것이 느낌, 감정, 언어에서 수행하는 역할을 검토하고자 한다. 그것은 바로 우리가 의미를 이해하고 그것을 서로 다른 경험들로 은유적으로 투사하는 것 모두에서 몸이 수행하는 역할이다. 그것들 모두가 느낌과 감정의 경험에 중요한 까닭은 그 경험이 자주 은유적으로 구성되기 때문이다. 이를테면 우리는 '속의 울렁거림*butterflies in the stomach*'으로 소심함을 느끼고, 가슴으로 사랑을 느끼고, 머리로 이유를 말한다. 다시 여기서 내가 주장하는 것은, 그것은 단지 은유적 사유방식일 뿐만 아니라 하나의 **느낌**의 방식이기도 하다는 것이다.

은유, 느낌, 감정

비록 인간이 사용하는 의미가 흔히 인간 문화의 산물, 그리고 특히 그 의미를 만들어내고 표현하는 언어와 연관 지어지지만, 최근에 마크 존슨은 이는 사회과학과 철학의 근본적 가정의 하나라는 이의를 제기해왔다(Johnson, 1987, 2007). 담론이 언어적 감을 통해 의미를 창출하지만, 언어와 담론은 의미의 **가능성** — 즉, 인간이 자신의 경험을 담론적으로 표현하고 자발적으로 언어를 사용하기 위해 그 경험을 이해할 가능성 — 을 포함하지 않는다. 이 문제에 대한 그 나름의 미학적 접근방식 속에서 존슨은 의미는 원래는 비非명제적이고 전前개념적이라고 주장하면서 의미의 생산과 이해에서 인간 몸의 중심성을 주장한다. 이를테면 인간의 몸은 직립 상태이고 두 발 동물이기 때문에 인간의 아이들은 어릴 때에 서서 걷는 법을 배운다. 그리고 우리의 눈은 옆쪽보다는 얼굴 정면에 자리 잡고 있기 때문에 인간은 자신들 앞에 있는 것을 의식하고 뒤나 옆에 있는 것들, 즉 시야의 주변에 있는 것에 항상 신경을 쓴다. 이것은 "당신의 모든 미래는 당신 앞에 있다"와 같은 진술은 단지 우리에게 언어적 의미를 가지는 것만이 아니라 또한 신체적 방식으로도 이해된다는 것을 뜻한다. 왜냐하면 우리가 길을 따라 걸을 때 종점이 우리 앞에 있고 출발점이 우리 뒤에 있는 것처럼 미래는 우리 앞에 있고 과거가 우리 뒤에 있기 때문이다.

이러한 육체화된 형태의 의미가 바로 존슨이 '이미지-도식 구조image -schematic structures'라고 부르는 것이다. 하지만 그것은 그림 형식의 이미지, 즉 우리가 시각화할 수 있는 이미지가 아니다. 오히려 이미지-도식 구조는 인간들 간에 그리고 인간과 세계 간에 반복되는 실제적 상호 관계에서 출현한다. 그러므로 이미지 도식은 "되풀이되어 발생하는 역동적인 유기체-환경 상호작용의 한 유형이다. 따라서 그것은 우리의 기본적인 감각운동 경험이 일어나는 상황에서 드러난다"(Johnson, 2007: 136). 이는 우리가 그러한 이미지 도식의 명백한 형상 — 우리가 의식적으로 성찰할 수 있는 — 을 가진다는 것이 아니라 몸동작과 자세가 되풀이되는 수준에서 그것을 **느낀다**고 말하는 것이다. 이러한 도식은 지각, 객체 조작*object manipulation*, 몸동작이 일어나는 기본 구조이며, 따라서 "우리는 지각적 상호작용을 하는 내내 오른쪽과 왼쪽, 앞과 뒤, 가까운 곳과 먼 곳 모두를 주시한다 (Johnson, 2007: 137). 이 외에도 듀이가 걷기 습관이 우리의 거리 지각에 잠재해 있다고 말하듯이(심지어는 우리가 여전히 앉아서 주시할 때조차)(Dewey, 1922/1983), 몸동작의 습관은 지각 속에도 자리하고 있다. 하지만 이는 시츠존스톤(Sheets-Johnstone, 2009)으로 하여금 그러한 것들이 이미지 도식이라는 존슨의 관념을 비판하게 만들었다. 만약 이러한 지각형태가 몸동작과 대상 조작의 습관으로부터 출현한다면, 왜 그것들을 이미지 도식 — 그다음에 '육체화'할 수밖에 없는 — 으로 물화하는가? 왜 그것을 그냥 '신체 개념*body concept*'으로 부르지 않는가?

내가 여기서 이 논쟁에 끼어들고 싶지는 않지만, 그리고 논의의 목적상 나는 보다 인지적인 과장된 '이미지 도식' 또는 '도식'보다는 '신체 개념'에 의지하지만, 존슨의 생각은 느낌과 감정을 이해하는 데서 나에게 유용하다. 첫째는, 그가 의미 있는 경험은 그것이 이해될 수 있기에 앞서 **느껴**져야만 한다고 주장하는 방식 때문이다. 하지만 둘째로, 존슨은 또한 신체 개념이 어떻게 서로 다른 분야의 경험에 **은유적으로 투사될** 수 있는지를 보여준다. 이를테면 우리의 몸이 공간 속에서 느끼는 균형 감각은 사법제도와 법체계에서의 균형이라는 보다 추상화된 관념에도 기여할 수 있다. 즉, 우리는 어떤 사람에게 유죄판결을 내리기에 앞서 그들의 죄를 입증하는 증거와 반증하는 증거에 기초하여 균형 잡힌 심리를 하기를 바란다. 이것은 또한 '힘force'과 같은 보다 감정을 함축하는 개념들에도 적용된다. 이를테면,

우리는 태어나는 날부터 (또는 심지어는 그 전부터) 물리적 힘의 의미를 파악하기 시작한다. 우리의 몸은 중력, 빛, 열, 바람, 신체 과정 그리고 다른 물리적 대상들의 끼어듦과 같은 '외적인' 힘과 '내적인' 힘에 의해 작동된다. 우리는 그러한 상호작용을 통해 그러한 힘들과 처음으로 마주한다. 그리고 그러한 상호작용은 우리 자신과 우리의 환경 간의 되풀이되는 유형화된 관계로 나타난다. 그러한 유형은 의미 구조로 발전한다. 그리고 우리의 세계는 그러한 의미 구조를 통해 일정 정도 일관성, 규칙성, 이해가능성의 척도를 드러내기 시작한다(Johnson, 1987: 13).

이러한 반복되는 관계유형은 우리에게 작용하는 힘을 반영하는 것만이 아니다. 우리는 곧 우리 역시 우리 자신과 다른 사람 및 객체에게 힘의 원천이 될 수 있다는 것을 깨닫는다. 우리는 우리가 바라는 목적이나 어떤 것을 달성하는 것을 방해하는 힘에 직면할 때 우리는 좌절감, 패배감, 무력감을 느끼지만, 우리가 바라는 어떤 것을 성취할 때 우리는 기쁨, 유력함, 성공했음을 느낀다. 또한 인간들은 서로에게 작동하는 물리적 힘만이 아니다. 우리는 또한 서로를 감정적으로 움직이거나 서로에게 영향을 미친다. 하지만 앞의 문장에서 알 수 있듯이, 우리는 우리에게 유리하거나 불리한 힘들에 서로 다른 감정적 느낌을 부여할 수 있다. 존슨(Johnson, 1987)이 언급하듯이, 비록 우리가 힘을 마주하는 맥락에 따라 그 느낌이 다를 것이지만, 우리는 그 힘이 의미하는 바에 대한 느낌을 그것이 지닌

'감정유발적 의미emotive meaning'라고 기술할 수 있다. 이를테면 우리가 직장에서 한 관리자로부터 우리가 원치 않는 역할을 수행할 것을 또는 파트너나 친구로부터 우리가 얼마간 하고 싶지 않은 어떤 일을 할 것을 '강요받는다'고 느낄 때, 심지어는 우리가 어떤 것을 하도록 물리적으로 강요받지 않았더라도, 우리는 그것을 일종의 강제로 경험할 수도 있다. 우리가 '감정적 협박'이라고 부르는 것이 바로 이러한 종류의 것이다. 그러한 상황에서 우리는 행위를 강요당하고 있다고 느낀다. 왜냐하면 어떤 사람들이 자신들을 위해 우리의 감정("만약 네가 날 정말 사랑했다면 너는 아마도 …… 할 거야")이나 우리의 의무감이나 책임감(" …… 조직에 대한 너의 책임을 생각해봐")을 이용해왔기 때문이다. 내가 여기서 주장해왔듯이, 다양한 맥락과 우리가 그러한 맥락을 묘사하기 위해 사용하는 단어들이 우리가 느끼는 방식 또한 틀 지을 것이다(이를테면 좌절감은 패배감과 다르다). 하지만 의미 또는 느낌과 감정을 만들어내는 것은 단어만이 아니다. 그렇게 하기 위해서는 또한 감정에 대한 맥락에 따른 신체감각 – 반복되는 관계와 행위의 유형에 대한 느낌 – 이 요구된다. 느낌과 감정을 일컫는 이름들 중 일부는 의존성, 적대감, 신뢰와 같은 되풀이되는 관계와 상호작용의 유형을 직접적으로 지칭한다. 그리고 우리는 은유적 투사를 이용하여 그러한 느낌을 묘사한다. 이를테면 우리가 반복되는 관계와 상호작용 유형 때문에 우리가 어떤 사람에게 의지할 수 있음을 체득할 때, 우리는 그에게 '기대게' 된다.

따라서 이 은유는 그것이 한 영역에서의 경험을 다른 영역에서의 경험으로 은유적으로 투사하는 것을 포함한다는 점에서 상상적이며, 그렇기에 신뢰하는 친구에게 기대는 것은 튼튼한 버팀대에 기대는 것과 **같게 된다**. 다른 느낌들은 그 자체로 은유적으로 경험된다. 이를테면 성적 욕망은 우리로 하여금 다른 사람에게 성적으로 끌리거나 성행위를 하지 않을 수 없게 하는 '힘' 또는 '충동'으로 경험될 수도 있다. 많은 은유들은 감정 경험 속에서 신체 공명판이 울리는 방식을 그대로 표현한다. 이를테면 자부심으로 '가득 차고', 사랑에 '빠지고', 질투심에 '정신이 나가고', 화가 나서 속이 '부글부글 끓고', 공포로 인해 '질식당하'거나 '옴짝달싹 못한다'고 표현된다. 이러한 은유들은 우리가 이미 경험한 느낌들을 표현하는 것만이 아니라 또한 그것이 표현하는 느낌을 심화하고 확장하고 완결한다. 즉, 그것들은 느낌을 묘사하는 것만큼이나 창조한다. 이를테면 사랑은 가슴의 중앙에 위치한다. 그리고 우리가 앞 장에서 트루바두르의 시의 예들과 함께 살펴보았듯이, 우리가 사랑을 하고 있을 때 우리는 우리의 가슴이 우리가 느끼는 것을 자유롭게 표현하기를 원한다. 아니면 우리는 욕망의 대상에게 날아가는 종달새처럼 날고 싶어 한다. 이것은 단지 담화의 한 형태만이 아니라 느낌의 한 형태이기도 하다. 그러한 느낌의 형태 속에서 우리 몸의 기관들은 은유적으로 감정경험 속으로 이끌려 들어가고, 신체 공명판을 총동원하여 그 감정을 경험하는 것이 어떤 것인지를 창조한다. 이것 없이는 감정은 허울뿐일 것이다. 이와 유사하게 나는 앞 장에서 짝사랑의 노래들이 어째서 그러한 감정을 빈번히 '고통'이나 '상처'로, 즉 마치 우리가 물리적으로 입은 상처처럼 언급하는지를 지적했다. '실연'은 고통스러울 수 있다. 그러한 상황에서 우리는 은유적 의미에서 '아픔'을 느끼지만, 그럼에도 불구하고 우리는 아픔을 느낀다. 이러한 방식으로 고통과 같은 비감정적 느낌이 은유적 투사를 통해 감정적 느낌이 될 수 있다.

이와 같이 은유와 상상이 감정에 기여하는 바를 이해하는 데서 중요한 한 가지 요소가 바로 그 속에서 감정이 몸과 현실을 초월하는 환상을 통해 일어나는 낭만적 도피로 간주되지 않는다는 것이다. 그것보다는 감정은 신체경험으로부터 생겨나는 상상의 형태들이다. 왜냐하면 상상은 신체 느낌에 대한 유의미한 인식과 지각을 뒷받침하는 동시에 보다 정교화된 문화적·언어적 의미 내에서 그것을 재구성하기 때문이다. 이러한 의미에서 상상과 은유적 투사는 우리와 현실을 분리시키는 것이 아니라 현실 인식에 유의미한 새로운 차원을 덧붙임으로써 현실과 우리의 관계를 심화한다. 물론 그 방식은 문화적 인식에 따라 다르다. 어떤 과학자가 태양을 바라보며 핵융합 용광로를 상상한다면, 윌리엄 블레이크*William Blake*는 태양을 바라보며 그의 마차 위에서 천사군에 둘러싸여 있는 신을 보았다. 하지만 이 두 경우 모두에서 상상은 인간과 현실을 보다 의미 있는 방식으로 연결시키며 그것에 대한 우리의 이해를 확대한다. 이것이 바로 내가 감정 이해에서 사르트르로부터 이탈하는 지점이다. 사르트르는 감정을 객관적 현실의 실제적 변형 없이 의식 자체 속에서 일어나는 마술적 변형으로 파악했다(Sartre, 1939/1994). 따라서 누군가가 쇼크나 공포로 졸도한다면, 그것은 상황에 대처하는 아주 무익한 방식이다. 그러나 사르트르가 볼 때, 여기서 감정을 특징짓는 것은 상황에 대한 대처능력이 아니다. 여기서 중요한 것은 자신이 마주친 충격적 상황의 현실을 변화시킬 수 없는 몸이 의식의 지시를 받아 졸도함으로써 그 자신과 현실의 관계를 변화시키는 방식으로 현실을 부정한다는 것이다. 그것은 현실의 탈출, 거부 또는 부정의 한 형태이다. 밤에 계단에서 나는 시끄러운 소리를 들을 때나 누군가가 집에 침입해서 무서울 때 사람들이 침대 시트나 이불을 머리에 뒤집어쓰는 것이 또 다른 예가 될 수 있다. 침대 시트는 우리가 두려워하는 것으로부터 우리를 보호해주는 효과적인 수단이 전혀 아니다. 그들은 현실을 부정하고 있는 것이다. 이러한 사르트르의 이론은 공포와 같은 부정적 감정들에서 드러나는 특정한 유형의 반응을 설명하는 데 적절할 수 있지만, 보다 긍정적인 감정들은 그리 잘 설명할 수 없다. 하지만 보다 중요하게는 그것이 그러한 감정들을 설명할 수 없는 까닭은 상상을 보다 유의미하게 현실과 연결하는 방법으로 보기보다는 현실과 단절하는 방법으로 파악하기 때문이다. 마술은 자신의 원리에 따라 현실과의 관계를 변화시키지만 오직 의식 속에서만 그렇게 한다. 하지만 내가 여기서 주장하는 것은 상상은 애초부터 몸이 현실과 맺는 관계이며, 마술은 단지 그러한 연결형태의 하나일 뿐이라는 것이다. 상상의 다른 측면들은 실제로 도구를 발명하고 새로운 의미를 창출하고 그렇게 하면서 사회적 관행 ― 느낌과 감정을 포함하여 ― 을 변화시킴으로써 우리가 현실을 변화시키는 데 도움을 준다. 존슨이 보여주듯이, 근본적으로 상상은 한 분야의 경험을 다른 분야의 경험으로, 즉 세계와 관계 맺는 하나의 유형을 다른 유형으로 은유적으로 치환하는 신체 능력, 다시 말해 감정 함의적 의미를 지니는 어떤 것이다.

마지막으로, 우리에게 도움이 될 수 있는 예를 하나 더 들어보자. 작가 윌리엄 스타이런*William Styron*은 자신이 말년에 겪은 심각한 우울증 증세 ― 그는 그것으로 인해 거의 자살할 뻔했다 ― 를 감정의 용어들로 기술한 바 있다. 스타이런은 근대의 임상적 우울증 개념이 한때 감정적 측면에서 '멜랑콜리아*melancholia*'로 이해되었다고 지적하면서, 임상 용어가 우울증에서 그것이 지닌 무서운 감정적 힘을 제거해버렸다고 생각한다. 게다가 그는 자신이 우울증 ― 아니면 멜랑콜리아라고 해야 할 것 ― 을 겪는 동안에 느낀 감정들을 '질식할 것 같은 침울함', '끝이 없고 가슴이 아리는 외로움', '엄습하는 무시무시한 불안', '음산하게 내리 앉는 공포' 같은 은유적 용어들로 정확하게 묘사한다(Styron, 1990/2004). 이것들은 그 경험을 시적으로 정교화한 것이 아니라 그가 실제로 느낀 것이다. 게다가 거기에는 오직 스타이런이 '광기'라고 칭했을 수도 있는 것, 다시 말해 그의 모든 생각이 값싼 감상이 되어버리고 그의 상황에 대한 어떠한 합리적 사고도 불가능했을 때 그가 '정신착란'이라고 묘사했던 것만이 존재한다. 분명 이러한 감정 함의적 용어와 은유적 용어들은 스타이런의 경험을 느낌 및 감정과 관련하여 더 잘 포착할 수 있는 힘을 가지고 있었다. 이는 그로 하여금 임상적인 우울증 용어를 거부하게 했다.

결론적으로 스타이런의 경험 또한 이 장의 밑에 깔려 있는 테마 — 즉, 느낌과 감정은 언어뿐만 아니라 그것들이 발생한 상황과 관련해서만 이해될 수 있다는 것 — 를 끌어내는 데 도움을 준다. 스타이런은 우울증 증세에서 벗어나자마자 왜 그가 그 지독한 멜랑콜리아를 겪었는지를 알고 싶어 했다. 비록 그가 인과적으로 어떤 단일한 이유도 발견할 수 없었지만, 거기에는 그의 우울증의 한 원인이 되는 데 유의미하게 작동했을 것으로 보이는 수많은 서로 다른 요인들이 있었다. 그는 자신의 아버지가 우울증으로 고생했고 그러므로 자신의 가족에게 그 질병의 유전적 성향이 있을 수도 있다고 지적함으로써 우울증이 얼마간은 뇌의 비정상적인 생화학적 과정에서 기인했을 가능성을 배제하지는 않았다. 하지만 이것은 특히 멜랑콜리아가 그가 70세에 이르기까지 발현되지 않았기 때문에 충분한 이유로 보이지 않았다. 실제로는 그를 휩싸고 있다고 분명하게 느낀 어두운 마음이 자신의 다가오는 죽음을 암시했던 것이 그의 우울증에 보다 유의미한 원인의 하나일 수도 있었다. 멜랑콜리아를 겪은 역사 속의 유명 인물들에 관한 책을 읽고 어린 시절에 부모 중 한 사람을 잃는 것이 공통적 요인의 하나라는 것을 알게 되면서, 스타이런은 또한 그의 어린 시절에 어머니가 사망한 것과 그것이 그가 충분히 슬퍼하지 않았던 것으로 생각되는 상실이었다는 점을 상기했다.

스타이런이 거기서 하고 있던 것은 그 경험의 의미를 탐색하는 것, 다시 말해 신경과학(우리가 다음 장에서 돌아갈)과 임상 우울증의 측면에서뿐만 아니라 그의 삶의 인간관계유형(이 경우에는 어린 시절에 깨진 관계)과 여타 상황(말년에 도달한 것과 같은)의 측면에서 우울증을 이해하는 것이다. 그가 임상 용어를 전적으로 받아들일 수 없었던 까닭은 그 용어가 그의 모든 경험 ─ 그의 느낌과 감정의 원인들을 포함하여 ─ 을 제대로 포착하지 못하기 때문이었다. 그러한 것들은 단지 언어적·은유적 용어들을 통해 그리고 특정한 상황과 관련해서만 적절히 설명될 수 있을 뿐이다. 다시 말해, 그것들은 삶이 영위되는 모든 차원과 관련해서 그리고 우리에게 느낌과 감정을 알려주는 복잡한 형식들 ─ 신체적, 사유적, 의미론적, 문화적, 역사적, 언어적 ─ 을 통해서만 설명될 수 있다.

주·1 나는 이 소설에서 뽑은 발췌문을 문학 분석을 위한 텍스트가 아니라 한 저자가 감정적 시나리오를 재창조하는 방식과 관련하여 이용하고 있다. 이 시나리오가 독자들과 소통될 수 있는 까닭은 그것이 그들이 겪었을 수도 있는 매우 격한 감정적 경험과 유사해서 그들에게 그럴듯하기 때문이다.

4

신경과학에서의 감정과 몸

지난 20년 동안 감정에 관한 문헌들에서 신경과학의 연구들이 점점 더 두각을 드러내왔다. 신경과학이 우리의 몸에서 독자적으로 존재하는 것으로 인식되는 뇌에 초점을 맞추기 때문에 그 분야의 많은 연구가 탈육체화되어 있지만, 신경과학자 안토니오 다마지오는 이 탈육체화된 입장에 대해 이의를 제기해왔다. 나는 이 장에서 다마지오의 연구에 초점을 맞출 것인데, 그것은 바로 그가 몸을 신경과학에 돌려놓고자 노력하기 때문이다. 따라서 몸이 감정에서 수행하는 역할을 연구할 때, 그의 연구를 무시할 수 없으며, 그렇게 해서도 안 된다. 분명 뇌와 중추신경계는 우리 몸의 필수적인 부분이기 때문에 그것이 감정 생산에 기여하는 바를 무시할 수 없다. 하지만 이 장에서 나는 신경과학의 기존 연구들을 매우 비판적으로 다룬다. 그 까닭은 내가 감정에서 신경생리학이 수행하는 역할을 부정하고자 하기 때문이 아니라(실제로 감정에 대한 복잡하고 육체화된 입장이 발전하면서 신경생리학은 이 영역에서 중요한 역할을 하고 있다), 신경과학이 감정과 몸을 다루는 방식이 **개념적으로** 부적절하다고 생각하기 때문이다. 이는 신경과학이 인지-행동 심리학과 컴퓨터과학에서 끌어낸 심리학적 과정 모델을 도입해왔기 때문이다. 나는 이 두 학문이 인간이 세상 및 서로에 대해 관계 맺는 방식을 잘못 제시하고 있다고 생각한다. 따라서 내가 이 장에서 주장하듯이, 비록 다마지오의 연구가 몸을 신경과학에 끌어들이기는 하지만, 그것 역시 매우 기계적인 인간성 모델의 포로가 되어, 감정에 관한 모든 것을 복합적으로 이해하는 데 실패한다. 내가 이 책에서 발전시키는 입장과 비교할 때, 신경과학은 감정의 생산을 지배하는 신경 체계와 신경 과정이 진화를 통해 신경학적으로 고정되어 있으며 그렇기에 보편적 현상이라고 믿는다는 점에서 또한 몰사회적이고 몰역사적이다. 이 장의 끝 무렵에 나는 신경과학이 감정경험을 보다 사회적, 역사적으로 이해하는 데서 이용될 수 있는 방식과 관련하여 몇 가지 방책을 제시한다.

안토니오 다마지오:
감정, 느낌, 그리고 느낌 느끼기에 대하여

다마지오가 쓴 미문의 책들(Damasio, 1994, 2000, 2004)이 대중의 상상력을 사로잡으면서 그의 연구는 대중과학에 엄청난 영향을 미쳤다. 그의 책들은 감정에 대한 최근의 연구와 논의를 이끌어왔다. 그의 업적이 적극적으로 인정받은 까닭은 그가 신경과학의 매우 제한적인 두 가지 교의에 도전하기 때문이다. 그 첫 번째는 신경과학자들이 뇌를 몸과 분리된 것으로 연구하는 경향이다. 신경과학은 뇌에서 일어나는 일에 매우 집중적인 초점을 맞추기 때문에, 그것은 뇌가 우리 몸의 필수적인 부분이라는 분명한 사실을 무시하는 경향이 있다. 다마지오가 도전하는 두 번째 교의는 신경과학뿐만 아니라 많은 철학에서도 나타나는 것으로, 합리성을 감정과 분리된 어떤 것으로 이해하는 경향이다. 철학자 르네 데카르트 시대 이래로 (그의 저작들은 17세기에 출간되었다), 서구 사회는 감정을 합리성과 구분되는 어떤 것으로 바라보는 경향을 보여왔다. 실제로 '두 가지' 성향, 즉 감정적 성향과 합리적 성향은 서로 반목하는 것으로, 다시 말해 인간 행동에 미치는 영향력을 놓고 서로 세력을 다투는 것으로 간주된다. 18세기 유럽 계몽주의 시대에 두 주요한 철학적 전통이 서로 대립하며 수립되었다. 그중 하나를 지배한 인물이 이마누엘 칸트로, 그는 이성이 열정을 가라앉히고 완화할 것이라고 생각했다. 반면 다른 하나, 즉 '낭만적' 전통을 상징하는 인물인 장 자크 루소는 (우리가 제2장에서 살펴보았듯이) 인간 본성 ─ 감정을 포함하여 ─ 은 본래 선하고 그것이 항상 합리적 의사 결정을 지도하고 인도할 것이라고 생각했다. 보다 일반적인 용어로 말하면, 그 시대 이래로 서구 세계의 사유는 인간 조건에 관한 한 하나의 기본적인 이분법 ─ 즉, 감정은 신체적 현상인 반면 사고와 합리성은 탈육체화되고 '마음' 이라고 불리는 어떤 것과 관련되어 있으며, 이 '둘'은 분리된 현상이라고 가정하는 ─ 을 축으로 해왔다고 할 수 있다. 다마지오 사유의 급진성은 그가 부분적으로 이 가정에 도전해왔다는 점에 있다.

내가 앞서 다마지오가 그것에 '부분적으로' 도전했다고 말한 것은 그가 다윈을 따라 감정을 기본적으로 신체적 반응으로 이해하기 때문이다. 하지만 계몽주의 사상 및 과거 신경과학과 다마지오의 차이는 그가 뇌와 몸을 상호 관련된 것으로 파악한다는 것이다. 다마지오가 볼 때, '마음'이 비록 뇌의 작동 결과에 의존하기는 하지만, 마음은 전적으로 뇌와 관련해서만 설명될 수 없다. 그것보다는 마음은 뇌-몸 상호작용으로부터, 그러니까 유기체가 환경 속에서 행동할 때 하나의 전체로서의 유기체로부터 생겨난다. 다마지오는 다음과 같이 말한다.

> 뇌-몸의 협력으로 구성된 유기체는 하나의 총체로서 환경과 상호작용한다. 그 상호작용은 몸하고만 일어나는 것도, 그리고 뇌하고만 일어나는 것도 아니다. 그러나 우리와 같은 복잡한 유기체는 단순한 상호작용 이상의 일, 즉 단지 뭉뚱그려 행동으로 알려진 자발적 또는 반발적인 외적 반응을 산출하는 것 이상의 일을 한다. 그것은 또한 내적 반응을 산출하며, 그것들 중 일부는 내가 마음의 토대로 상정하는 이미지(시각적, 청각적, 체감각적 등등)를 구성한다(Damasio, 1994: 88~89).

환경에 대한 이러한 신체 반응 중 일부는, 다마지오가 볼 때 다음과 같은 점에서 감정이다. "감정은 행위 또는 움직임이다. 그중 많은 것은 그것들이 얼굴에서, 목소리에서, 구체적 행동에서 발생할 때 다른 사람들에게 공개적으로 드러난다"(Damasio, 2004: 28). 게다가 어떤 감정은 공개적인 행동적 반응 – 감정으로 이해되는 – 을 촉발하는 환경의 자극에 의해 유발된다. 다마지오가 그 공개적인 행동적 반응이 **감정**이라고 생각하기 때문에, 그는 자신이 다윈과 제임스 모두의 전통 속에서 작업하고 있다고 바라본다. 하지만 우리가 앞 장에서 살펴보았듯이, 다윈은 실제로는 감정이 심적 현상이고 그다음에 그것이 행동으로 실행된다고 생각했고, 제임스는 신체적인 감정적 반응을 미학적으로 그리고 사회에 근거하여 이해했다. 우리가 앞으로 살펴보듯이, 이것이 바로 그들과 다마지오의 차이이다. 다마지오가 볼 때, 감정적 반응 속에는 일련의 사건들이 존재한다. 그리고 "그 연쇄는 감정유발 자극*emotionally competent stimulus*의 출현과 함께 시작된다"(Damasio, 2004: 57). 그러한 자극들이 몸의 항상성을 균형 있게 유지하는 기본적인 생명 조절 메커니즘들을 작동시키고, 우리의 몸이 생존하도록 진화해온 그러한 메커니즘들 중 일부가 감정으로 알려진 행동적 반응이다. 이를테면 유명한 이야기에서처럼 야생 곰이 숲에서 나타날 때 필사적으로 도망치는 공포 반응은 유기체가 생존하도록 진화해온 기본 메커니즘의 하나이다. 이러한 견지에서 "감정적 반응은 오랜 진화적 미세 조정의 역사가 낳은 결과이며", "우리가 생존하기 위해 갖추어온 생물학적 규제 장치의 일부"이다(Damasio, 2000: 53). 하지만 그러한 생물학적 반응이 순전히 신체적이라고 말하는 것은 그것이 뇌 없는 몸의 경우를 말한다고 하더라도 잘못이다. 물론 모든 복잡한 동물에게 그러한 경우는 없다. 왜냐하면 뇌가 감정적 반응을 산출하는 데서 중심을 이루고 있기 때문이다. 이를테면 싸우는 행동이나 도망치는 행동의 경우에 뇌의 변연계의 구성 요소에 의해 일단 탐지된 환경의 자극이 공포 감정을 특징짓는 몸 상태를 유발한다.

하지만 인간의 경우에 감정경험의 연쇄는 여기서 끝나지 않는다. 다마지오가 볼 때, 의식적인 감정경험을 초래하는 연쇄에는 세 가지 순서가 존재한다. 이 세 가지 순서 또는 단계는 "비의식적으로 유발되거나 실행될 수 있는 **감정상태**, 비의식적으로 표상될 수 있는 **느낌상태, 느낌을 의식하는 상태**(감정과 느낌 모두를 갖는 유기체에 알려지는 상태)"로 구성된다(Damasio, 2000: 37, 강조는 원저자). 다마지오의 도식에서 감정상태는 내가 앞에서 묘사했듯이 곰으로부터 도망칠 때의 공포 반응과 같은 것이다. 이는 즉각적 반응의 순간에 공포를 느끼는 것을 의식적으로 알아채지 못할 수 있다는 점에서 비의식적일 수 있다. 느낌상태는 "감정을 구성하는 몸과 뇌의 변화를 표현하는 신경 패턴으로부터 발생하는 심적 이미지로 이루어진다". 그리고 느낌을 의식하는 상태(느낌 느끼기 상태)는 "핵심 의식 *core consciousness*에 필수적인 이차적 표상*second-order representation*을 우리가 구축한 **이후**에만 발생한다"(Damasio, 2000: 280, 강조는 원저자). 이 이차적 표상은 원자아*proto-self*를 발생시키기 위해서 통합된 또 다른 표상이다. 여기서 원자아란 "여러 차원에서의 유기체의 신체 구조 상태를 시시각각 도해하는 일관된 신경 패턴들 집합체"를 말한다(Damasio, 2000: 154). 다시 말해, 일단 우리 자신의 자아 이미지 — 즉, 유기체의 신체 구조 상태를 도해하는 일관된 신경 패턴들 집합체 — 가 우리의 사고 속에서 출현하고, 그다음에 우리는 **우리가 우리**에게 발생하는 감정과 느낌을 **가진다**는 것을 안다. 따라서 감정은 감정유발 자극에 의해 유기체의 상태에서 일어난 일시적 변화이다. 그리고 느낌은 유기체의 상태에서 "신경 패턴들과 그로 인해 일어나는 이미지의 측면에서" 일어난 그러한 일시적 변화의 표상이다. 그리고 "일순간 후에 그러한 이미지가 지각 작용 속에서 자아의식을 동반할 때, 그리고 그러한 이미지가 강화될 때, 그 이미지가 의식된다. 그 이미지가 진정한 의미에서 느낌의 느낌이다"(Damasio, 2000: 282).

이해를 돕기 위해 풀어서 말하면, 야생 곰이 숲에서 출현하여 나의 기본 신경반응체계에서 공포 감정을 유발한다. 그런 다음 내가 도망치고 있을 때, 나의 마음속에 떠오르는 배고픈 야생 곰의 이미지와 함께 공포 느낌이 출현하지만, 완전히 의식하는 공포의 느낌은 한순간 후에 **나**의 뒤를 쫓아오는 야생 곰의 이미지와 함께 출현한다. 단지 후자의 단계에서만 나는 내가 야생 곰에 잡혔을 때 곰이 내게 할 수 있는 것에 대한 이미지가 나의 머릿속에 떠오르는 것과 함께 무섭다는 느낌, 즉 나의 생존 자체에 대한 두려움을 완전히 의식한다.

하지만 내가 여기서 구축하고자 하는 감정 이해와 관련하여 볼 때, 다마지오의 설명에는 많은 심각한 문제가 존재한다. 재차 말하지만, 다마지오에 대한 스벤 브링크만Svend Brinkmann의 통렬한 비판과 마찬가지로, 나의 비판은 대체로 개념적 비판이다. 왜냐하면 나는 다마지오의 신경학적 발견물이 아니라 그가 자신의 발견물을 해석하고 개념화하는 방식에 이의를 제기하기 때문이다. 사회과학자인 내가 볼 때는 다음과 같은 점을 곧바로 알아챌 수 있다. 비록 다마지오가 뇌와 몸을 동반자 관계 또는 하나의 총체로 개념화하고 그것이 '환경'과 상호작용하는 것으로 파악하지만, 환경이라는 용어는 외적 자극 ─ 몸-뇌의 생존 메커니즘의 작동을 촉발하는 우연적이고 단절적인 사건들 ─ 을 이따금씩 모호하게 언급하는 것 이상의 어떤 것도 함의하지 않는다. 그러므로 다마지오의 감정 인식의 개념틀은 **행동주의적**이다. 왜냐하면 그것이 그가 '감정기구machinery of emotion'라고 부르는 것에 중점을 두고 있고(Damasio, 2004: 29), 또 그 기구의 작동을 '촉발'하는 상황이 외부에서 발생하는 환경의 자극 ─ 주로 '객체' 또는 아마도 사건들인 것으로 보이는 ─ 으로 구성되어 있기 때문이다. 다마지오가 아득히 멀리 떨어진 상공 어딘가에서 사회세계를 바라보는 견해를 가지고 있음을 감안할 때, 그러한 '객체'가 우리가 상호작용하는 다른 사람일 경우는 드물다. 그보다는 그것은 불특정한 '환경' 속에 자리하고 있는 객체이다. 보다 정확하게 말하면, 다마지오의 감정에 대한 견해는 **인지-행태적** 견해라고 할 수 있다. 왜냐하면 그가 설명하는 것은 감정기구의 작동을 촉발할 수 있는 심적 자극이기 때문이다. 그리고 그러한 심적 자극은 뇌가 만들어내는 이미지로 구성된다. 따라서 몸-뇌의 규제 메커니즘을 작동시키는 자극은 환경의 위협적인 자극과 같은 '외적'인 것이거나,

아래의 두 가지 다른 의미에서 '내적'인 것일 수도 있다. 즉, 그것은 저혈당 수준이 배고픔을 느끼게 할 수 있다는 점에서 "'내장'의 내부에서 촉발"될 수도 있고 "'심적' 내부(재앙이 닥칠 것이라는 것의 깨달음)에서 촉발"될 수도 있다(Damasio, 1994: 117). 이 '심적 내부'는 뇌가 심적 이미지를 조종하는 방식으로 구성된다. 그리고 이 과정에 기초하여 사고思考가 일어난다. 이러한 점에서 사고 또한 감정적 반응을 촉발할 수 있다. 왜냐하면 다가오는 재앙의 이미지는 야생 곰을 인지하는 것만큼이나 공포를 촉발할 수 있기 때문이다. 이것이 인지-행태주의적인 까닭은 인간의 반응이 사고와 본능적 행동의 복잡한 상호작용에 기초한 것으로 이해되기 때문이다.

하지만 이러한 견해에는 많은 문제가 존재한다. 웨더렐(Wetherell, 2012)이 다마지오를 비판하며 지적하듯이, 다마지오는 실제로 어떤 다른 접근방식보다 '기본 감정'의 관념에 더 가까운 감정에 관한 테제를 가지고 작업한다. 즉, 겉으로 관찰 가능한 가시적인 특정한 몸동작, 행동, 표현이 (그것이 화든, 공포든, 기쁨이든, 슬픔 또는 혐오이든 간에) 감정**인** 것으로 간주되고, 그러한 것들은 문화적, 역사적으로 불변하는 것으로 취급된다. 실제로 다마지오는 대체로 타고나는 그리고 어린 시절 감정경험의 토대인 '일차적 감정'과 성인기에 경험하는 '이차적 감정'을 구분한다. 이러한 구분 때문에 그의 초기 저작에서는 일부 형태의 감정은 학습과 수정이 가능한 것처럼 보였지만, 그의 후기 저작에서는 다마지오는 이차적 감정 역시 대부분 생물학적으로 미리 정해진다고 주장한다. 이를테면 그는 이렇게 주장한다. "학습과 문화가 감정표현을 변화시키고 감정에 새로운 의미를 부여한다는 사실에도 불구하고, 감정은 생물학적으로 결정된 과정이기에, 선천적으로 정해진 두뇌 장치에 의존하고 장기간의 진화의 역사에 의해 규정된다"(Damasio, 2000: 51). 그러나 나는 이 장의 마지막 절에서 두뇌 장치는 어떤 고정된 방식으로 선천적으로 정해져 있지 않고, 따라서 신경학자 루리아(Luria, 1966)가 시사하듯이, 하나의 문화 내에서 새로운 관행을 학습하는 것이 실제로 뇌와 신경계의 작동방식을 일정한 한계 내에서 변경시킬 수 있다고 주장할 것이다. 이는 적응성을 향상시키기위해, 즉 특정한 조건에 대응하여 스스로를 조절하는 능력을 키우기 위해진화가 실제로 선택적으로 이루어진다는 관념과 결합될 수 있다(Jablonka and Lamb, 2005).

하지만 다마지오가 감정을 생물학적으로 결정된 과정으로 이해하고 그러한 과정이 특정한 감정으로 이름 붙여질 수 있는 보편적으로 인식되는 고정된 행동을 낳는다고 보기 때문에, 감정은 신경 레지스터가 그러한 반응을 느낌으로 인지하고 그 뒤를 이어 이차적인 인지적 표상이 그것을 그 느낌에 대한 느낌으로 인지하는 문제이다. 그런 다음에만 우리는 신체의 감정적 반응의 느낌을 느끼게 된다. 그러나 이는 느낌과 감정 간의 구분(실제로는 모든 의식적 지각형태의 구분)은 기본적으로 인지-행태적 구분이기보다는 오히려 상황적·언어적 구분이라는 듀이의 지적을 무시한다. 통상적으로 우리는 미지의 상황에서 경계감을 가지는 것을 느낌이라고 일컫는 반면, 사랑하거나 즐거워하는 것을 감정으로 지칭한다. 그렇다고 해서 전자가 순수하게 인지적인 반면 후자가 행태적인 것은 아니다. 왜냐하면 인지가 그리하는 것과 마찬가지로 행동과 신체 공명판은 느낌과 감정 모두에서 일정한 역할을 수행하기 때문이다. 오히려 그러한 구분은 우리의 지역적·지구적 문화의 명명법 내에서 우리의 느낌과 감정을 상황과 관련하여 성찰하는 방식과 관련한 문제이다.

게다가 다마지오의 이론은 감정의 사회적·문화적 의미 속에 역사적으로 각인되어 있는, 감정의 평가적 측면을 무시한다. 제임스와 듀이의 접근방식에서 의식의 흐름 속에 존재하는 이미지, 또는 사회세계의 상황은 몸으로부터 자동적인 기계적 반응을 촉발하지 않는다. 우리는 객체와 사건이 특정한 사회적 맥락 속에서 갖는 의미를 우리 ― 각기 사회적 배경, 전기, 특수한 가치를 지닌 개인들로서의 우리 ― 가 준거로 삼는 사회문화적 가치와 의미에 의거하여 **해석한다**. 따라서 잔인한 주인의 돈벌이를 위해 길에서 억지로 춤을 추는 곰은 숲속의 야생 곰과는 매우 다른 느낌과 감정을 불러낸다. 듀이가 보여주었듯이, 우리는 환경의 자극에 자동적으로 반응하지 않는다. 왜냐하면 인간 행위는 즉각적 반응을 금지하는 더 큰 활동 네트워크 ― 우리로 하여금 우리가 느끼고 있는 것이 무엇인지를 정확하게 알 때까지 행동을 잠시 중단하고 상황을 심사숙고하여 판단하게 하는 ― 속에서 이루어지기 때문이다. 듀이에 따르면, 자연 ― 인간의 몸과 뇌를 포함하여 ― 이 감정경험에서 중심적이지만, 그럼에도 불구하고 몸-뇌가 항상 특정한 맥락 속에서 작동하며, 그 맥락을 생각과 느낌 모두를 통해 평가하기 위해 애쓴다. 그러한 평가 속에서 사회적 의미가 행위를 개시하게 하고, 또 그 의미가 그 행위를 시종일관 지배한다. 따라서 듀이는 마음의 '자리' 또는 소재지는 중추신경계, 즉 뇌 또는 대뇌 피질 속이 아니라 "유기적 행위의 속성 ― 그러한 속성이 언어에 의해 조건 지어져온 한 ― " 속에서 발견된다고 주장한다(Dewey, 1929/1958: 291).

긴스버그와 해링턴(Ginsburg and Harrington, 1996)은 우리가 어떤 감정 또는 느낌을 경험하는지를 이해하는 데서 무엇이 의미 있는 해석에 결정적 요소로 작용하는지를 실험을 통해 입증해왔다. 그들은 한 아기가 욕실에서 놀고 있는 모습과 사람들이 전염되듯이 웃고 있는 모습을 담은 비디오테이프와 함께 사람들이 행복한 사건 또는 슬픈 사건을 묘사하는 모습을 담은 비디오테이프를 실험 참여자들에게 보여주고 그들이 그것에 반응하여 드러낸 신체 표현을 미시적으로 분석했다. 그 실험은 에크만의 연구와 같은, 감정에 관한 초기의 연구 결과들을 검증하기 위해 설계되었다. 그 연구들은 피실험자들에게 화난 얼굴과 행복한 얼굴의 사진 슬라이드를 보여주었고, 그 연구 결과들은 피실험자들이 사진 슬라이드에서 자신들이 본 감정을 자동적으로 모방하는 경향을 보인다고 시사했다. 그리고 그것은 피실험자들의 얼굴 근육이 동정적인 반응을 하기 시작하는 방식에 의해 측정되었다. 하지만 긴스버그와 해링턴은 그것이 결코 그렇게 단순하지 않으며, 그것은 피실험자들이 제시받는 설명에 크게 의존한다는 것을 발견했다. 이를테면 그들 실험의 참여자 30명 가운데 절반에게는 심리학자들이 비디오테이프에 대한 그들의 감정적 반응을 연구하고 있다는 말을 해준 반면, 다른 절반에게는 감정에 대한 아무런 언급을 하지 않고 중립적인 설명을 했다. 참여자들의 얼굴에 나타나는 반응이 비디오테이프에 녹화되어 미시적으로 분석되었고, 또한 참여자들은 그 장면들을 보는 동안 느낀 감정을 자기보고할 것을 요구받았다. 그 결과는 이전의 보다 단순한 연구가 시사한 것보다 훨씬 더 복잡했다. 실험 참여자들의 얼굴 반응은 그들이 실험에 대해 들었던 설명에 좌우되었고, 일부 특정 사례들의 경우에 감정의 자기보고는 그들의 얼굴 반응을 통해 추정된 것과 달랐다. 이 같은 실험 결과로부터 그들은 "얼굴 표정과 보고된 감정상태의 관계가 그러한 것처럼 얼굴 표정 역시 맥락에 따라 다르다"고 결론지었다(Ginsburg and Harrington, 1996: 231).

긴스버그와 해링턴이 볼 때, 그들의 발견은 특정한 신체 표현은 주어진 감정마다 다르다는 관념뿐만 아니라 감정은 적절한 자극 내지 감정을 유발하는 자극이 출현함에 따라 불쑥 발생한다는 견해에 이의를 제기한다.

실험 참여자들에 대한 그들의 미시적 분석은, 우리가 특정한 감정을 드러내는 것으로 간주하는 신체적 표현은 (비록 그것이 1000분의 1초밖에 되지 않더라도) 일정 시간에 모습을 드러낸다는 것과 거기에는 잠깐의 모호한 상태, 모순적 표현(얼굴을 찡그리고 웃기도 한다), 표정의 조절 기간이 존재한다는 것을 보여준다. 이 모든 것은 맥락, 그리고 주체가 상황을 해석하는 방식에 달려 있었다. 특히 후자는 얼마간은 그들이 실험에 대해 제시받은 설명과 실험 팀이 그들에게 연구하고 있다고 말한 것에 근거하고 있었다. 실험 참여자들은 그들이 분명한 설명을 제시받지 못했을 때, 자신들이 그 상황에 대해 어떻게 반응해야 하는지를 해석하기 위해 그들 주변의 다른 사람들, 특히 실험의 리더로부터 단서를 찾았다. 다시 말해, 그들은 그들이 보고 있는 이미지에 대해 단지 기계적으로 반응하지 않았다. 또한 서로 다른 참여자들은 동일한 상황에 대해서도 일정 정도 다르게 반응했다. 이는 윌리엄 제임스가 생각했던 것처럼 사람들의 반응은 누적적이고 또 이전의 감정적 반응이나 개인사와 경험에 의존할 수 있다는 것을 시사한다. 이러한 발견은 얼굴, 목소리, 자세에서 드러나는 특정한 모습이 현재 진행 중에 있는 연합 활동*joint activity* — "사회적 상호작용 속에서 [관련된 사람들에게] 중요한 규제적 역할"을 수행하는 '이미 설정되어 있는 행위 노선*situated line of action*' — 의 속성을 다른 사람들에게 보여주는 것이 아닌 한, 감정이 어떤 자극에 대해 전적으로 자동적으로 (기계적으로) 일어나는 반응이 아니라는 것을 함축한다(Ginsburg and Harrington, 1996: 252). 긴스버그와 해링턴이 중추신경계가 감정에 필요하다는 것을 부정하지는 않지만, 그들은 중추신경계는 단지 감정이 발생하여 일정 시간에 형성되는 역동적인 맥락-사람 체계*person-context dynamic system* — 내가, 시간이 지남에 따라 변화하고 바뀌고 또한 우리가 느끼는 것을 변화시키는 하나의 복합체라고 부르는 것 – 의 일부일 뿐이라고 결론짓는다.

이 모든 것은 관련자의 감정경험을 구성하는 데서 맥락과 그것이 갖는 의미의 중요성에 대한 나의 주장을 뒷받침한다. 더 나아가 내가 여기서 지금까지 주장해왔듯이, 감정은 하나의 중립적 환경에 대한 반응으로 우리의 몸-마음에서 발생하는 것이 아니라, 우리가 관여하는 관계, 즉 우리에게 어떤 의미를 지니는 관계유형으로부터 나온다. 따라서 만약 동료들이 나보다 먼저 승진했기 때문에, 또는 그들이 내가 쓴 어떤 글에 대해 헐뜯는 논평을 했기 때문에 내가 동료에게 화를 낸다면, 나의 반응은 진화에 따른 하나의 본능적 반응보다는 오히려 보다 광범한 경쟁적 경력 구조 내에서 나의 일, 나의 가치, 나의 쓸모, 나의 야망이 차지하는 위상에 대한 나 자신의 평가와 관련되어 있다. 대니얼 로빈슨*Daniel Robinson*이 말했듯이, 진화생물학자와 신경과학자들조차 사람들 간의 이 같은 유형의 긴장을 진화이론이나 뇌의 기능과 관련하여 설명할 수 없었다. 우리는 작업장 환경이나 이스라엘과 팔레스타인의 관계 같은 정치적 맥락에서 발생하는 사람들 간의 감정적 갈등과 긴장을 그들의 뇌의 기능에 의거하여 설명하지 않는다. 우리가 그렇게 하지 않는 것은 감정적 갈등이 뇌에서 기원하지 않으며 또 그렇다고 생각할 수 없기 때문이다. 이는 당신이 감정을 느끼기 위해서는 몸-뇌가 필요함을 부정하는 것이 아니다. 오히려 그것은 뇌의 기능 자체만으로는 감정을 설명하는 데 충분하지 않다고 말하는 것이다. 로빈슨이 말하듯이, "그것은 마치 무엇이 그 건축물을 주거용으로 만드는지를 묻고 '벽돌'이라고 말하는 것과 같다"(Robinson, 2004: 290). 이와 반대로 어떤 관계 속에서 발생하는 특정한 감정과 관련하여 '설명'해야만 하는 본질 자체가 ……

……과학적 법칙과 원칙에 근거한 기계적인 인과적 유형의 설명을 불가 능하게 한다. 인간관계와 같은 실례들에 관한 '설명'은 얼마간 이야기나 서사와 같은 것으로, 우리는 그것 속에서 참여자들이 자신이 직면한 상황을 이해하는 방식과 그러한 이해가 특정한 감상, 욕망, 행위를 유발하는 방식을 발견한다. 그 이야기를 통해 청자들은 이제 감정 이입과 공감의 과정을 통해 사건들을 이해할 수 있다(Robinson, 2004: 290).

게다가 우리가 이러한 종류의 이야기를 필요로 하는 까닭은 그 이야기를 통해 우리가 특정한 관계 복합체에 관여된 사람들이 **왜** 그렇게 느끼는지를 알 수 있기 때문이다. 이러한 의미에서 이유 없는 감정은 존재하지 않는다. 심지어 당황이나 불안의 경우처럼 부정되거나 불확실하여 그 이유가 모호할 때조차 그렇다. 그러나 대부분의 감정의 경우에 우리는 우리가 관여되어 있는 관계상황에 근거하여 감정을 가늠함으로써 우리가 느끼고 있는 것을 의식하고, 우리가 한때 그러한 방식으로 느낀 이유를 확인한 적이 있는, 우리가 현재 느끼고 있는 감정에 이름을 붙인다. 나는 앞 장의 말미에서 작가 윌리엄 스타이런이 자신의 임상 우울증 발병 원인을 찾았던 일을 예로 들어 이를 예증한 바 있다. 그가 볼 때, 자신의 우울증이 뇌의 비정상적 과정에서 기인한다는 설명은 충분하지 않았다. 그 대신에 그는 매우 인간적인 곤경을 초래한 인간적 이유를 찾기 위해 그가 당신에 처했던 삶의 상황과 과거에 있었던 소중한 가족의 사망 모두를 검토했다. 다마지오가 이러한 방식으로 감정을 바라보지 않고 기계적이고 인과적인 설명을 고수한 것은 그가 감정과 추론의 전체 과정을 통합적으로 이해하고자 했던 것을 감안할 때 아이러니하다.

그 대신 다마지오는 감정적 경험을 신체적 자아와 마음이 처한 상황보다는 뇌 안에서 발생하는 것과 더 관련되어 있는 것으로 개념화한다. 따라서 그는 "뇌는 매우 소수의 뇌 장소에서 감정을 유발한다"고 주장한다 (Damasio, 2000: 60). 그리고 그중 대부분은 피질하 영역에 자리하고 있다. 이를테면, 다마지오에 따르면, 편도체는 공포를 인식하고 표현하는 데서 중요한 작용을 한다. 공포에 하나의 감정으로서의 자격을 부여하는 것으로 보이는 것은 그것을 유발하는 뇌의 장소이다. 그 장소가 공포를 놀람을 나타내는 반응이나 고통과 다르게 만든다. 따라서 놀람이나 고통을 느끼는 것은 어떤 감정을 느끼는 것과 구별되는 것으로 보인다. 왜냐하면 고통은 "생체 조직의 국부적 이상 상태의 결과이기" 때문이다(Damasio, 2000: 71). 그리고 비록 감정들이 그것으로 인해 생길 수도 있지만, 그 원인들은 동일하지 않다. 하지만 이것은 신체 장소 그리고 몸과 뇌에서 일어나는 생리학적 변화가 (우리가 그것들을 의식한다고 느끼자마자) 우리로 하여금 고통과 같은 일단의 신체적 변화를 '감각'이라고 이름 붙이고 다른 일단의 변화를 '감정'이라고 이름 붙이게 한다고 가정한다. 이것이 놀람과 같은, 내가 지금까지 느낌이라고 불러온 것을 어디에 위치시킬 것인지는 아주 불분명하다. 그러나 우리가 어떤 신체적 변화를 '고통'이라고 부르는 반면 다른 것들을 '느낌'이나 '감정'이라고 부르는 이유를 이해하기 위해서는 실제로 우리가 그러한 느낌들을 구체적으로 표현하기 위해 언어를 사용하는 방식 ─ 이를테면 듀이가 취했던 방식과 철학자 비트겐슈타인Wittgenstein이 고통 담화에 관한 자신의 연구에서 취했던 방식 ─ 을 이해할 필요가 있다. 뇌의 특별한 장소 ─ 이를테면 편도체와 공포를 경험하는 데서 그것이 수행하는 역할 ─ 는 왜 그 감각이 감정으로 **불리는** 반면 창자 속에서 느끼는 어떤 불편한 감각이 허기라고 **불리고** 생체 조직의 어떤 국부적 이상이 고통이라고 **불리는**지를 설명하지 못한다. 비트겐슈타인이 주장했듯이, 고통은 우리가 **의식하고** 그런 다음 느끼는 어떤 신경적 표현이 아니다. 나는 고통을 의식하는 것이 아니라 고통을 드러낸다. 나는 고통에 시달린다. 내가 그 고통을 위해 사용하는 단어들은 그것을 기술하는 것이 아니라 그것을 **표현**하는 것의 일부이다. 다시 말해, 그러한 단어들은 어떤 근원적인 느낌이나 심적 표상을 표현하는 것이 아니라, 어린아이가 고통스러울 때 우는 것처럼 고통스러움을 표현하는 것의 하나이다. 실제로 듀이를 그대로 따라, 비트겐슈타인은 어린아이들은 고통을 표현하는 언어를 학습함으로써 울음을 말로 대체하며, 따라서 고통의 언어를 학습하는 것은 내적인 느낌을 묘사하는 방식을 학습하는 것이 아니라 새로운 '고통 행동' ― 지금은 느낌의 일부가 된 ― 을 학습하는 것이라고 주장한다(Wittgenstein, 1958: 89e). 우리가 누군가의 몸이나 얼굴에서 고통을 포착할 수 있는 것처럼, 우리는 그들의 말을 통해 고통을 들을 수 있다. 후자 역시 우리가 고통스러움을 드러내는 포괄적 외상外象의 일부이다.

이는 따라서 우리로 하여금 감정과 느낌 간의 생리학적·신경학적 구분과 감정, 느낌, 느낌 느끼기라는 3단계 개념화에 이의를 제기하게 한다. 이것에 대한 이의 제기가 필요한 이유는 단지 의미론과 관련되어 있는 것만이 아니라 마음에 대한 표상적 개념화 ― 이는 우리를 우리의 경험으로부터 두 번 제거한다 ― 때문이다. 그보다도 내가 제기하고자 하는 것은 공포, 두렵다고 느끼는 것, 두려워하고 있다는 느낌을 느끼는 것 간에는 아무런 차이가 없다는 것이다. 우리가 두려워할 때, 우리는 두려워한다. 그리고 그게 그것이다. 이것은 사람들이 항상 그들의 느낌을 의식한다는 것을 뜻하지 않는다. 어떤 사람은 연설을 하기에 앞서 몹시 초조해할 수도 있으며, 우리는 그가 연설문을 만질 때 그의 떨리는 손이나 연설을 시작할 때 그의 떨리는 목소리를 통해 그것을 관찰할 수도 있다. 우리가 그에게 괜

찮은지를 묻고 그가 '괜찮다'고 말할 때, 그것은 그가 얼마간 자신의 긴장을 의식하지 않는다는 것을 뜻하지 않는다. 언어적 부정은 긴장 상태를 다루는 하나의 전략이거나, 어느 누군가가 자신의 불안함을 인지하지 못했으면 하는 바람을 나타내는 것일 수도 있다. 그러나 이것은 느낌이 실제로 느껴지지 않는다는 것을 뜻하지는 않는다. 이것은 우리 자신의 감정 상태와 관련된 경우라면 더욱 그렇다. 왜냐하면 우리가 다른 사람들에게서 그들이 그 감정을 부정할 때조차 감정을 관찰할 수 있지만, 우리는 우리 자신 속에서는 감정을 관찰하지 않기 때문이다. 브링크만이 (비트겐슈타인식으로) 말하듯이, "내가 어떤 사람에 관해 그녀가 행복하다고 말할 때 그때 나는 내가 관찰해온 것을 보고하는 중이지만, 내가 행복하다고 말할 때 나는 어떤 것에 대해 보고하는 중이 아니다". 이는 "내가 행복하다고 말하는 것은 내면에서 일어나는 일을 보고하는 것이 아니라 나의 행복을 **표현**하거나 **공언**하는 것"이기 때문이다(Brinkmann, 2006: 373~374). 이를테면 내가 행복할 때 나는 행복함의 심적 표상들을 보고하는 것이 아니라 나의 모든 신체적·심적 기분을 바탕으로 이야기하는 것이다. 유사하게 만약 내가 긴장한 연설가처럼 나의 느낌을 부정한다면, 그것은 내가 두려워하지 않(고 그것을 의식하지 않)는다는 것을 뜻하지 않는다. 그러니까 우리는 자신의 느낌과 감정을 관찰하거나 느끼지 않는다. 만약 나의 감정이 사랑에 관한 것이라면, 나는 사랑과 그것의 심적 이미지를 관찰하고 그런 다음 그것을 느끼지 않는다. **나는 사랑에 빠져 있다**. 이것은 감정의 경우에는 내면에서 어떠한 일도 일어나지 않으며 상상하는 것이 전혀 존재하지 않는다는 것을 뜻하지 않는다. 왜냐하면 나는 여기서 그러한 것들이 감정에서 매우 중요하다고 주장하기 때문이다. 나는 앞 장에서 감정 경험에서 의식의 흐름이 수행하는 역할, 느낌과 감정과 관련된 이미지와 단어의 의미들, 우리가 감정과 여타 느낌을 경험하는 상황의 해석, 그리고 아픔, 고통 및 여타 감각을 감정의 일부로 만드는 은유들에 대해 말하면서도 같은 주장을 했다. 나의 주장은 어떤 느낌에서 또는 어떤 감정 — 의식적 자각 이전에 이미 존재하고, 그렇기에 일차적 표상 그리고 그다음에 이차적 표상 속에서 인식해야만 하는 — 을 인식하는 데서가 아니라 우리가 상황을 평가하고 표현할 때 완전하게 인식되는 인간 감정들을 복잡하게 구성하는 전체 과정에서 그러한 것이 본질적인 요소들이라는 것이다. 다마지오식의 인식방식은 내가 여기서 말하고 있는 인간의 경험에서 인간을 이중으로 제거한다. 감정을 만들어내는 관계 복합체에는 많은 요소가 존재한다. 그리고 다마지오 같은 과학자들이 규명한 신경계 없이 감정을 경험한다는 것은 의심할 바 없이 불가능할 것이다. 그러나 이것은 다마지오가 앞의 인용문에서 말했던 것처럼 "뇌가 감정을 유발한다"는 것을 뜻하지 않는다. 설사 '유발한다induce'라는 단어가 '~할 마음이 일게하다move', 다시 말해, '~가 생기거나 발생하는 원인이 되다'를 뜻할지라도 그렇다. 특정한 감정을 경험하는 데서 중심적인 것은 우리의 삶 속에서 우리가 관계하는 사람들 그리고 우리가 처한 상황과 관련하여 발생하는 특정한 사건이다.

다마지오는 감정이 느낌에 선행하고 후자는 단지 느낌의 신경적 표상 그리고 '느낌 느끼기'라는 그것의 이차적 표상과 함께 출현한다는 자신의 생각과 관련한 실험 증거를 가지고 있다고 주장한다. 하지만 그가 간접적으로 보고하는 실험에는 맥락이 누락되어 있고, 또 그는 증거를 열거하면서 실험 참여자의 자기보고를 고려하지 않는다. 그의 증거는 파킨슨병 환자에 대해 동료들이 수행한 실험에서 따온 것이다. 파킨슨병 환자들의 뇌간에는 작은 전극이 심어져 있는데, 그것에는 약한 강도의 고주파 전류가 흐르며, 그 전류가 그들의 파킨슨병 증상을 급격히 호전시킨다. 하지만 한 환자의 뇌간 왼쪽의 의도된 접촉부 2밀리미터 아래로 전류가 흘러 들어가자, 그녀는 갑자기 슬픈 표정을 짓고 그다음에 울기 시작했다. 잠시 후 그녀는 어째서 자신이 슬프고 가망 없다고 느꼈는지를 말로 표현했다. 전류가 끊어지자 그 환자는 정상상태로 돌아왔다. 다마지오에 따르면, 그런 일이 일어난 것은 실수로 전류가 슬픔을 유발하는 행위유형을 통제하는 뇌간핵으로 흘러 들어갔기 때문이었다. 그리고 일단 슬픔이 행동으로 드러나자(슬픈 표정을 짓고 울자) 슬프다는 느낌, 생각, 표현이 뒤따랐다. 이런 식으로 "슬픔의 표현이 완전히 조직되고 진행된 잠시 **후에** 그 환자는 슬픔을 **느끼기** 시작했다"(Damasio, 2004: 69). 그렇다면 이 사건이 그의 주장을 입증하는가?

실험이 감정적 반응을 검증하기 위해 설계되지 않았기 때문에 그 실험을 수행한 사람들이 일련의 사건을 정확하게 관찰하거나 측정하지 않았다고 가정할 수밖에 없다. 비록 그러한 것들이 다마지오가 주장하는 것과 대략적으로 같다고 하더라도, 그것은 그의 대담한 결론의 증거는 되지 못한다. 우리는 통상적으로 감정을 특정한 사회적 상황 속에서 일어나는 우리 삶의 자연적 경과 속에서 경험하고, 그 맥락 속에서 그것을 이해한다. 즉, 우리는 우리 뇌에 이식된 전극이 가하는 전기 충격에 의해 뇌가 인위적으로 자극받는 실험실적 실험의 상황하에서 감정을 경험하지 않는다. 통상적으로 우리는 어떤 이유에서, 이를테면 친구 또는 친척이 죽었다거나 사랑하는 사람이 우리를 떠났기 때문에 운다. 따라서 실험 속의 여성이 이유 없이 어떻게 실제로 슬픔을 느꼈는지를 아는 것은 흥미로운 일일 것이다. 슬픈 표정을 짓고 울기 시작한 다음에 조금 지나서 그녀는 어째서 그녀가 슬프고 가망 없다고 느꼈는지를 이야기했다고 한다. 하지만 그 여성은 그 경험에 대한 그 이상의 어떤 질문도 받지 않은 것으로 보인다. 아마도 그것은 그녀가 감정이 아니라 파킨슨병에 대한 연구 프로젝트의 일부였기 때문일 것이다. 그러나 설령 우리가 사건의 순서가 옳다고 가정할지라도, 그것은 신체적 행위가 감정이라는 것을, 그리고 그로부터 초래되는 생각과 표현이 감정의 느낌이라는 것을 뜻하지는 않는다. 이를테면 우리는 슬픔과 기쁨 모두 때문에 울 수 있고 그 신체 표현도 거의 비슷하지만, 그 느낌은 매우 다르다. 이것이 바로 긴스버그와 해링턴이 앞서 그들의 실험 참여자들로부터 밝혀낸 것이다. 즉, 실험 참여자들이 감정에 대한 자기보고를 요청받고 그들이 제출한 보고 내용들은 관찰자가 참여자들의 가시적인 신체 상태로부터 가정한 것과 자주 매우 달랐다. 대담하고 최종적인 결론을 내리기에 앞서 이에 대한 훨씬 더 면밀한 실험을 진행할 필요가 있다. 하지만 현재 내가 주장할 수 있는 것은 감정과 느낌의 구분이 이 단 하나의 관찰만으로는 경험적으로 입증될 수 없으며, 그 구분은 여전히 감정**경험**을 이해하는 데서 도움이 되지 않는 하나의 분석적 구분으로만 남아 있을 뿐이라는 것이다. 그리고 감정경험 속에서 느낌과 감정은 그리 잘 구분되지 않으며, 그들을 구분할 경우에도 그것들은 대체로 신경학적 또는 생리학적 토대보다는 언어적·상황적 정의에 준거하여 구분된다.

하지만 다마지오의 문제는 단지 감정에 대한 그의 기계적인 설명 ― 감정은 어떤 감정유발 자극에 대한 뇌의 신경학적 반응에 의해 유발된다 ― 뿐만 아니라 그가 베넷과 해커(Bennett and Hacker, 2003)가 '부분-전체의 오류 *mereological fallacy*[부분을 전체로 혼동하는 오류_옮긴이]'라고 부른 것에 빠져 있다는 데에도 있다. 부분전체론*mereology*은 부분-전체 관계의 본성을 다루며, 부분-전체의 오류는 전체로서의 인간존재 또는 사람을 마치 독립된 부분들의 집합에 불과한 것처럼 취급할 때 발생한다. 신경과학이 심리적·감정적 경험이 특정한 뇌체계들 또는 그것들의 상호 관계와 같은 '독자적인' 부분들에서 기인하는 것으로 파악하지만, 그러한 경험은 전체로서의 사람에 귀속되는 수준에서만 이해될 수 있다. 이런 식으로 신경과학에서는 감정을 유발하는 것은 뇌의 부분들이지, 살아 있는 전체로서의 사람이 얽혀 있는 그리고 그들이 다른 사람들과 상호작용하는 상황과 관계의 망이 아니라고 인식한다. 하지만 내가 볼 때, 감정의 출현과 소멸은 단지 그러한 맥락 속에서만 라임과 이유를 가진다. 만약 뇌가 감정유발 자극의 출현에 반응하여 감정을 유발할 뿐이라면, 우리의 감정적·지적 삶은 그러한 라임과 이유 없이 이루어질 것이며, 무작위적 자극의 출현과 소멸만큼이나 우연적이고 무의미할 것이다.

공정하게 말하면, 감정에 대한 다마지오의 신경과학은 이전의 신경학적 연구에 비해 몇 가지 장점이 있다. 그는 감정의 발생을 뇌의 특정한 중심이나 세로토닌과 같은 화학물질에 돌리지 않는다. 그 대신 서로 연결된 뇌 단위들로 이루어진 체계가 감정유발에 책임이 있는 것으로 간주된다. 그리고 뇌의 특정 단위가 감정의 발생에 기여하는 바를 결정하는 것은 그 단위가 뇌체계 속에 위치하고 있는 장소이다. 뇌의 화학물질들은 이 체계의 작동에서 중요하지만, 그것들은 단지 체계의 한 부분일 뿐이다. 따라서 뇌의 화학물질들은 홀로 어떤 감정이 생기게 할 수 없다. 더 나아가 그러한 작용을 통괄하는 어떤 단일한 뇌 장소도 존재하지 않는다. 이는 별개의 뇌 영역에서 동시에 신경 활동을 일으키는 대규모 체계의 협력 행위를 통해 우리가 우리의 완전한 생각과 마음을 의식한다는 것을 의미한다. 그렇다고 해서 이것이 다마지오를 부분-전체의 오류로부터 구해주지는 않는다. 왜냐하면 이 체계의 작동은 뇌에만 한정되고, 감정의 장면을 구성하는 사람들과 그들의 삶의 다양한 상황과 관계를 고려에 넣지 않기 때문이다. 다마지오가 그의 이론에서 감정의 생산에서 몸과 뇌를 다시 연결시킨 것은 당연하다고 할 수 있지만, 그는 이 몸-뇌를 그것이 속해 있는 (사회 속에서 삶을 살아가는) 사람과 분리시켜왔다.

내가 이미 넌지시 비추어왔듯이, 감정에 대한 신경과학이 갖는, 그리고 그것이 사람들을 그들의 경험으로부터 분리시키는 방식이 갖는 중요한 난점 중 하나는 마음에 대한 그것의 표상적 견해에서 나온다. 다마지오의 견해에 따르면, "어떤 마음을 먹는다는 것은 하나의 이미지가 될 수 있는 신경표상들을 유기체가 만들어낸다는 것을 의미하고"(Damasio, 1994: 90), 감정을 유발하는 데서 그러한 표상들은 그 유기체의 감정상태 속에서 몸이 겪는 변화를 보여주는 지도이다. 뇌는 단일 조직체에 의해 관장되는 것이 아니라 뇌의 서로 다른 장소들의 체계적 상호작용에 의해 작동하기 때문에, 뇌의 활동은 "우리의 마음속에서 이미지를 순간적으로 구성하고 은밀하게 처리하는" '조정' 구조interposed structure 속에서 일어난다(Damasio, 1994: 93). 하지만 다마지오는 또한 그러한 이미지의 형성이 우리로 하여금 감정을 느낄 수 있게 하지만 우리는 자신에게 그러한 느낌이 일어나고 있다는 생각이 들 때에만 그러한 느낌(그리고 이미지)을 의식한다고 말한다. 이를테면 그는 "신경표상은 매 순간 자아의 신경적 근거를 구성하는 것과 연관되어 있음이 틀림없다"라고 말한다(Damasio, 1994: 99). 다른 곳에서 다마지오는 이를 '뇌 속에서 영화movie-in-the-brain'가 생성되는 방식 및 "그 영화에는 소유자와 관찰자가 존재한다는 인식"에 비유한다(Damasio, 2000: 11). 그러나 이것은 곧 극미인極微人, homunculus ― 즉, 사람 안의 작은 사람, 여기서는 스크린 위에 나타나는 생각과 느낌을 보고 인식하는 것을 담당하는 그 영화의 관객 ― 이라는 오랜 철학적 문제를 낳는다. 다마지오는 그러한 자아의식은 "끊임없이 재창조되는 신경생물학적 상태"라고 말함으로써 자신이 이 오랜 철학적 입장을 되풀이했다는 것을 단호하게 부정한다 (Damasio, 1994: 100). 다시 말해, 그러한 신경생물학적 상태는 끊임없이 영화를 생성하는 동일한 신경학적 토대에 의해 매 순간 구성된다는 것이다. 그러나 우리가 인지하는 심적 이미지와 마찬가지로 그러한 자아의식도 일시적인 신경학적 구성물이라고 말하는 것 말고, 그러한 생각과 극미인 관념 간에 어떤 차이가 있는가? 자아가 보고 있는 영화와 마찬가지로 자아의식이 일시적인 신경학적 구성물이든 아니면 영구한 신경학적 구성물이든 간에, 거기에는 여전히 뇌 속에서 진행되는 영화와 거기에서 그 영화를 보고 있는 자아(또는 극미인)가 존재한다.

　다시 한 번 더 이것은 부분-전체의 오류의 문제에 해당한다. 다시 말해, 생각, 느낌, 그리고 자아가 그 둘을 의식하는 것 모두가 사회적 상호작용의 산물이기 - 이에 대해서는 다음 장에서 논의할 것이다 - 보다는 상이한 뇌체계들이 구성해내는 것에서 기인한다. 이것은 또한 내가 앞서 지적한 문제의 핵심이다. 즉, 우리가 우리의 경험으로부터 두 번 제거된다. 느낌이 존재하고 그다음에 사람이 그 느낌을 느끼는 것과 마찬가지로, 우선 뇌에 이미지가 존재하고 그런 다음에 자아가 그것을 인식한다. 그러나 내가 보기에 생각하고 느끼고 상상하고 꿈꾸고 욕망하는 것은 사람이고, 그 사람은 그들의 전체 생활 경험과 역사의 경과 속에서 그렇게 한다. 비록 어떤 특정한 자극을 전제로 하기는 하지만 뇌가 몸 상태의 변화에 근거하여 이미지를 구성한다고 말하는 것은, 텔레비전 프로그램과 화면 위의 이미지가 텔레비전 수상기 자체 내부에서 구성, 유발되고 시청자가 그것을 본다고 말하는 것과 같다. 물론 텔레비전 수상기 속에서 이미지가 구성되는 것은 부분적으로는 사실이다. 왜냐하면 텔레비전이 내부 전자 메커니즘을 통해 이미지들을 재구성하고, 그것 없이는 우리가 그러한 이미지들을 볼 수 없기 때문이다. 그러나 그러한 이미지들은 어딘가 다른 곳에서, 즉 우리가 시청하고 있는 프로그램을 만든 텔레비전 스튜디오에서 방송되었다. 마찬가지로 우리의 마음속의 이미지들은 단지 서로 다른 뇌체계에 의해 유발되고 다른 체계에 의해 관찰되는 것만이 아니라 극적인 생산물, 즉 다른 사람들과 함께하는 우리의 삶에 의해 유발된다.

그러나 이것이 바로 텔레비전 수상기 은유가 무너지는 지점이다. 왜냐하면 이 삶의 드라마는 멀리 떨어진 곳에서 방송되고 그런 다음 우리의 뇌 속에서 신경학적 표상으로 재구성되는 것이 아니기 때문이다. 깁슨 *Gibson*이 빛의 지각과 관련하여 말했듯이, 그것은 종래의 기계적인 자극-반응 모델에 의해 이해될 수 없다. 왜냐하면 빛은 채널을 통해 전달되는 형태의 '정보'가 아니므로, 뇌의 수신자가 개별 자극들을 선별하고 재구성하여 유발시킨 빛을 우리가 지각하는 것이 아니기 때문이다(Gibson, 1979/1986). 오히려 우리가 빛을 지각하는 것은 우리가 주변의 일련의 빛과 마주치며 그것에 맞게 우리 자신을 예민하게 조정하기 때문이다. 이는 내가 우리 자신의 일부인 감정 시나리오가 우리 주변에서 전개될 때 우리가 그것에 우리 자신을 맞추고 그것을 해석한다고 제시하는 것과 마찬가지이다. 이러한 시나리오의 드라마는 우리가 대인관계 속에서 육체화되고 본능적인 방식으로 즉각 관여하는 어떤 것이다. 우리는 텔레비전에서 드라마를 보거나 영화 스크린에서 영화를 보는 식으로 우리에게 일어나는 일의 이미지, 즉 대인관계로 이루어지는 우리의 삶의 드라마를 바라보지 않는다. 즉, 우리는 그것을 신경학적으로 우리의 마음의 스크린 위에서 펼쳐지는 것으로 보지 않는다. 실제로 우리는 삶의 드라마를 그러한 식으로 하나의 그림이나 영화로 보지 않는다. 오히려 우리는 그 **속에** 존재하고 그것을 온몸으로 열정적으로 **실행한다**. 그 드라마가 우리의 뇌에 남겨 놓은 이미지 ─ 우리는 이를 이용하여 다양한 상황이나 시나리오를 곰곰이 생각할 수도 있다 ─ 는 그러한 삶의 경험의 잔여물이지 우리가 보고 있는 심적 스크린상의 구성물이나 표상이 아니다. 더 나아가 그러한 삶을 살아가는 것은 우리 ─ 자아로서 또는 사람으로서 ─ 이지 다른 심적 이미지들과 관련한 일련의 심적 이미지 ─ 이것들 역시 그와 동일한 삶의 산물이기는 하지만 ─ 가 아니다. 우리는 뇌 없이 심적 이미지를 경험할 수 없지만, 우리의 뇌 속에서 진행되는 것은 우리의 삶의 산물이지 삶으로부터 고립된 또는 삶으로부터 두 단계 떨어져 있는 뇌의 산물이 아니다.

브링크만(Brinkmann, 2006)은 다마지오의 저작에서 나타나는 이러한 시각이 우리를 유아론唯我論으로 되돌려놓는다고 주장한다. 그가 볼 때, 다마지오에게 경험은 오직 마음속에서('심적 내부'에서) 구성되고 따라서 근본적으로 사적인 것이며, 그리하여 다른 마음 또는 '외적' 현실과의 어떠한 관련성도 불분명해진다. 이는 사실이다. 그러나 다마지오는 이를 넘어서 뇌를 육체화하면서도 동시에 세계 속에서 다른 육체적 존재 ─ 인간과 비인간 ─ 와 상호작용하는 육체적 존재로서의 인간을 탈육체화해왔다. 뇌의 신경계는 의심할 바 없이 우리가 가지는 심적 이미지들을 구성하지만, 그리고 내가 이 장의 마지막 절에서 입증하고 싶어 하듯이 단어의 의미들 ─ 우리는 이것을 가지고 우리의 생각과 느낌의 많은 것을 구성한다 ─ 을 구성하지만, 이것이 세계와 서로에 대한 우리의 경험이 '마음속에서' 하나의 그림처럼 인식된다는 것을 뜻하지는 않는다. 우리가 우리 앞에 펼쳐진 세계를 하나의 그림으로 인식한다는 생각은 현상학적 사상가들이 오랫동안 비판해온 것이다(Heidegger, 1977). 그 대신 그들은 인간은 세계를 그 세계 **속의** 신체적 존재로 경험한다고 주장한다. 즉, 우리는 세계를 지적 또는 심적으로만큼이나 육체적으로도 이해한다.

　이 지점에서 내가 지금까지 주장한 것이 감정의 이해에 관한 한 우리가 신경과학을 버리거나 무시해야만 한다는 것을 뜻하지 않는다는 점을 지적해둘 필요가 있다. 오히려 우리가 버려야 하는 것은 다마지오 같은 신경과학자들이 자신들의 실험 결과를 이해하기 위한 개념적 틀로 이용하는 경향이 있는 기계적 형태의 인지-행동이론이다. 감정경험의 이해에 관한 한, 신경과학은 인간이 가지는 의미가 갖는 중요성 ― 문화-역사적 인식과 개인적 인식 모두에서 ― 을 무시하지 않는 또 다른 개념적 틀과 부합할 수 있다. 이 접근방식은 의미, 그리고 우리가 감정과 느낌을 경험하는 이유를 고찰하고, 그것을 우리의 다양한 사회적 관계와 상황의 맥락 속에 위치시킨다. 그것은 내가 여기서 기술해온 방식으로 감정을 복합적으로 이해한다. 그 접근방식 속에서 신경생물학은 감정이 발생하는 관계 복합체의 한 구성 요소 ― 이 육체화된 중추신경계 없이는 우리가 감정을 경험할 수 없을 정도로 필수적 구성 요소이지만 그것이 인간존재의 모든 것이지는 않은 ― 가 될 수 있을 것이다. 우리는 또한 사회세계 속의 존재로 사회적 정체성을 가지고 있으며, 우리가 느끼고 생각하는 것은 그러한 맥락과 뗄 수 없게 얽혀 있다. 신경생물학은 이 복합체의 한 구성 부분이지만, 느낌과 생각의 **원천**은 아니다.

신경학과 몸 그리고 사회적·감정적 경험

그렇다면 대체 어떤 감정 설명이 신경생물학의 설명처럼 보이면서도 뇌를 감정의 발생 지점 또는 유발 장소로 보지 않는가? 최근의 한 논문에서 레디(Reddy, 2009)는 신경과학의 병행 처리*parallel processing* 관념은 사회과학에서도 매우 중요하다고 주장했다. 왜냐하면 그것이 인간이 새로운 의미를 창출하고 그리하여 어떤 것을 새롭게 말할 수 있는 방식 ― 비록 그것이 인간이 문화로부터 물려받은 의미, 담론, 언어와 함께 작동하지만 ― 을 설명하는 데 도움을 주기 때문이다. 철학자 미셸 푸코에 따르면, 담론 관행은 그것이 언급하는 대상을 체계적으로 형성할 뿐만 아니라 행위주체*agent*로 하여금 담론체계의 기본 규칙 내에서 말하게 만든다(Foucault, 1969/1989). 이는 주체의 행위능력*agency*과 말의 권력이 항상 담론 내에서 작동하기 때문에 행위주체들이 어떤 것을 새롭게 말하는 것이 결코 쉽지 않다는 것을 의미한다. 레디가 볼 때, 신경과학의 병행 처리라는 관념은 '하향식'·'단계적 정보전달식' 처리를 통해(Bar et al., 2006; Yee and Sedivy, 2006 참조) 잠깐 동안의 대상 인식 또는 들리기 시작하는 말소리가 1000분의 1초 내에 사람들로 하여금 대상 또는 단어의 의미를 예견할 수 있게 하는 방식을 보여준다. 이것은 고수준의 처리 결과 ― 내가 보고 있는 것이 나무의 가지인가 사슴의 갈라진 뿔인가? ― 가 계통을 따라 아래로 보내져서 경계, 형태(나무의 가지이거나 사슴의 갈라진 뿔일 수도 있는), 음소, 형태소, 단어를 지각하는 저수준의 처리 속도를 빠르게 하기 때문이다. 이를테면 비고츠키가 말 만들기*speech production*[생각을 말로 전환하는 과정_옮긴이]와 관련하여 말한 바에 따르면, 우리는 우선 어떤 단어 ― 즉, 우리가 말하고자 하는 것의 의미를 담고 있는 단어 ― 의 '이미지'를 가지고 생각하고 그것을 통해 완전하게 형성된 전체 문장을 만들어낸다. 따라서 우리는 우리가 실제로 말하기 전에 우리가 말하고자 하는 것을 알고 있는 것이다(Vygotsky, 1934 /1987). 병행 처리 속에서 단어가 먼저 그것의 이미지 형태로 출현한다. 그 이미지는 그때 그 사람이 말하고자 하는 것과 관련하여 보다 고수준의 처리에 의해 예견된다(그리고 우리가 앞 장에서 살펴보았듯이, 비고츠키는 사람들이 말하고자 하는 것은 어떤 순전한 '내적 이미지', 감각 또는 느낌이 아니라 그 당시 그들이 처해 있던 상황, 그리고 그 상황과 그들의 관계와 관련되어 있다고 확신한다). 그다음에 이것이 계통을 따라 아래로 전해져서 우리가 말하고자 하는 것의 의미를 표현하는 구두 발언*verbal speech* 형태로 하나의 문장을 완결할 수 있는 더 많은 단어들을 빠르게 만들어낸다. 이것이 우리가 말하고 있는 모든 단어를 스스로 미리 생각하지 않고 우리가 다른 사람에게 완전히 형성된 문장으로 말할 수 있는 방식이다. 이것은 또한 완성된 계획이나 관계 시나리오를 위해 미리 준비된 각본이 아니라 우리가 행하거나 말하는 것의 전반적 성향만을 가지고 우리가 어떻게 사회적 활동과 대화를 통해 우리의 생각을 **감지**해나갈 수 있는지를 신경학적 용어로 설명하는 것이기도 하다. 이러한 점에서 우리가 느끼는 방식은 우리가 특정한 상황에서 행위 하고 말하는 방식을 파악하는 것이다.

레디가 볼 때, 이는 각각의 사람이 어째서 어떤 것을 새롭게 말할 수 있는 창조적 언어 사용자인지를 설명한다. 하지만 뇌에서 일어나는 말 만들기의 상이한 수준들이 그러한 단계적 정보전달 방식으로 작동하기 위해 서로에게 '말하는' 방식은 거의 알려져 있지 않다. 왜냐하면 각각의 수준은 상이한 부호화 형태를 이용하는 것으로 보이기 때문이다. 그리고 언어 인식과 시각 지각과 같은 서로 다른 체계가 서로에게 '말하는' 방식 역시 거의 알려져 있지 않다. 실험들은 어떤 단어를 발음하자마자 피실험자의 눈은 차트 위에 묘사된, 그것에 상응하는 시각적 대상을 향해 움직인다는 것을 보여주었다. 그러나 이 실험들은 수십 년 동안 철학자들이 알고 있던 것, 즉 상이한 지각형태들은 서로로 치환될 수 있다는 것을 확인해준다. 이를테면 메를로퐁티는 우리가 보는 것이 말로 치환될 수 있고 우리가 듣거나 말하는 것이 이미지로 치환될 수 있는 과정, 즉 그가 '구조화 *structuration*'라고 부른 과정을 알아냈다(Merleau-Ponty, 1964/1968). 구조화 가 일어나는 까닭은 보이는 것이 언어처럼 구조화된 것으로 이해될 수 있 기 때문이다. 다시 말해, 보이는 것은 패턴과 형식 또는 '문법'을 가지며, 따라서 말의 패턴이나 형식으로 치환될 수 있다. 사실 워블린과 로스카 (Werblin and Roska, 2007: 75)는 우리가 읽고 대상을 파악하고 산책할 때 우리의 시각적 지각은 "신경적 시각 어휘를 육체화하는 그 자신의 표현법 과 문법을 가지는 하나의 중요한 '시각 언어'를 형성한다"고 말한다. 존슨 (Johnson, 1987, 2007)이 보여주었듯이, 이 과정은 의미 만들기의 토대를 이루며, 그 속에서 균형 감각과 같은 기본적 신체 지각은 ('균형'이 사법체 계와 법체계의 배후의 원리가 되어온 방식으로) 말로 표현되는 가치체계로 치환(또는 '구조화')되기도 하고 '시각'이 지각의 영역을 넘어 누군가의 사 고 속에서 생각을 표명하는 것으로 확대될 수도 있다.

이 모든 것은 이미지, 은유, 상상이 감정경험에서 커다란 역할을 수행 하는 방식과 관련하여 내가 앞 장에서 말한 많은 것을 뒷받침한다. 찢어 진 또는 내려앉는 가슴과 같은 은유 또는 고독과 외로움은 그것들이 만들 어내는 이미지를 통해 몸속에서 실제로 느낄 수도 있다. 그리고 시각 문 법이 우리가 보는 것에 대한 언어 문법적 서술로 치환될 수 있는 것처럼, 우리의 감정적 이성 역시 의식적인 생각에 입각한 이성으로 치환될 수 있 다. 사실 던컨과 배럿(Duncan and Barrett, 2007: 1184~1185)이 말하듯이, "'비정서적 사고'와 같은 것은 전혀 존재하지 않는다". 다마지오처럼 그들 은 어떠한 뇌 영역도 구체적으로 '인지' 영역 또는 '감정('정서')' 영역으로 지정될 수 없다고 주장하며, 따라서 "정서는 피질하 영역(일반적으로 '정서' 영역으로 불리는)과 전방전두 영역(전통적으로 '인지' 영역으로 불린) 모두를 포함하는 광범하게 분포된 기능적 네트워크에 의해 설명된다"고 주장한다(Duncan and Barrett, 2007: 1186). 이것은 한때 인지(사고 과정)를 다루는 것으로 생각되던 뇌의 부분들과 정서(감정)를 다루는 것으로 생각되던 뇌의 부분들은 사실 생각과 느낌 모두와 관련되어 있다는 것을 뜻한다. 그런 까닭에 우리가 대상을 지각할 때 우리는 그것을 보는 것만이 아니라 또한 그것을 평가한다. 우리가 선택할 때, 우리는 이성의 원리에 입각하여 순수하게 합리적 판단을 하는 것이 아니다. 우리는 우리가 평가하는, 즉 좋아하거나 싫어하는 것에 대한 '정서적으로 작동하는 기억'에 근거하여 선택한다. 실제로 던컨과 배럿은 정서가 일상적인 의식적 경험의 필수 조건이라고 결론짓는다. 왜냐하면 정서가 우리가 일인칭의 '나에 관한' 특성으로 인식하고 생각하는 모든 것을 낳으며, 그것 없이는 우리의 지각과 생각은 우리의 것이 아닐 수도 있기 때문이다(나는 이를 다음 장에서 좀 더 설명할 것이다). 우리가 때때로 대상의 지각과 그것의 정서적 의미를 별개의 현상으로 경험하는 방식을 설명하면서, 던컨과 배럿은 듀이를 따라 그것들은 구체적 경험 속에서 존재론적으로 별개의 현상으로 존재하는 것이 아니지만 그것들은 그러한 경험에 대한 성찰 속에서 구분될 수 있다고 주장한다. 따라서 우리가 지각과 정서를 또는 생각과 느낌을 구분할 수 있는 것은 어떤 사실을 경험한 후에 일어나는 성찰 속에서뿐이다.

하지만 듀이와는 달리 던컨과 배럿은 마음에 대한 표상이론을 견지하며 정서가 실제로 인지의 한 형태라는 것, 따라서 "정서가 **감각 과정과 인지 과정** 모두에 중요한 기여를 한다"는 것을 보여주기를 원한다(Duncan and Barrett, 2007: 1184, 강조 첨가). 그러나 정서가 인지 **과정**과 감각 **과정**에서 특정한 역할을 수행한다는 관념은, 마음을 컴퓨터로 바라보는 은유를 취하여, 인지가 입력을 수신하고 다양한 작동을 통해 그것을 이해 가능하거나 지식의 토대로 이용할 수 있는 정보로 변경시킨다고 시사한다. 인지의 측면에서 이와 같은 이해 가능한 정보는 '표상'의 형태를 취하고, 우리는 그것을 통해 감각자료를 질서화된 형태로 분류하여 (우리를 둘러싸고 있는 세상을 이해할 수 있는) 이미지나 관념을 창출한다. 따라서 정서적 반응은 "외부 세계에 대한 정보가 내부의 코드 또는 표상으로 번역되는" 수단이며, '감정'보다는 오히려 '정서'라는 용어 자체가 "어떤 대상이나 상황이 사람에게 영향을 미치는 방식을 **보여주는** 어떤 상태"를 나타내기 위해 사용된다(Duncan and Barrett, 2007: 1185, 강조 첨가).

유사한 방식으로 다마지오는 인지-행동적 개념틀에 의지하여 감정을 이해한다. 그 개념틀 속에서 뇌는 신체 상태와 조작화된 심적 이미지에 기초하여 신경 지도를 구성하고, 그것에 입각하여 심적 표상을 형성한다. 몇몇 경우에 그러한 표상들은 감정의 신체적 상태와 관련되고, 그 이차적 표상들은 우리가 의식할 수 있게 되는 느낌을 형성한다. 이처럼 인간의 생각과 행위를 컴퓨터식으로 이해하는 것이 갖는 결점은 드레이퍼스(Dreyfus, 1992; Dreyfus and Dreyfus, 1986)에 의해 오랫동안 상세히 설명되어 왔다. 여기서의 나의 관점에서 볼 때, 그것이 갖는 문제는 인간이 정보를 처리하는 것뿐만 아니라 그 정보를 이용하여 자신들을 둘러싸고 있는 세상을 **해석하고** 그것에 의미를 부여하며 또 집합적으로 그렇게 한다는 것이다. 그런 까닭에 컴퓨터식 정보처리 모델은 인간의 생각과 느낌에 적용될 때 항상 제한적이다. 앞서 언급한 논문들 중 많은 것 역시 다마지오가 이용한 모델들과 유사한 모델 및 은유, 특히 눈 또는 뇌로 '영화'를 보는 은유로 이어지는 모델을 이용한다. 앞서 나는 이러한 모델과 은유를, 뇌-몸을 감정경험의 상황과 드라마로부터 분리시켜 이론화한다는 것보다도 인간을 그들의 극적인 감정적 만남의 장면과 관계로부터 제거한다는 이유에서 비판해왔다. 이는 직접 느끼고 생각하는 당사자로서의 우리의 경험으로부터 우리를 제거한다.

마음에 대한 표상이론들이 부적절한 까닭은 그것들이 철학과 과학의 오랜 이원론적 형이상학과 인식론을 되풀이하기 때문이다. 그러한 이론들 속에서 심적 표상은 마음 또는 뇌 '내부'의 상징적 구성물로 이해되며, 따라서 유기체 '외부'의 현실은 다소 모호한 방식으로 언급된다. 내가 여기서 제임스, 듀이, 메를로퐁티, 존슨, 시츠존스톤과 같은 다양한 서로 다른 학자들을 이용하여 제시해온 관점은 생각, 느낌, 감정을 세상 및 다른 사람들과의 신체적 상호작용에 기초하는 것으로 이해하는 것이다. 따라서 만약 우리가 그러한 육체적 행위와 상호작용을 시츠존스톤(Sheets-Johnstone, 2009)이 '신체 개념'이라고 부른 것을 형성하는 것 ― 이는 상징적, 언어적으로 표현된 생각을 형성하는 것으로 이어진다 ― 으로 간주한다면, 생각이 세계 속에서 일어나는 신체 활동과 분리되지 않기 때문에, 그러한 종류의 이원론을 피할 수 있다. 이러한 유형의 인식 속에서는 우리는 세계 속에서 일어나는 신체경험으로부터 제거되지 않으며, 우리가 살고 있는 세상을 표상할 뿐인 마음속에 감금되지도 않는다. 그 대신 우리는 직접적이고 적극적이고 육체적인 방식으로 세상과 관계하며, 우리의 생각과 느낌은 그것에 의존한다. 따라서 생각, 느낌, 감정은 지각과 행위와는 다른 인지형태들이 아니다. 신경학에서 이것은 생각 또는 인지 과정이 순전히 뇌의 체계와 기능에 기초한 내적 정보처리장치 ― 신경 이미지, 개념 또는 명제적 구성물의 형태로 표상을 만들어내는 ― 로 이해되어서는 안 된다는 것을 의미한다. 그보다는 신경 패턴은 우리가 살고 있는 세상 속에서의 그리고 그 세상에 대한 우리의 적극적 경험에 기초해 있음이 틀림없다. 존슨이 이미지 도식은 하나의 표상이라는 자신의 초기 견해를 부정하면서 말했듯이, "신경 활성화 패턴은 단지 유기체 내에 시냅스 웨이트 *synaptic weights*[뉴런 간의 연결 강도와 폭_옮긴이]로 보유되어 있는, 반복되는 경험 – 실제적인 그리고 가능한 – 의 구조일 뿐이다"(Johnson, 2007: 159). 게다가 이것은 단지 시각뿐만 아니라 세상에 대한 다른 모든 신체적 형태의 적극적 지각에 기초하기 때문에 내부 표상으로 경험되지 않는다. 이를테면,

> 당신이 당신 앞의 테이블에 놓은 컵을 볼 때, 당신은 단지 하나의 **가시적인** 경험만을 하는 것이 아니다. 당신의 시각적 피질 부분에서 뉴런 다발이 활성화되는 것 외에, 당신은 그 컵을 갈증을 풀기 위해 손을 뻗어 집어 들고 입으로 가져가는 무언가로 경험하는 중이다. 그 컵은 시각적 형태만을 제공하는 것이 아니다. 그것은 또한 집어 들어 올리는 능력도 제공한다(Johnson, 2007: 160).

앞서 말한 것 중 많은 것이 이전의 경험에 의지한다는 사실은, 루리아(Luria, 1966)가 보여주었듯이, 신경 네트워크는 학습, 실행, 문화 적응을 통해 설정되고 재설정될 수 있다는 것을 뜻한다. 하지만 레디가 지적하듯이, 이것은 지각 또는 감정이 전적으로 학습된 반응에 의해 '구성된다'는 것을 의미하지 않는다. 그의 표현으로, "광범위한 일련의 처리 전략은 의식적으로 조정되고 맥락에 따라 변화되고 반복과 실행에 의해 틀 지어진다"(Reddy, 2009: 21). 따라서 제임스가 말했듯이, 사람과 자아는 역사, 공동체, 신경체계의 상호작용에서 출현하지만, 그러한 자아는 "느슨하게 구성되고" 따라서 다양하고 독창적이다(James, 1892/1985). 감정의 측면에서는 이것은, 또한 제임스가 보여주었듯이, 우리의 감정적 반응은 생명작용

에 의해 미리 정해지거나 문화에 의해 표준화되는 것이 아니라 그것 내에서 개인적 경험에 의해 틀 지어지고 따라서 다양한 형태를 띠게 된다는 것을 의미한다. 우리 모두가 그러한 반응형태들을 인식할 수 있지만, 그럼에도 불구하고 그것들은 개별화되고 개인화된다.

이 장을 끝내기 전에 나는 감정과 관련하여 신경과학에서 진전된 또 다른 중요한 발전에 대해 논급하고자 한다. 그것이 바로 '거울 뉴런*mirror neurons*' 연구이다(Iacoboni and Dapretto, 2006). 그것이 '거울 뉴런'이라고 불리는 이유는 피실험자가 어떤 신체 움직임을 **지각**할 때와 그들이 그것과 동일한 동작을 **할** 때 모두 그 뉴런이 활성화되기 때문이다(Reddy, 2009: 19, 강조는 원저자). 이것이 감정에서 중요한 까닭은 다른 사람들이 느낌이나 감정을 소통하기 위해 이를테면 미소 짓기나 찌푸리기 같은 신체 움직임이나 제스처를 할 때 우리가 우리 자신의 몸에서 그러한 움직임과 제스처를 따라하거나 흉내 내는 경향이 있는 것으로 보이기 때문이다. 어떤 사람이 우리를 보고 웃을 때 우리는 따라 웃으며 우호적인 제스처와 느낌을 주고받는 경향이 있다. 어린 아기조차도 어른들이 자기를 보고 웃을 때 따라 웃는다. 이 상호적 제스처는 오랫동안 심리학자들을 당혹스럽게 해왔다. 왜냐하면 자신의 웃음이 의미하는 바를 학습하기는커녕 그것이 어떻게 보이는지를 알 수 없는 유아들에게도 그러한 상호적 제스처가 일어나기 때문이다. 따라서 거울 뉴런은 다른 사람들의 감정 지각과 깊이 관련되어 있는 것으로 보인다. 그리고 그러한 감정 지각은 아이들이 성장하고 학습함에 따라 감정 이입과 감정 이해의 토대를 형성한다. 이는 다른 사람들의 제스처에 대한 선천적인 상호적 반응 능력을 설명해주는 것으로 보이지만, '거울 뉴런'의 관념을 확대 적용하는 것에 대해서는 신중해야만 한다. 비록 그것이 어린아이들이 신체적 감정표현을 인지하고 공감하는 타고난 경향을 설명해줄 수는 있지만, 성인으로서의 우리가 다른 사람들의 감정적 제스처에 항상 동일하게 반응하지 않기 때문이다. 긴스버그와 해링턴(Ginsburg and Harrington, 1996)이 발견했듯이, 우리는 다른 사람들의 제스처와 얼굴 표정을 단지 얼굴이나 몸에 초점을 맞추어 해석하는 것만이 아니라 그것들이 드러나는 맥락에 의거해서도 해석한다. 복도에서 좋아하는 동료 곁을 지날 때 당신들은 서로를 보고 서로에게 웃음을 지을 것이지만, 만약 어떤 사람이 테니스 경기에서 당신을 이긴 후에 활짝 웃는다면 당신은 아마도 덜 따라 웃을 것이다. 그리고 만약 당신이 억지로 웃는다면, 이를 악물고 그렇게 할 것이다.

따라서 거울 뉴런과 다른 신경학적 요소들이 감정과 느낌을 경험하는 능력에서 갖는 중요성을 설명할 때조차 맥락의 의미와 그것에 대한 평가는 우리가 느끼는 정확한 감정과 우리가 그렇게 느끼는 이유를 이해하는 데서 여전히 매우 중요하다. 신경학은 인간이 행위 하고 다른 사람들과 상호작용하는 상황을 감정적으로 해석하고 자신들을 거기에 적응시키는 복잡한 과정의 일부이지만, 그것의 원천은 아니다. 인간은 기계처럼 그렇게 하는 것이 아니다. 오히려 인간은 자신들이 처한 구체적 맥락에 감각적으로, 지적으로 그리고 사람들이 바라건대 감정 이입적으로 적응한다. 우리가 형성하는 심적 이미지는 감정적 경험의 매우 중요한 측면이며, 우리는 그러한 이미지를 구성하는 일을 하기 위해 뇌를 필요로 한다. 우리가 그러한 이미지의 많은 것을 공유할 수 있게 해주는 문화가 없다면, 그리고 우리가 (우리의 삶의 드라마의 바탕을 이루고 또 우리가 행하는 것을, 우리가 그렇게 느끼는 **까닭**을 규정하는 데 매우 중요한) 상황에 신체적으로 개입하지 않는다면, 우리의 감정적 삶은 단지 무의미하고 공허하기만 한 것이 아니라 감정적 삶이 존재하지조차 않을 수도 있다.

5

감정, 이성 그리고 자기성찰

앞 장에서 내가 다마지오와 같은 신경과학자들이 사용한 개념틀을 비판했지만, 그가 이룬 핵심적 진전의 하나는 이성과 감정이 두 개의 갈등하는 별개의 힘이라는 서구의 가정에 도전한 것이다. 계몽주의 시대 이래로 **이성**Reason(나는 여기서 의도적으로 대문자 'R'을 사용한다)[이 경우 번역서에서는 강조체로 표기했다_옮긴이]은 순수한 논리적 사고를 위한 선험적 능력, 즉 탈육체화되고 비감정적인 능력을 의미하는 것이 되었다. 대체로 감정은 **이성**을 이용하고자 하는 우리의 시도에 어두운 그림자를 던질 뿐인 비합리적인 힘으로 이해되었다. 서구 문명에 대한 전통적 인식 속에서 감정은 잠재적으로 파괴적인 것으로 인식되었다. 왜냐하면 감정이 대체로 비합리적인 것으로 생각되었기 때문이다. 그러므로 감정은 혼돈과 파괴를 불러일으키고, 우리는 오직 **이성**에 의해 비합리적 힘으로부터 구원될 수 있을 뿐이다. 우리는 이런 식의 주장을 지그문트 프로이트Sigmund Freud의

『문명과 그 불만Civilisation and its Discontents』에서부터 대니얼 골먼Daniel Goleman의 보다 최근의 저작『감정지능Emotional Intelligence』에서까지 발견할 수 있다. 골먼은『감정지능』에서 열정이 이성을 압도할 때 감정은 통제 불능이 되어 문명과 안전의 토대를 침식한다고 주장한다. 그에 따르면, 비합리적인 것이 합리적인 것을 압도해왔다. 따라서 문제는 어떻게 하면 지성이 감정을 이끌어서, 아리스토텔레스가 보여주었듯이, 지성이 잘 행사되어, 즉 지성이 감정을 통제하여 열정이 지혜를 가지게 할 수 있는가 하는 것이다(Goleman, 1996). 비록 골먼이 감정이 매 순간 우리의 결정을 인도한다는 다마지오의 관념을 받아들이지만, 그는 여전히 다마지오의 생각을 그 과정에서 '생각하는 뇌'가 관리 역할을 맡아야만 한다고 독해한다.

그러나 현대 신경과학이 우리에게 말하는 것은 이보다 더 급진적인 것이다. 왜냐하면 그것은 (우리가 한때 생각했던 것처럼) '생각하는 뇌'와 '감정적 뇌'가 따로 존재하지 않는다는 것, 다시 말해 합리적 사고와 감정적 이해에 사용되는 뇌체계는 아주 자주 동일한 뇌체계라는 것을 보여주기 때문이다. 앞 장에서 내가 감정에 대한 다마지오의 기계적인 인지-행동 개념화를 비판했지만, 합리성과 감정에 대한 그의 연구는 언급할 만한 가치가 있는 것을 지니고 있다. 그의 신경학적 사례연구의 많은 것은 감정을 다루는 뇌의 중심이 손상되면 합리적 사고 또한 손상된다는 것을 보여준다. 사람들이 특정한 감정을 느끼는 능력을 상실할 때, 그들의 의사 결정은 무모하고 무책임하고 다른 사람들에게 아주 위험하다. 그들은 또한 무기력하고 예측할 수 없고 신뢰할 수 없게 될 수도 있다. 그러한 환자들은 여전히 합리적으로 직분을 수행하지만, 그들의 합리성은 내가 앞 장에서 '감정적 이성'이라고 부른 것을 결여하고 있다. 다시 말해, 그들은 그들의 행위가 다른 사람들에게 그리고 또한 자신에게 미칠 영향을 고려하지 않는다. 그러한 무책임성과 신뢰할 수 없음이 그들이 사랑하고 걱정하는 사람들을 해치고 어쩌면 그들의 가장 중요한 관계를 파괴할 수도 있다. 감정적 이성 없이는 다른 사람들의 느낌과 어떠한 공감도 할 수 없으며, 자신의 운명에 대한 어떠한 걱정도 있을 수 없다. 무모한 행동은 다른 사람들만큼이나 자신을 위험하게 할 것이고, 사람들의 안정과 안전을 위태롭게 할 수 있다.

이것이 강조하는 것은 합리적 행동은 지적 이성뿐만 아니라 감정적 이성을 가져야만 한다는 것이다. 이것은 단지 적절한 감정관리, 다시 말해, 열정이 지적으로 관리되고 통제되는 것(Goleman, 1996)을 의미하지 않는다. 그것은 이성이 감정과 융합되어 있음이 틀림없다는 것을 의미한다. 만약 그렇지 않다면, 우리는 더 이상 지속될 수 없는 오랜 난제에 직면한다. 다시 말해, 합리성과 감정이 길들여지거나 조화를 이루어야만 하는 서로 대립되는 현상 내지 힘이기라도 하듯이, 우리는 합리성이 어떻게 감정을 통제할 수 있는지, 아니면 그 둘이 어떻게 균형을 이룰 수 있는지를 물어야만 한다. 실제로 우리가 마주하는 상황에 대한 우리의 생각과 느낌은 우리가 우리의 사회세계에 대해 개입하고 성찰하는 동일한 과정의 일부이다. 이러한 의미에서 느낌, 감정, 생각(합리적 생각이든 또는 그 반대이든)은 동일한 원천에서 발생하고, 세계와 다른 사람들에 대한 우리의 관계적 개입의 일부이다. 더 나아가, 내가 이 장 도처에서 개관하듯이, 자아는 세계와 다른 사람들에 대한 우리의 관계적 개입에서 중심을 차지하며, 자아의 중심에는 우리가 사회세계 속에서 다른 사람들과 맺는 관계에서 생기는 감정적 자아-느낌*self-feeling*이 자리하고 있다. 앞 장에서 진술했듯이, '내'가 세계 속에서 보고 듣고 느끼고 생각하기 때문에 자아에 기초하지 않은, 세계에 대한 지각은 존재하지 않으며, 자아가 감정적이기 때문에 그러한 지각 역시 그 근저에서는 감정적이다. 우리가 세상에 중립적, 비개인적, 비감정적으로 개입하는 방법은 결코 존재하지 않는다. 따라서 감정은 세상을 지각하고 그것에 대해 생각하는 다른 모든 방식뿐만 아니라 합리성의 바로 심장부에 위치하고 있음이 틀림없다.

느낌, 성찰 그리고 상황

듀이(Dewey, 1934/1980)가 지적했듯이, 느낌과 생각은 모두 우리가 어떤 상황을 직접 마주할 때 그 상황에 내재하는 것이다. 우리가 처한 어떤 상황이 우리로 하여금 그것을 평가하게 하고, 그것이 다시 우리의 생각과 느낌을 낳는다. 나중에 우리가 마주쳤던 상황을 **성찰**할 때, 우리는 생각과 느낌을 구분하게 된다. 하지만 평가와 행위의 바로 그 순간에는 생각과 느낌은 전혀 구별되지 않는다. 왜냐하면 지각, 사고, 행위가 감정과 융합되어 있기 때문이다. 따라서 생각과 느낌은 실제로 전혀 구분되지 않는다. 왜냐하면 그것들은 함께 가기 때문이다. 즉, 우리가 생각하는 것과 느끼는 것은 오직 사후에만 구별된다. 실제로 느낌에 의지하지 않고 문제 상황에 대한 해결책을 찾으려고 노력하라는 요구는 **이성** – 순수하게 지적인 활동 – 이 지배력을 부여받은 철학적 전통에서 출현한, 아주 최근의 서구적 현상일 수 있다. 그러나 만약 어떤 특정한 경험 상황으로부터 또는 감정과 몸으로부터 분리된 선험적 현상으로서의 **이성**이 존재하지 않는다면, 이성(소문자 'r')은 우리가 마주한 상황으로부터 나오고 우리의 생각과 느낌 모두를 포함한다. 실제로 실용주의 철학자 퍼스(C. S. Peirce,

1902/1966)가 암시했듯이, 원래의 의식은 상황에 대한 느낌들에 대한 자각이다.

듀이(Dewey, 1929/1958)가 볼 때, 이 기본적인 또는 정신물리적 수준에서 의식은 직감이나 느낌 속에 등록된 상황의 직접적 속성들에 대한 자각 또는 지각이다. 몸-마음 수준에서 의식은 상황, 대상, 사람 또는 행위에 대한 유의미한 평가와 관련된 것들에 대한 자각이다. 그러므로 그것은 실제적이고 지속되는 의미이다. 다시 말해, 의식은 우리에게 발생한 것을 과거, 현재, 미래와 연결해주는 유의미한 틀과 관련하여 이해할 수 있게 해주는 하나의 항상적인 배경이자 전경이다. 이러한 의미 있는 틀이 가능한 것은 오직 인간이 상징, 기호, 언어를 통해 상호작용하고 소통하고 지식과 식별 능력을 '축적'할 수 있는 사회적·문화적 존재이기 때문이다. 동시에 우리는 또한 말로는 정확히 전달할 수 없는 일련의 '지금 여기*here and nows*'를 의식하는, 부분적이고 과도적인 의식을 지닌 정신물리적 존재이기도 하다.

내가 제3장에서 지적했듯이, 마음의 보다 구조적인 의미 있는 틀과 의식의 순간성과 과도성은 시간적으로 연결된다. 즉, 과거로부터 나오는 조직화된 의미체계가 특별한 지금 여기의 상황과 시나리오를 이해할 수 있게 하지만, 당면한 상황의 드라마를 규정하는 것은 후자이다. 의미체계가 습관적인 의식적 사고의 방향을 설정하지만, 즉 사태가 진전되는 방식을 예상할 수 있게 해주지만, 당면한 상황은 우리에게 놀라움과 새로움을 준다. 따라서 어떤 경우에는 우리는 습관적 사고의 배경을 이루고 있는 조직화된 의미체계를 알아차리지 못할 수도 있다. 우리가 그러한 의미체계를 의식적으로 완전하게 자각하게 되는 경우는 오직 우리가 새롭거나 예상하지 못한 일련의 정황에 의해 놀랄 때뿐이다. 그때 우리는 성찰을 통해 우리의 생각의 근거를 분석하고 우리에게 일어난 일을 이해하고자 노력하며, 그 과정에서 세상에 대한 우리의 유의미한 이해를 재구성할 것을 강요받는다. 듀이가 볼 때, 이 재구성은 성찰적 사고가 요구되는 지점에서 일어나고 그것을 통해 의식이 그 목적을 획득한다. 만약 그런 일이 요구되지 않을 경우, 우리는 습관에 의해 우리의 사고를 진전시킨다.

　내가 다른 곳에서 **지각장**_field of perception_이라고 부른 것이 항상 이 의미 있는 의식을 바탕으로 하여 만들어진다(Burkitt, 2013). 그러나 듀이가 지적하듯이, 이는 특정 사회집단에 공통적인 의미와 가치를 자각하는 것과 관련한 하나의 일반적 현상이기만 한 것은 아니다. 이 지각장은 또한 개인화된다. 왜냐하면 지각장이, 우리 나름의 방식으로 세상을 **우리**에게 의미 있는 것으로 만드는 개인적인 전기적 자료들로 구성되기 때문이다. 내가 이 장 도처에서 지적하듯이, 지각장에는 감정적 내용 또한 포함되어 있다. 왜냐하면 이 지각장의 중심에 우리가 다른 사람들이 우리를 어떻게 바라보는지를 상상하는 방식 속에서 창출되는 우리 자신의 자아의식, 즉 우리의 특별한 '**나의-느낌**_my-feeling_'이 자리하고 있기 때문이다. 이것이 감정적인 까닭은 그것이 우리와 다른 사람들의 관계 그리고 그러한 관계의 감정적 내용에 의존하기 때문이다. 나는 곧 이 문제로 돌아올 것이다. 지금은 던컨과 배럿(Duncan and Barrett, 2007)이 앞 장에서 보여주었던 것, 즉 우리가 성찰하기 위해서는 우리는 그렇게 하기 위한 자아를 필요로 하며, 그렇기에 지각, 경험, 생각, 느낌은 **나의 것**_mine_이라는 점을 상기할 필요가 있다. 하지만 그것이 어떻게 발생하는지에 대한 그들의 인지적인 표상적 견해 대신에, 나는 우리가 우리의 모든 지각 속에 가지고 있는 자아의식이 하나의 육체화된 그리고 상호작용적인 성취물이라고 제시하고자 한다. 이것은 또한 자아의식은 뇌에서 발생하는 하나의 일관된 신경 패턴들의 집합체에서 출현한다는 다마지오의 생각에도 반하는 것이다. 오히려 내가 볼 때, 우리가 성찰할 수 있는 자아의식은 필연적으로 하나의 사회적 창조물이다.

이제 성찰의 관념으로 돌아가자. 듀이(Dewey, 1910)가 볼 때, 성찰적 사고는 사고를 뒷받침하는 근거 또는 토대를 탐색하고 검토하는 것이다. 믿음은 어떠한 근거나 정당화도 필요하지 않는 관념이다. 그것이 성찰적 사고의 대상이 될 수 있는 것은 오직 어떤 이유에서 사람들이 자신들이 믿는 것을 의심하기 시작할 때뿐이다. 성찰 속에서 우리는 어떤 것을 그것 자체를 근거로 해서가 아니라 하나의 정당한 증거로 판단되는 다른 어떤 것 − 이것은 다른 확증적인 관념이나 경험적 증거일 수도 있다 − 을 통해 믿는다. 이 과정은 추론에 의해 발생한다. 추론은 우리에게 새로운 관념이나 의미들을 명료화하는 데 도움을 주는 다른 어떤 것에 관한 관념으로 우리를 인도하는 도약 또는 비약이다. 그러한 새로운 관념과 의미들이 우리가 마주하는 새로운 사실이나 새로움을 이해할 수 있게 해주며, 우리로 하여금 우리가 성찰 없이 일반적으로 받아들이던 믿음들을 의심하게 한다. 이 전체 과정은 쌍방향으로 움직인다. 즉, 성찰 속에서 우리는 우리 앞에 주어진 부분적이거나 혼란스러운 자료들로부터 그것들을 설명할 수 있는 어떤 가능한 새로운 의미나 관념으로 나아가고(이것이 **귀납적** 사고이다), 그다음에 우리는 우리 앞에 놓인 사실들을 관계 지우거나 이해하기 위해 다시 그러한 의미나 관념으로부터 사실들로 돌아간다(이것이 **연역적** 사고이다). 귀납과 연역의 과정에 의해 추론이 만족스러운 결론에 도달할 때에만 우리는 의미라는 결승선에 도달했다고 말할 수 있다. 우리는 또한 이런 식으로 세상에 대한 개념들을 형성한다. 이것이 바로 우리가 살펴보았듯이 그러한 현상을 설명하기 위해 컴퓨터식 모델이나 정보처리 모델을 이용하는 인지과학이 초점을 맞추고 있는 것이다.

하지만 듀이가 보여주는 것은 성찰의 과정이 (선험적 **이성**이라는 관념에 입각한) 순전히 합리적 또는 논리적 과정이 아니라는 것이다. 거기에는 상이한 사고 유형들을 나누는 어떤 분명한 경계선도 존재하지 않는다. 성찰은 추론, 귀납, 연역을 포함할 뿐만 아니라 느낌, 상상, 직관도 포함한다. 그리고 후자는 단지 '마른하늘의 날벼락' 같은 생각으로 이해되는 것이 아니라 지적 선택과 판단에 기초한 것으로 이해된다. 상상과 관련하여 말하면, 그것은 순전히 공상적이고 비실제적인 생각으로 개념화되는 것이 아니라 관찰을 보충하고 심화시키는 생각으로 인식된다. 따라서 상상은 실재하는 것을 확장하고 심화시키는 방법의 하나이다. 이러한 견지에서 퍼스(Peirce, 1903/1934)는 추론 과정에서 귀납, 연역과 함께 하나의 자리를 차지하는 또 다른 측면을 덧붙였다. 그는 그것을 **가추**_abduction_라고 불렀다. 이것은 하나의 설명적 가정을 형성하는 과정으로, 우리가 추리 _inference_를 통해 수행해야만 한다고 듀이가 주장했던 바로 그것이다. 실제로 퍼스 또한 이를 상상을 포함하는 '가추적 추리_abductive inference_'라고 지칭한다. 왜냐하면 우리가 가능한 해답을 성찰하는 어려운 또는 수수께끼 같은 상황에서 "가추적 착상이 우리에게 섬광처럼 다가오기" 때문이다 (Peirce, 1903/1934: 113). 실제로는 새로운 가설의 서로 다른 요소들이 이미 우리의 마음속에 존재해왔지만, 우리가 이제야 문제의 조건하에서 이전에는 종합할 것이라고는 꿈에도 생각하지 못했던 관념들을 종합하는 것일 수도 있다. 이것은 엄격한 의미에서 이성이 아니다. 왜냐하면 가추적 추리를 논리적으로 정식화한다는 것은 전혀 가능하지 않기 때문이다. 하지만 가추는 어떠한 이성도 필요로 하지 않는다. 왜냐하면 그것은 단지 착상만을 제공할 뿐이기 때문이다. 따라서 그것은 연역을 통해 검증되어야 하고, 그 과정에서 가정은 우리에게 우리 앞에 나타난 새로운 사실을 설명할 수 있게 하거나 아니면 단지 만족스러운 결론에 도달할 수 있게 할 뿐이다. 가추가 논리적으로 설명될 수 없다는 사실에도 불구하고, "오늘날 정평 있는 위치에 있는 과학적 이론의 모든 단일 항목은 가추에서 말미암은 것이었다"(Peirce, 1903/1934: 106).

논리와 가추에 관한 퍼스의 생각을 독해하면서 셰프(Scheff, 1990)는 느낌이 추리적 문제 해결 과정 자체에서 중심적인 위치를 차지한다고 주장했다. 그러한 문제 해결 과정은 퍼스가 **총체적 연상***total association*이라고 부른 것에 의해 발생한다. 총체적 연상은 느낌을 통해 심적 관계를 형성하는 것으로, 자의적이고 창의적이고 또 우스꽝스러운 것일 수도 있지만, 또한 엄격한 분류 논리에 필적한다. 모든 거대 문제 해결자들 — 체스 선수에서 물리학자에 이르기까지 — 은 이러한 종류의 총체적 연상을 이용하는 데서 대가들이다. 우리가 우리 문화에 존재하는 일반적인 유의미한 원리들을 특별하고 독특한 상황에 적용할 수 있게 해주는 것도 바로 이것이다. 듀이가 기술했듯이, 우리는 우리의 마음속에서 장기간에 걸쳐 복잡한 논리적 계산을 하지 않고서도 그러한 상황에 무엇을 창조적으로 적용할 수 있는지를 **느낄** 수 있기 때문이다. 우리는 그 사례에 적용할 수 있는 광범한 일련의 문화적 의미들로부터 우리가 그 사례에 적절하다고 **느끼는** 것을 취하거나, 퍼스가 제시한 가추적 방식으로 이미 우리가 알고 있는 것의 일부를 창조적으로 개작한다. 실제로 고도로 논리적인 문제 해결 상황에서도 이러한 종류의 총체적 연상이 상상, 느낌, 직관을 통해 개입한다. 언젠가 알베르트 아인슈타인*Albert Einstein*이 막스 베르트하이머*Max Wertheimer*에게 말했듯이, 그는 이미지, 느낌 그리고 심지어는 음악 구조를 가지고 생각했지 결코 논리적 상징이나 수학 방정식을 가지고 생각하지 않았다

(Wertheimer, 1959).

따라서 이러한 추상적 수준에서조차 합리적 사고는 지적 이성뿐만 아니라 감정적 이성을 가짐이 틀림없다. 그렇지 않으면 솔직히 그것은 작동할 수 없다. 총제적 연상이라는 신속한 방법 없이는 '순전히' 논리적인 판단을 하기 위해 우리가 (컴퓨터식 사고 모델이나 인공지능 모델에서처럼) 우리에게 노출된 또는 우리가 잠재적으로 접근할 수 있는 모든 자료를 합리적으로 선별하고 분류하는 것은 번잡하고 막대한 시간이 소요될 것이다. 인간은 그러한 방식으로 생각하고 느끼지 않는다. 우리는 추리와 가추를 이용하여 총체적 연상을 실행하면서 느낌과 상상을 이용하여 판단하고 결정한다. 내가 몇 년 전 동료들과 수행한 한 연구에서 우리가 관찰한 것도 바로 이것이었다. 그 연구에서 우리는 분주한 병동에서, 특히 생사가 달린 상황에서 환자 치료에 대해 신속하게 결정을 해야만 하는 응급실 간호사들이 어떻게 의사 결정을 하는지를 관찰했다. 간호사들은 환자의 '증세를' 그의 몸에 근거하여 그리고 그 상황에서 환자가 드러내는 전반적 표정으로부터 간호학 문헌에 자주 직관으로 묘사되어 있는 것을 이용하여 '해독'하곤 했다. 그들은 실제로 간호사로서의 경험과 교육에서 비롯한 총체적 연상과 그것이 그들로 하여금 특정 상황에서 특정 환자에 대해 느끼게 하는 방식을 이용하고 있었다(Burkitt et al., 2001). 환자 치료와 관련하여 신속한 결정이 내려질 수 있었던 것은 바로 간호사들이 총체적 연상에 기초했기 때문이었다.

게다가 듀이가 제시한 것처럼, 우리는 대체로 성찰적 숙고 양식보다는 습관적 성향을 통해 생각하고 느낀다. 그리고 우리는 우리가 어떤 문제에 부딪치기 전까지 그렇게 한다. 그러한 습관이 유용하게 기능할 때 그것은 보통 잠재의식적이고, 우리는 그것에 대해 성찰하거나 어쩌면 심지어 고려하지도 않지만, 그것은 우리가 처한 상황에서 다양한 선택지를 즉각적으로 선택하고 거부하는 것의 토대를 이루고 있다. 달리 말해, 습관은 우리의 후면 느낌과 명시적 행위의 잠재의식 층위를 형성한다. 이러한 전前의식적 습관 및 느낌과 나란히 무의식의 영역 또한 존재한다. 듀이에게서 이 무의식의 영역은 무의식을 하나의 '내적 우주'로 바라보는 프로이트식 관념에서처럼 인간의 마음에 심적으로 주조되는 것이 아니라 오히려 명시화되지 않는 대상이나 상황에 숨어 있는 잠재력 속에서 발견된다. 따라서 겉으로 드러나 있는 어떤 상황이나 대상은 또한 "있을 수 있는 숨어 있는 결과에도 책임이 있다. 대부분의 겉으로 드러난 행위는 겉으로 드러나지 않은 요소들을 지니고 있다"(Dewey, 1929/1958: 21). 이것은 행위의 모든 결과가 예견될 수 없으며 상황의 모든 측면이 성찰과 결정의 과정에 의해 알려질 수 없다는 것을 의미한다. 그렇기에 인간의 모든 경험과 사려 깊은 성찰은 알려지지 않고 성찰되지 않은 것에 기초하여 일어난다. 듀이는 어째서 철학이 경험과 생각의 이러한 토대 — 무의식과 잠재의식, 성찰되지 않은 저급한 범역의 상상력과 몽상적 이미지 — 를 (실제로는 그것이 의식적 성찰을 통해 주목할 만한 계기일 때조차) 병리적이고 설명을 필요로 하는 것으로 간주하는 경향이 있는지에 대해 말한다. 게다가 의식적 성찰은 잠재의식이나 무의식과 다른 어떤 것이 아니라, 어떤 문제가 발생하고 그것을 성찰의 대상으로 삼을 때 잠재의식이나 무의식 속에서 출현한다. 그런 까닭에 '추론하는' 사람은 그들의 추리, 느낌, 상상적 가추를 단어와 의미로 명시적으로 표현하는 사람이다. 마찬가지로 꿈속에서의 삶dream-life은 성찰적인 깨어 있을 때의 삶waking-life의 대상과 분리되어 있는 것이 아니라 그 대상을 꿈의 재료로 취하고 있다. 그리고 그 꿈은 그 대상에서 분명하게 드러나 있는 것보다는 보통 여전히 드러나지 않고 남아 있는 잔여물들로 가득 차 있다. 이것은 우리가 상상적인 것*the imaginative*과 가상적인 것*the imaginary*을 오인하지 말아야 한다는 것을 의미한다. 이 둘은 보통 비현실적이거나 허구적인 어떤 것을 의미하는 것으로 간주되지만, 오히려 상상은 실재하는 것과 긴밀하게 연관되어 있으며, 그것에 대한 우리의 인식을 보충하고 심화한다.

깨어 있을 때의 삶에는 의사소통과 생각의 교환을 가능하게 하는, 당연한 것으로 간주되는 의미가 존재한다. 그리고 그 의미가 더 이상 작동하지 않을 경우 외에는, 그리고 사람들이 그 의미를 서로 오해하지 않는 한, 그것의 배경들을 분명하게 밝혀야 할 아무런 이유도 없다. 하지만 상호작용이 지속될 수 있기 위해서는 암묵적인 것이 관련자들 사이에서 분명하게 드러나야만 하고, 가능하다면 그 의미가 재구성되어야만 한다. 이 과정에서 무의식적인 것이 다시 한 번 더 의식의 지평 아래로 돌아가기 전에 분명하게 표현되어 의식되어야만 한다. 그러므로 모든 사고 속에서는 성찰적인 것과 비성찰적인 것, 의식적인 것과 무의식적인 것이 항상 상호작용한다. 왜냐하면 명시적 사고와 성찰적 행위는 항상 암묵적인 것과 습관적인 것의 영역 내에서 일어나기 때문이다. 이것이 바로 슈스터만(Shusterman, 2008)이 특히 듀이를 따라 '신체미학적 의식*somaesthetic consciousness*'이라고 지칭한 것이다. 신체미학적 의식은 자신의 몸의 감각을 경험하는 자아의 성찰적 의식이다. 성찰성은 우리의 습관에 대한 우리의 통제력을 증가시키고 자아의 활용을 향상시키며, 그리하여 우리의 몸, 느낌, 습관적 행위에 더욱 유념하게 하고, 따라서 우리는 그것들을 의식하고 또 변화시킬 수 있다. 하지만 이것은 극히 어렵고, 성찰과 의지력만을 가지고 할 수 있는 어떤 것이 아니다. 성찰은 명상(앉기, 숨쉬기, 몸과 마음에 집중하기의 관행)과 같은 신체 기법의 실행을 통해, 듀이의 경우에는 알

렉산더 기법*Alexander Technique*(몸짓과 자세를 교정하기 위해 습관적 몸짓과 자세를 금지하는 것)을 통해, 또는 슈스터만의 경우에는 몸의 이완과 유연성을 촉진하는 펠든크라이스*Feldenkrais* 방법의 실행을 통해 분명 강화될 수 있을 것이다. 이 모든 기법은 얼마간 몸과 마음, 습관과 성찰, 느낌과 생각 간의 관계를 강화하고, 그것들이 더 잘 통합될 수 있는 관행들을 만들어낸다. 하지만 바흐친이 보여주듯이, 다른 것들도 역시 우리의 습관적 행동과 자세를 저지하고 억제하고 바꾸어놓을 수 있다. 이에 대한 이해는 때때로 개인의 성찰적 내성內省에 초점을 맞추는 미국 실용주의가 놓치고 있는 것이기도 하다(Emerson, 1993).

나는 이 장에서 나중에 습관의 문제로 다시 돌아갈 것이다. 하지만 다음 절에서 나는 성찰의 본성에 초점을 맞추어서, 습관이 자아의 심적 표상을 구축한다는 의미에서 하나의 인지적 현상이 아니라, (자아가 다른 사람들과 상호작용하는) 끝나지 않는 복잡한 사회적 관계 내에서 형성되고 변화되는 대화적·다성적 창조물이라고 주장할 것이다. 내가 제1장에서 말했듯이, 자아와 감정은 고정된 방식으로 그리고 기계적인 인과적 방식으로 상호작용하는 실체로 간주될 수 있는 것이 아니다. 그보다는 자아와 감정은 그것들의 유동적이고 계속 진행되는 사회적 관계의 산물이다. 더나아가 자아와 감정은 상호작용하는 사람들 간의 대화 속에서뿐만 아니라 우리가 우리 자신의 자아와 갖는 대화관계 속에서 형성된다. 그러한 대화관계 속에서 잘못된 의사소통과 오해가 발생할 수도 있다. 우리 자신의 자아와의 대화는 또한 특정한 상황에서 과거의 사회와 문화형태들 내에서 지니게 된 이데올로기와 일반화된 입장을 성찰하고 굴절시킬 수도 있다.

성찰과 대화적 자아

듀이와 나란히 다른 실용주의적 사상가들도 성찰적 사고의 본질은 정보 처리와 관련되어 있다는 의미에서 순전히 인지적인 것이 아니라, 우리가 어떤 행위가 갖는 문제에 대해 성찰할 때 그리고 우리가 의미 있는 행위를 재구성할 필요가 있을 때 우리가 상호작용하는 다른 사람들과 대화를 한다는 점에서 그리고 또한 우리가 우리 자신의 자아와 대화한다는 점에서 실제로 **대화적**이라고 강조한다. 우리는 이러한 능력을 우리가 다른 사람들과 나누는 사회적 대화에 기초하여 발전시킨다. 이것은 깊이 들여다보면 성찰적 사고가 관계적이고 감정적이라는 것을 의미한다. 모든 실용주의 사상가들, 특히 윌리엄 제임스, 찰스 쿨리, 조지 미드는 다른 사람들과의 사회적 관계와 대화 없이는 개인들은 어떠한 자아의식도 가질 수 없다는 점을 강조했다. 미드가 볼 때(Mead, 1913/1964; Reck, 1964), 우리가 성찰적 방식으로 사고할 때, 우리는 다른 사람들의 조직화된 태도와 관점을 가지고 대화하거나, 우리의 과거 활동과 생활 경험에 의해 조직화된 우리 자신의 자아 이미지를 가지고 대화한다. 따라서 내가 여기서 앞으로 '성찰적 대화*reflective dialogue*'라고 부르는 것은 우리가 다른 사람들과 어떤 문제에 대해 충분히 이야기를 나누는 것과 동일한 방식으로 어떤 문제를 꼼꼼히 생각하기 위해 말 또는 단어의 의미로 우리 자신과 무언으로 대화하는 과정을 말한다. 미드의 표현으로, 우리가 그렇게 할 때 우리의 자아의 일부는 말하는 사람 또는 생각하는 사람의 역할을 취한다. 그는 이것을 '주격 나'라고 부르며, 이것은 결코 완전히 성찰적으로 응시되지 않는다. 반면 우리의 자아의 다른 일부는 말을 듣고 인지되는 (따라서 어떤 이미지를 갖는) 사람의 역할을 취하며, 그는 이것을 '목적격 나*me*'라고 부른

다. 그러나 '목적격 나'는 '주격 나'가 반응하는 다른 사람들의 일단의 조직화된 태도로 구성된다. 행위가 일어나는 사회적 상황에서 사회적으로 조직화된 일단의 태도로서의 '목적격 나'가 특정 반응을 요구하지만, 우리가 '주격 나'로서 반응하는 방식은 미리 단언할 수 없다(Mead, 1934). 그 이유는 우리가 우리 자신의 과거 생활 경험에 의거하여 또는 (우리가 상상적으로 반응하는) 현재 상황의 독특한 요구나 드라마에 의거하여 충동적으로 행동할 수도 있기 때문이다. 상황이 종료된 이후 우리가 그 상황에 있던 우리의 자아를 성찰할 때, 우리는 '주격 나'와 우리의 충동적 반응을, 그리고 '목적격 나'와 우리의 자아 이미지 ─ 그러한 반응은 다른 사람들의 시선 속에서 만들어졌을 수도 있다 ─ 를 결부시킨다. 하지만 자아는 항상 성찰 속에서 합쳐진 '주격 나'와 '목적격 나' 모두의 혼합물이다.

이것이 우리가 성찰할 때 발생하는 것이다. 물론 뇌가 성찰에 중심적으로 관여하지만 자아 내에는 어떤 절대적인 역할 구분 ─ 뇌가 생성하는 영화를 보는 것이 자신의 일인 극미인이나 작은 인간 같은 ─ 도 존재하지 않는다. 오히려 자아는 시간적인 사회적 구성물이다. 이는 이 순간에 있는 '나'라는 사람이 한 순간 전에 (또는 경우에 따라서는 더 오래전에) 나였던 사람을 되돌아보고 약간 다른 역할 ─ 화자 대신에 청자의 역할, 즉 생각하는 사람이나 느끼는 사람 대신에 생각하거나 느낀 것을 성찰하는 사람의 역할 ─ 을 취하는 문제이다. 하지만 그다음 순간에 이 동일한 자아는 또 다른 역할을 취하여 다시 당면한 순간을 경험하며, 자아나 타자들에 대해 생각하고 느끼고 반응한다. 이러한 점에서 우리가 생각하고 느끼는 것은 제임스가 지적했던 것처럼 단지 '의식의 흐름'의 문제만이 아니라 또한 우리가 다른 사람들과 상호작용할 때 진행되는 '경험의 흐름'의 문제이기도 하다. 자아는 그러한 경험의 순간들을 겪으면서 항상 미묘하게 변화한다. 즉,

자아는 항상 통합하고 분할하고, 이야기하고 듣고, 느끼고 또 다른 사람들의 느낌에 공감하고, 생각하고 상상하고, 그런 다음 그러한 생각과 느낌에 대해 사고한다(성찰한다). 동일한 자아가 시간의 흐름에 따라 그리고 자신과 다른 사람들과 상호작용하면서 서로 다른 순간에 그러한 것 모두를 수행한다. 자아는 다른 사람들의 세계에 존재하고 그런 다음 (그리고 오직 그런 다음에만) 자신에게 존재한다. 뇌 안에 뇌 - 몸과는 연결되어 있지만 몸이 자리하고 있는 사회세계와는 연결되어 있지 않은 - 가 생성한 영화를 보는 작은 사람은 전혀 존재하지 않는다.

게다가 우리가 합리성 또는 이성으로 이해하는 것은 이 성찰적 대화에 필수적이다. 특히 그것은 우리가 우리 자신을 다른 사람이 우리를 보는 것처럼 바라보는, 즉 마치 우리가 다른 사람의 관점에서 우리 자신을 보는 것처럼 바라보는 능력에 필수적이다. 이는 고도로 조직화된 또는 복잡한 사회에서 우리가 미드가 '일반화된 타자generalised other'라고 부른 것의 관점 또는 우리가 일반적인 입장 내지 견해로 취하는 특정 집단의 관점을 취할 수 있다는 것을 의미한다. 사실 우리가 합리적 생각이라고 부르는 것은 실제로는 비개인적인impersonal 생각, 다시 말해 어떤 특정한 개인의 생각이나 느낌하고만 결부되어 있지 않은 생각이다. 그것은 특정한 어느 누구에게만 속하지 않는, 그리고 그보다는 특정한 문화나 지역에서 사람들의 생각을 논리적으로 규율하는 특정한 규칙을 따르는, 하나의 일반적 사고의 기준이다. 하지만 우리가 우리의 사고 속에서 일반화된 타자의 관점으로부터 택한 비개인적 태도는 우리가 의식의 흐름과 행위 속에서 취할 수 있는 여러 관점, 역할, 계기의 하나일 뿐이다. 그것은 우리의 대화적 사고의 과정에서 취할 수 있는 자세나 목소리의 하나일 뿐이다. 미드가 말했듯이,

우리의 생각은 하나의 내적 대화로, 우리는 그 속에서 우리 곁에 있는 특정한 아는 사람들의 역할을 취득하기도 하지만, 보통은 내가 '일반화된 타자'라고 칭해온 것과 대화하고, 그것을 통해 추상적 사고의 수준, 그러니까 비개인성, 다시 말해 우리가 소중히 여기는 이른바 객관성을 획득한다 (Mead, 1924/1964: 288).

비록 내가 미드가 여기서 말하고 있는 것을 지지하기는 하지만, 나는 우리가 '보통은' 일반화된 타자와 대화한다는, 지나가는 길에 하는 논평에는 의구심을 가진다. 왜냐하면 우리의 생각은 자주 우리가 알고 있는 타자들과의 대화에 사로잡히기 때문이다. 다른 곳에서 나는 자아 내의 타자임*otherness within the self*이 갖는 중요성을 주장하며, 아주 어린 시절부터 우리의 자아의식은 다른 사람들의 목소리 — 그것 나름의 자율성을 가지고 원치 않고 예기치 못하고 의도치 않은 의외의 방식으로 우리의 자의식과 다른 사람들에 대한 우리의 반응에 끼어드는 — 와 뒤얽혀 있다고 말한 바 있다 (Burkitt, 2010a). 우리와 성찰적 대화를 하는 (즉, 우리의 의식을 틀 짓고 우리의 행위를 준비하는) 모든 목소리가 '주격 나'의 위치를 가지는 것은 아니다. 왜냐하면 '목적격 나'의 의식은 그것 속에 들어온 타자성을 지니고 있고, 우리의 성찰적 대화 속에서의 목소리 — '주격 나'가 반응하는 — 중 많은 것이 그들 나름의 음성적 자율성을 갖는 '타자'의 위치를 지니기 때문이다.

우리는 의식의 흐름 내에서 이러한 대화적 의식을 통해 주격 나, 목적격 나, 우리, 너, 그들과 같은 다양한 입장과 관점에서 성찰한다. 그리고 우리는 그중 일부 입장에서 생각하고 또 그것에 동감하는 동시에 다른 입장에는 반대한다. 그렇기에 이러한 대화적 의식은 다양한 정도로 감정적이다. 실제로 쿨리가 지적했듯이(Cooley, 1922/1983), '주격 나'는 언어적 표지(대화 속의 특정한 위치를 의미하는 인칭대명사) 또는 오직 성찰 속에서만 출현하는 자아의 한 측면일 뿐만 아니라, 또한 깊이 느낀 하나의 실체이기도 하다. 자아 형성에서 중요한 것이 바로 자아권력self power 느낌이다. 우리가 지각하고 생각하고 말할 때마다 이 자아권력 느낌이 '주격 나'라는 용어에 **감정적 의도**emotional animus를 부여한다. '주격 나'의 **의식**은 배후에 '나의-느낌'이라는 감정적 힘을 가지고 있다. 그리고 만약 이것이 사실이 아니라면, '주격 나'는 어떠한 삶과 느낌도 결여한 순전히 언어적 표현일 것이다. '주격 나', '목적격 나', '나의 것'과 같은 표현을 완전히 익힌 아이들이 종종 그러한 표현들을 (이를테면 "그 장난감 **내 거야**that toy is mine"라는 뜻의 말을) 지나칠 정도로 감정을 실어서 사용함으로써 그 행동 속에 포함된 **감정적 의도**를 분명하게 드러내는 방식은 '주격 나'가 갖는 감정적 힘을 보여주는 사례의 하나이다. 또한 지각이나 생각에 '주격 나' 또는 '나의 것'이라는 이름을 붙여 그러한 것들에 감정적 힘을 싣기도 한다. 이는 생애 내내 모든 종류의 형태들에서 나타나는데, 아마도 우리가 다른 사람들과 비교하여 그리고 그들에 반대하여 **'내가 생각하는'** 것을 분명하게 주장하는 열띤 논쟁 속에서 가장 분명하게 드러날 것이다. 자아권력에서 생겨나는 이러한 감정적 의도는 우리가 개인적인 주체적 행위능력과 의지력을 인식하는 원천이고, 또한 주체적 사고능력에서 중심적인 감정이다. 왜냐하면 우리는 특정한 생각을 '나의 것'이라고 주장하지만, 그러한 생각들을 발전시키기 위해 다른 사람들과 함께 작업할 수도 있기 때문이다.

지각의 측면에서 보면, 아동 발달 과정을 통해 '나의-느낌'은 근육 감각, 시각 및 여타 감각과 통합되어, '본다I see', '듣는다I hear', '느낀다I feel'와 같은 표현들은 우리의 몸에 배이게 된다. 따라서 비록 자아의식이 몸과 동일한 것은 아니지만, 그것에 몸과 몸의 측면들이 끌어들여진다. 우리가 '주격 나'를 말할 때, 우리는 보통 그것을 의견, 주장, 지각, 다양한 종류의 느낌, 목적, 욕망과 연결시킨다. 그러나 '나의-느낌'은 권력과 연결되어 있다. 왜냐하면 그것은 동기로 작동하는 자아와 결합되어 있기 때문이다. '나의-느낌'은 주체적 행위능력을 지니며, 우리를 둘러싸고 있는 다른 사람과 세계에 영향을 미친다. 유아기에 어린아이들이 자아-느낌과 관련시켰던 최초의 생각은 그들 자신의 손발이나 장난감과 같은 대상을 통제하고자 하는 시도이다. 그다음에 아이들은 자신과 가까운 사람들, 특히 돌보는 사람의 행위를 통제하고자 시도하고, 그럼으로써 권력의 범위가 확장되고 그것이 복잡한 일단의 성숙한 야망을 만들어낼 때까지 점차 분화한다. 하지만 어린 시절에 이러한 종류의 행위는 아이가 언어를 배우기 시작할 때 결국은 일인칭 대명사 '나/'와 연결된다. 하지만 그것은 또한 여전히 실제 행위와 연계되고, 따라서 아이들은 어른들이 자신들이 다양한 과제를 수행하는 것을 지켜보고 자신들의 성과를 칭찬하는 것을 좋아한다. 어린 시절에 나타나는 자아-느낌과 목적지향적 활동 ─ 우리가 주체적 행위능력이라고 부르는 ─ 간의 상관관계가 이를 입증한다.

하지만 다른 실용주의적 사상가들과는 달리 쿨리는 사회적 삶의 모든 것을 개인의 기본적 구성 요소로 다시 회부하는 형태의 개인주의를 제창하지 않는다. 실제로 언어 속에서 '주격 나'는 그것이 다른 인칭대명사 ─ '너', '우리', '그들' ─ 에 준거하여 취해지고 따라서 "우리가 '목적격 나', '나의 것', '나 자신'이라고 칭하는 것은 일반적 삶과 분리된 어떤 것이 아니라 그것의 가장 흥미로운 부분 ─ 즉, 일반적인 것이자 개인적인 것이라는 바로 그 사실로부터 관심이 유발된 것의 일부 ─ 일 때에만 어떤 의미를 지닌다(Cooley, 1922/1983: 181). 실제로 발전하고 분화하는 우리의 자아-느낌 전체의 성질은 다른 사람들이 우리에게 반응하는 방식과 우리가 그러한 반응이 지닌 것으로 **상상하는** 의미, 즉 쿨리가 '영상자아*looking-glass self*'라고 부른 것과 분리될 수 없다. 따라서 나의-느낌은 순전히 개인적 현상으로 발전하지 않는다. 왜냐하면 우리가 우리의 자아를 바라보고 느낀다고 상상하는 방식은 우리가 다른 사람들이 우리를 바라보고 우리에 대해 느끼는 방식과 분리될 수 없기 때문이다. 그런 까닭에 사람들이 우리에 대해 갖는 조직화된 사회적 태도는 우리의 **객관적인** 자아의식, 미드의 용어로 '목적격 나'의 일부일 뿐만 아니라 또한 '주격 나'의 의식, 즉 주관적 자아의식에서 근본적이다. 이것이 사실일 수밖에 없는 이유는 그것들이 성찰 속에서만 분리되는 자아의 측면들이기 때문이다. 존재론적으로 삶을 사는 평생 동안 그것들이 자아의 여러 측면들을 순환하고 합체하고 분리시킨다.

다른 사상가들은 약간 다른 방식으로 이러한 생각을 표현했다. 바흐친(Bakhtin, 1920~1923/1990)과 메를로퐁티(Merleau-Ponty, 1960/1964)가 볼 때, 인간 개인들은 홀로는 무력하며, 그들 자신의 개인적 가시 범위로는 그들 자신을 볼 수 없다. 유아와 어린아이들은 자신의 몸 그리고 내적인 신체감각의 느낌을 중심축으로 하여 자신을 둘러싸고 있는 세계를 지각한다. 그러나 그들은 자신이 다른 사람들에게 어떻게 보이는지를 상상할 수 있을 때까지는(또는 미드가 말하곤 했듯이 자신과 관련한 타자들의 역할을 취득할 수 있을 때까지는), 혼자서 자신 바깥에 서서 다른 사람들의 관점에서 스스로를 볼 수 있는 어떠한 방법도 가지고 있지 않다. 어린아이들은 다른 사람들이 자신을 바라보고 자신에게 행동하고 말하고 반응하는 방식과 관련해서뿐만 아니라 그러한 행위들을 통해 다른 사람들이 자신에 대해 어떻게 **느끼는**지를 전하는 방식 — 자신이 평가되고 판단되는 방식 —

에 의해서도 그들의 자아 이미지를 발전시키기 시작한다. 이러한 점에서 아이들의 행위와 생각은 사람과 사물에 다가가서 그것들을 자신의 것으로 만들고자 하는 시도를 통해 권력을 표현하는 것뿐만 아니라 또한 그들의 개인적 불완전성과 타인 의존성으로 인해 초래되는 취약성을 보여준다. 우리 모두는 우리 외부로부터 채워져서 완전한 것이 되어야 할 필요가 있기 때문에, 우리에 대한 다른 사람들의 견해와 평가에 열려 있다(그리고 우리의 나머지 삶 동안 여전히 얼마간 열려 있다). 이것 때문에 우리가 우리 자신에 대해 느끼는 방식 – 나의-느낌 – 은 결코 다른 사람들이 우리에 대해 느끼는 방식(그들의 행위, 표정, 제스처, 말, 목소리의 억양 속에서 표현되는) 또는 우리가 그들이 우리에 대해 느끼는 바를 **해석**하고 **상상**하는 방식과 분리될 수 없다.

바흐친(Bakhtin, 1963/1984)은 이러한 유형의 성찰적 의식 – 이를 통해 사람들은 다른 사람들의 의식이라는 거울 속에 비친 자신들을 상상한다 – 은 19세기 후반 이후 서구 세계에 살고 있는 사람들에게 독특하거나 적어도 그 시기에 부각되어 특히 도스토옙스키Dostoevsky의 소설들 속에서 포착된 것이라고 생각한다. 그러한 소설들에서 등장인물들은 자신의 자아 이미지가 자신에 대한 다른 사람들의 평가를 통해 다시 성찰될 때, 그리고 또한 자신에 대한 그러한 이미지, 평가, 판단이 그들 자신의 성찰적 대화 또는 바흐친이 '미시대화microdialogue'라고 부른 것 속에서 논쟁의 대상이 될 때 자신의 자아 이미지를 발견한다. 이러한 형태의 근대적 의식 속에서 우리에 대해 말하는 다른 사람들의 감정적·평가적 어조는 우리 자신에 대한 우리의 느낌과 우리의 행위에 스며들어, 우리의 자아-느낌을 감정적으로 조금씩 변화시킨다. 실제로 다른 사람들의 말은 원래 불분명했던 우리 자신의 감각에 형태를 부여한다. 그러한 감각에 이름을 부여함으로써 그러한 감각은 더욱 뚜렷한 그리고 다른 사람들과 소통할 수 있는 느낌으로 전환된다. 그러한 감각들은 또한 우리를 개인으로 규정하고, 우리로 하여금 우리의 자아와 관련된 어떤 것을 우리 자신에게 그리고 다른 사람들에게 하나의 독특한 실재로 느끼게 만든다. 이것은 성찰적 대화에서 중심을 이루게 된다. 따라서 이를테면 다른 사람이 그가 예쁘다거나 못생겼다는 말을 들은 어떤 사람은, "**다른 사람**이 나와 갖는 실제 관계 또는 내가 그와 맺고 싶은 관계를 표현하기 위해 내가 나 자신에 대해 다정하고 속삭이는 어조로 말할 수 있는 경우는 다른 사람과의 관계 속에서"뿐이라는 것을 발견한다(Bakhtin, 1920~1923/1990: 50)[바흐친은 아이의 엄마가 아기에게 사랑스러운 말을 하는 것을 예로 들며, 이렇게 기술하고 있다_옮긴이]. 그러므로 이러한 성찰적 대화는 우리와 다른 사람의 관계에 존재하는 또는 우리가 그러한 관계에 존재한다고 추측하거나 그러하기를 바라는 느낌과 감정을 그러한 대화를 통해 굴절시킨다.

하지만 다른 사람의 말이 즉각 우리를 언짢게 하거나 기분 좋게 하는 것은 아니다. 왜냐하면 우리가 또한 제3자의 평가를 고려할 수도 있고, 아니면 우리가 동일시하는 사회집단의 도덕 속에서 훨씬 더 객관적인 의견을 찾을 수도 있기 때문이다. 이러한 점에서 의식에 대한 바흐친의 대화적 이해는 우리가 의식 속에서 우리의 자아를 바라보는 서로 다른 관점들 ─ 일부는 개인적이지만 다른 것들은 보다 비개인적이다 ─ 과 대화할 수 있다고 본다는 점에서 미드의 생각과 매우 흡사하다. 우리는 보다 비개인적인 관점에서 우리 자신과 우리의 행위에 대한 보다 합리적, 도덕적 또는 일반화된 견해를 취할 수 있다. 이러한 입장이 바로 미드가 일반화된 타자라고 부른 것, 그리고 바흐친이 '초인supra-person' 또는 '초 주격 나 supra-I', 다시 말해 "**전인적** 인간whole human being의 증언과 판단"이라고 칭한 것일 것이다(Bakhtin, 1986: 137, 강조는 원저자). 이것은 만약 우리가 다른 상황에 있는 사람 – 우리가 편견을 가지고 있다고 생각할 수도 있는 – 이 내린 판단을 불공평한 것으로 여기거나 그것을 놓고 다툴 경우 우리가 우리를 전체적으로 바라보고 보다 공평한 판단을 하는 상급법원에 호소할 수 있음을 시사하는 것으로 보인다. 바흐친에 따르면,

나의 이름으로부터 시작하는 나와 관계된 모든 것은 다른 사람들(나의 어머니 등등)의 입을 통해 (감정과 가치가 실린 음조를 지닌) 그들의 억양과 함께 외부 세계에서 나의 의식으로 들어온다. 나는 처음에는 다른 사람들을 통해 나 자신을 깨닫는다. 나는 그들을 통해 나 자신에 대한 최초의 생각을 형성하기 위한 단어, 형식, 음조를 지각한다. 자기인식 속의 유치증의 요소들("엄마가 그런 …… 을 실제로 좋아할까")은 때때로 죽을 때까지 (자신의 자아, 자신의 몸, 얼굴, 아픈 과거에 대한 지각과 생각 속에) 남아 있다. 몸이 처음에 어머니의 자궁(몸)에서 형성되는 것처럼, 어떤 사람이 자각하는 의식은 다른 사람의 의식에 싸여 있다. 나중에서야 사람들은 중립적인 말과 범주에 포섭된다. 다시 말해, 그때서야 사람들은 **나와 다른 사람**과 무관하게 하나의 사람으로 규정된다(Bakhtin, 1986: 138, 강조는 원저자).

게다가 우리가 우리 자신에 대해 느끼는 방식은 다른 사람들의 말, 감정적 어조, 평가를 통해 어릴 적에 (때로는 전 생애 동안) 형성되기 시작한다. 여기서 어조는 특히 중요한데, 말을 하거나 이해할 수 있기 전에조차 그것이 마음에 새겨져서 우리 자신과 다른 사람들에 대한 느낌의 형태로 우리와 함께 머무르기 때문이다. 그러한 느낌은 단어의 글자 그대로의 의미

와 전혀 상응하지 않는 실체와 의미를 지니기도 한다. 퇴적된 관계와 대화 - 감정과 가치가 실린 다른 사람의 목소리의 음조 - 는 그것이 긍정적이든 부정적이든 간에 우리가 우리 자신과 나누는 대화는 물론이고 우리의 지각장에 스며들어 그것들을 구조화하고 채색한다(Burkitt, 2013). 그러한 퇴적물은 또한 다른 사람들에 의해 우리가 행동하는 방식 속에서뿐만 아니라 우리의 표정과 표현 전반 속에서 우리 존재의 심부로부터 발하는 일종의 아우라나 분위기로 감지될 수 있다. 그럼에도 불구하고 다른 사람들의 말과 억양은 우리는 누구인가 - 우리 자신의 자아 이미지와 자아-느낌 - 라는 측면에서 우리를 결코 완전히 규정하지 않는다. 왜냐하면 우리의 생애 내내 다른 사람들이 우리에 대해 다른 말들을 하여 우리를 재규정할 수도 있고, 아니면 우리가 우리 자신을 재규정하는 말과 행동을 할 수도 있기 때문이다(미드가 보여주었듯이, 우리는 우리의 자아에 대한 현재의 사회적 정의를 초월하는 방식으로 행동할 수 있다).

따라서 어린 시절부터 다른 사람의 말, 억양, 평가는 우리의 자아-느낌과 지각장에 긍정적 방식과 부정적 방식 모두로 영향을 미친다. 언젠가 우리는 우리 자신의 목소리와 가까운 것으로 보이는 말하기 방식을 발견한다. 하지만 그것은 다른 사람들의 말과 우리가 그들과 맺는 감정적 관계로부터 결코 완전히 분리될 수 없다. 그리고 우리 자신의 목소리와 자아에 대한 상대적으로 안정적인 관점은 오직 서서히 그리고 불확실하게 형성된다. 이 과정은 어려움으로 가득할 수도 있다. 왜냐하면 바흐친이 보여주었듯이, 우리는 제각각의 목소리를 가진, 그리고 우리 자신에 대해 서로 다른 견해를 가진 자아들로 분할될 수 있기 때문이다. 그 이유는 자아에 대한 우리의 의식이 다른 사람들의 의식을 배경으로 하여, 그리고 그들의 목소리 억양 속에서 우리가 그들의 의식으로 포착한 것으로부터 지각되기 때문이다. 그러한 다른 사람들의 의식은 자주 그 사회에서 보다 일반적으로 취하는 기본적인 이데올로기적 입장 — 우리에 대한 편견을 포함하기도 하는 — 을 드러낸다. 그리고 우리는 또한 '그들'이 말하고자 하는 것에 답변하는 식으로 그들의 의식과 대화할 수 있다. 바흐친이 볼 때, 이는 도스토옙스키 소설『가난한 사람들Poor Folk』에서 나타난다. 이 소설에서 한 가난한 남자는 어떤 사람이 대화 속에서 하는 말, 즉 시민의 가장 중요한 덕목은 돈을 버는 것이라는 말을 듣는다. 그 가난한 남자는 그 진술을 농담으로 인식하지만, 또한 그 배후에 자리하고 있는 도덕을 알고 있다. 좋은 시민은 다른 사람에게 짐이 되지 않아야 한다는 것 말이다. 그 가난한 남자는 자신과의 성찰적 대화 속에서 반론을 제기한다. "거참, 나는 누구에게도 짐이 되지 않아. 나의 빵 조각은 내가 고생해서 번 …… 나의 것이고 내가 그 빵 조각을 먹는 것은 정당하고 비난받을 일이 아니야"(Dostoevsky; Bakhtin, 1963/1984: 207에서 인용함). 그 가난한 남자의 빵 조각은 그가 복사를 담당하는 직원으로 일을 하여 번 것이다. 그리고 그는 '그들'이 그러한 직업을 갖는 것에 대해 뭐라고 말하는지를 알고 있다. 그들은 "내가 복사하는 것을 통해 하는 일이 별로 없다"고 말한다. 하지만 "복사하는 게 대체 뭐가 나쁜가? 그들은 '그는 한갓 복사하는 직원'이라고 말하지만, 그게 뭐가 수치스러운 일인가? …… 따라서 나는 이제 내가 없어서는 안 될 사람이고 허튼소리 하는 사람을 못살게 해봤자 아무 소용없다고 생각한다"(Dostoevsky; Bakhtin, 1963/1984: 207에서 인용함).

바흐친이 앞의 발췌문에서 지적하듯이, 그 가난한 남자는 자신과 성찰적 대화를 하면서 다른 사람들의 비난적 어조를 논쟁적으로 과장한다. 그리고 그러한 어조가 한층 더 심해짐에 따라 그 자신의 방어적인 대항 어조도 심해진다. 실제로 그 미시대화의 말미에서는 대항 어조가 너무 격해져서 그 가난한 남자의 어조는 거창해지고 거의 절대적인 힘을 가진다 ("나는 이제 내가 없어서는 안 될 사람이라고 생각한다"). 나는 이와 관련하여 두 가지를 지적하고자 한다. 첫째, 이 대화에서 감정적 의도가 대화 그 자체에 의해 비난과 자기변호의 태도로 윤색되어 있다. 그 가난한 남자는 사회적 상급자들이 자신을 깔보고 있으며 자신이 하는 일이 하찮은 것으로 인식되고 있다는 것을 알고 있다. 더 나아가 빈민들은 지배적인 이데올로기적 입장에서 자신을 재정적으로 부양하지 못한다는 이유로 자주 도덕적으로 비난받는다. 이것은 그 가난한 남자로 하여금 굴욕감과 수치심을 느끼게 한다. 그러나 그다음에 그는 자신의 목소리로 자기주장을 하고, 그러한 비판가들에게 자부심이 실린 어조로 자신이 전혀 수치심을 가지고 있지 않으며 실제로 수치스러워할 필요도 전혀 없다고, 그리고 비록 임금이 변변찮기는 하지만 자신의 양식을 스스로 벌고 자신을 부양하며 생계를 스스로 꾸려간다고 반론을 제기한다. 그는 자부심으로 가득 차고 으쓱대는 경지에 이르러서 심지어는 그가 없어서는 안 될 사람이라고 확신하기조차 한다. 이것은 나의 두 번째 논점으로 이어진다. 그것은 바로 사회에서 일반화되어 있는 어조의 이데올로기적 입장 — 이를테면 빈자와 하층계급에 대한 태도 — 이 이 성찰적 대화의 배경을 이루고는 있지만, 실제로는 그 미시대화는 실제 대화에서 어떤 사람이 지나가는 말로 한 이야기에 의해 갑자기 촉발되었으며, 그 가난한 사람이 그의 생애에서 수차례 들었을 의견과 감상을 표현하는 특정 사람들의 어조와 목소리로 가득 차 있다는 것이다. 그의 지각장은 도덕적, 감정적으로 그를 평가하는, 즉 그를 열등한 지위에 위치시키는 목소리와 억양에 영향을 받지만, 그 가난한 남자는 반대 입장에서 취할 수 있는 자신의 방어 수단을 가지고 있다. 그는 자신을 보다 가치 있고 심지어는 없어서는 안 되는 사람으로 느끼게 할 수 있는 말들로 그를 옹호할 수 있다.

나는 제1장에서 기차에서 자신을 깔보는 것으로 느낀 한 여자에게 폭력 행동을 한 젊은 남자의 예를 통해 유사한 상황을 지적한 바 있다. 그 남자는 상황을 자세히 이야기하고 자신의 성찰적 대화를 얼마간 드러내 보이며, 자신이 그 여자가 잘난 체하는 거만한 사람처럼 행동하며 자신을 모욕하고 있다고 느꼈다고 말했다. 그러한 지각에 대한 그의 앙갚음은 그가 보기에 그의 지위를 회복하는 폭력 행동이었다.

이런 식으로 개인들의 말의 억양과 몸짓은 그들의 감정적-평가적 입장을 통해 삶에 이데올로기적 기호를 끌고 들어오는 역할을 한다. 그리고 그것들은 우리의 지각장에 스며들어 그것에 영향을 미친다. 내가 제3장에서 지적했듯이, 바흐친이 볼 때 언어는 단어가 말 속에서 발언되지 않는 한 감정을 지니고 있지 않다. 발언의 순간에 단어는 억양과 융합된다. 그 억양은 **느낌** ─ 목소리 억양의 변화와 여타의 몸짓과 얼굴 표정에 의해 몸을 통해 표현될 수도 있는, 사람, 대상, 상황 또는 생각에 대한 평가 ─ 을 담고 있다. 사회적 대화와 성찰적 대화 모두에서 사람들이 자신의 살아 있는 관계들에 육체화된 억양과 성향을 끌어들임으로써 언어에 생명을 불어넣은 것은 바로 자아와 타자 간의 감정적-평가적 대화이다. 실제로 그러한 억양과 성향은 그 자체로 우리의 지각장과 육체화된 세계의식을 표현한다. 하지만 그러한 목소리와 이데올로기적 입장의 일부는 감추어져 있을 수 있고, 따라서 우리는 일상의 말 속에서 그것들을 반드시 의식하는 것은 아니다. 바흐친이 가난한 남자의 미시대화와 관련하여 말하듯이, 그의 "자아 확인은 그 자신을 주체로 하여 어떤 다른 사람과 계속하는, 숨어 있는 논쟁 또는 숨어 있는 대화처럼 들린다"(Bakhtin, 1963/1984: 207). 그런 까닭에 우리가 우리 자신을 확인하면서, 처음에 우리 자신을 확인할 필요가 있는 지위에 위치시켰던 의심의 목소리, 불확실성 또는 심지어 수치심을 항상 인정하는 것은 아니다. 내가 다른 곳에서 지적한 바 있듯이, 그것은 우리로 하여금 분할된 자아와 대화적 무의식에 대해 생각하도록 이끌 수 있다. 여기서 대화적 무의식은 우리의 행위와 말을 **구조화**하는, 숨어 있는 또는 의식하지 못하는 목소리라는 의미이다. 따라서 비록 우리의 말과 행위의 **내용**을 채우는 것이 확인과 자부심이기는 하지만, 취약성 또는 자아에 대한 의심은 우리로 하여금 우리 자신을 확인하게 하는 구조이다 (Burkitt, 2010a, 2010b). 이것은 또한 무의식은 상황이나 대화 속에서 드러나지 않는 것 ― 분명하게 드러나 있는 것과 대비되는 것으로의 ― 이라는 듀이의 생각과 일치한다. 따라서 외부에서 바라보는 타자들은 자부심이 강한 사람의 자기확인 배후에 자리하고 있는 모욕감을 포착하거나 직관적으로 파악하지 못할 수도 있다. 그러한 감정적 성향은 사회적·성찰적 대화의 복잡한 음조의 산물이고, 이것이 개인에게 다성적이고 종종 상충하거나 분화된, 육체화된 지각장을 낳는다.

감정, 평가 그리고 아비투스

이 지점에서 나는 피에르 부르디외의 연구를 잠시 검토하고자 한다. 그 또한 가치의 심미적 평가 및 지각 ― 느낌과 감정을 낳는 ― 과 그것들이 사회계급과 연결되는 방식 ― 앞서 예로 든 가난한 남자가 그의 사회적 지위에서 기인하는 낮은 가치를 지각하고 있던 것과 관련되어 있는 ― 에 대해 많은 이야기를 했다. 하지만 부르디외가 볼 때, 사회적 가치의 평가는 하나의 성찰적 행위가 아니라 아비투스를 통해 발생하는 것이다. 아비투스는 몸을 사회적 공간에 위치시키는, 그리고 "심미적 가치를 식별하는 능력"과 관련하여 취향을 형성하는 구조를 구조화하는 역할을 하는 일련의 신체적 성향을 말한다. 이러한 신체적 성향을 통해 사회적인 것은 사회화 과정에 의해 제2의 천성이 된다. 사람들은 이 사회화 과정을 통해 문화적 아비투스 속에서 성장한다. 문화적 아비투스는 관행적 지각 범주들을 사람들에게 서서히 주입한다. 그러한 지각 범주들은 신체적 선택과 행위의 토대를 형성하고, 그리하여 "근육 패턴과 자동적인 신체적 행동으로 전환"된다(Bourdieu, 1979/1984: 474). 따라서 우리는 특정한 상황에서 (이를테면 슈퍼마켓에서 우리의 먹을거리를 선택할 때) 인지적으로 선택하는 것이 아니라 오히려 본능적인 취향과 비취향, 즉 좋고 싫음에 기초하여 관행적으로 선택한다. 그러나 집단의 매우 중요한 관심 사항은 그러한 취향 속에 착근되어, (특정 상품을 소비하는 것이 좋은 취향 또는 세련미를 보여주거나 아니면 천박하고 저속한 것으로 고려되는 취향을 보여주는 것처럼) 문화적 자본을 창출한다. 사회적 자본은 또한 우리가 사회적 상황에 들어갈 때 신체적으로 표현되기도 한다. 이를테면 보다 높은 수준의 자본을 가진 사람들은 여유 있고 품위 있게 무대에 등장하여 자신감과 자기확신감을 뽐내는 매너, 행동거지, 제스처를 보여준다. 사회적 무대에서 몸은 '기억을 되살아나게 해주는 물건memory jogger'과 같다. 몸은 ……

…… 제스처, 자세, 말 ─ 단순한 감탄사나 즐겨 쓰는 진부한 표현 ─ 의 복합체[로 구성된다]. 신체의 모사 행동이 갖는 환기력에 의해 기성의 느낌과 경험의 세계를 일깨우기 위해서는 몸은 무대의상처럼 그것들을 재빨리 걸쳐야만 한다(Bourdieu, 1979/1984: 474).

이러한 부르디외의 주장은 (사회화가 제스처, 자세, 습관, 말의 복합체로 언급 되다는 점에서) 내가 여기서 주장하는 것과 같은 것처럼 들리지만, 이는 엄밀히 말하면 사실이 아니다. 오히려 나는 몸이 근육 패턴 속에 만들어 진 기성의 느낌과 경험을 가지고 상황에 들어가는 것만 아니라, 몸은 또 한 의미를 (단순히 경험하기보다는) **형성하는** 데에도 필수적이라고 주장하 고 있는 중이다. 따라서 만약 우리가 듀이(Dewey, 1922/1983)의 습관에 관한 생각을 따를 경우 제스처, 자세, 습관 등은 단지 산업사회에서 발견 되는 최악의 반복적 노동형태 속에서 판에 박힌 행위들을 기계적으로 재 생산할 뿐이다(그러한 기계적 반복은 그것에 예속된 사람들을 소외시키고 그 들의 영혼을 파괴한다). 보다 자유롭고 개방적인 사회적 조건하에서 습관 은 우리에게 행위를 준비시키고 우리의 모든 행위의 배후에서 실제적인 '의지'로 작동하지만, 일단 유동적이고 열려 있는 상황에 처하자마자 신 체 습관은 그 상황에서 전개되는 관계유형 ─ 습관 역시 그러한 관계의 일부 를 이룬다 ─ 을 현명하게 그리고 민감하게 따르며 그것에 반응한다. 그뿐 만 아니라 거기에는 습관에 대해 성찰하고 지적으로 통제할 가능성도 존 재한다. 듀이가 실행되기 어렵다는 것을 시인하기는 했지만, 그렇게 하는 것이 결코 불가능한 것은 아니다. 하지만 이는 몸이 결코 자동기계 ─ 미 리 결정된 일단의 코드에 따라 작동하는, 인간을 모방하여 움직이는 기계장치 ─ 가 아니라는 것을 예증한다. 그보다는 몸은 변화하는 환경에 부분적으로 는 습관을 통해 부분적으로는 성찰을 통해 스스로 현명하게 적용해야만 한다. 그러니까 몸은 비의식적인 것과 비성찰적인 것에서부터 반半의식 적인 것, 완전히 의식적인 것에까지 이르는 서로 다른 신체미학적 의식의 수준에서 작동한다. 부르디외(Bourdieu, 1980/1990)는 성찰성은 습관이 무너질 때 작동한다고 말한다. 그러나 이는 다시 한 번 더 말하지만 사람들은 다른 사람들의 행위와 말 속에서 문제, 금지, 놀람, 극적 사건과 마주치기 때문에 성찰성이 모든 상호작용의 흐름 속에 존재한다는 견해와는 다르다.

게다가 성찰적 의식은 내가 여기서 주장하듯이 다성적이다. 다시 말해, 그것은 서로 다른 말들뿐만 아니라 그 표현력이 풍부한 음조들로 이루어진다. 이 다성성 때문에 대용어*counter-word*[본뜻과는 동떨어져서 넓고 애매한 의미로 쓰이는 말_옮긴이], 정반대 의미, 또는 앞서의 가난한 남자의 사례에서처럼 자신의 자아에 대한 지배적인 평가에 대항하는 단어를 사용하여 자신을 표현하는 것이 항상 가능하다. 자기폄하 습관이나 수치스러워하는 습관은 특히 그러한 습관을 가진 개인이 하층계급이나 배제된 사람들의 가치를 증대시키기 위해 활동하는 사회운동의 지원을 받을 때 자부심이라는 느낌으로 되받아쳐질 수도 있다. 미드가 보여주었듯이, 그렇다면 거기에는 '충동들의 대화*dialogue of impulses*' — 생물학적 충동이 아니라 수치심과 자부심과 같은 느낌과 반응에 대해 사회적으로 형성된 충동이라는 의미에서 — 가 존재할 수 있다(Joas, 1980/1985). 교육을 받지 못해 (사회적 가치를 결여하고 있기 때문에) 소심하고 수줍음을 타는 사람들은 방에 스스로를 숨겨서 자신들이 드러나지 않게 할 수도 있고, 아니면 자신들의 수줍음의 원인이 특정 사회적 가치의 결여라는 것을 깨닫고 이를테면 교육을 받음으로써 그것을 개선하기 위해 노력할 수도 있다. 따라서 교육받지 못함에 **잠재하는** 아비투스와 사회적 가치는 개인들의 낮은 수준의 성찰적 의식에 여전히 머물러 있을 수도 있고(Burkitt, 2010b), 아니면 개인들이 성찰적 대화를 통해 그것을 보다 **분명하게 드러내어** 성찰적 또는 사회적 대화 속에서 논쟁을 벌이고 또 그것에 의거하여 행위 할 수도 있다. 이런 식으로 하나의 복합체 — 특정 상황 내의 관계들의 융합체, 즉 개인들 내의 그리고 개인들 간의 다성적 대화에 따라 그 시나리오 속에서 우리에게 행위를 준비하게 하는 우리의 신체적 습관 — 는 우리가 대응해야만 하는, 일련의 유동적인 그리고 잠재적으로 변화 가능한 상호연결관계interconnection를 수립한다. 따라서 한 복합체 내의 어떠한 변이, 불일치, 중단, 분리도 신체 습관을 방해하고 그것에 대해 성찰하게 한다. 바흐친이 대화와 관련하여 주장했듯이, 다른 사람에 대한 동정적인 반응은 그들의 습관을 방해할 것이고, 따라서 그들은 그 습관이 변화될 수 있다는 것 — 훌륭한 치료요법사가 변화시킬 수 있는 어떤 것이라는 것 — 을 의식하게 될 것이다(Emerson, 1991).

감정에 대해서도 부르디외는 "몸은 몸이 작동하는 것을 믿는다. 몸이 슬픔을 몸짓으로 표현하면 몸은 운다"라고 말한다(Bourdieu, 1980/1990: 73). 어떤 점에서 부르디외는 여기서 나와 유사한 노선을 따라 주장하고 있다. 그가 느낌과 감정을 인지적 표상이 아니라 과거를 재연하는 관행적 활동의 일부로 생각하고자 한다는 점에서 그렇다. 게다가 그는 쿨리가 말한 것처럼 느낌과 감정 속에 육체화되어 있는 가치는 대인관계에 의해 주입되는 것만이 아니라, 자본가들 간의 관계의 장 속에서도 그리고 그들이 설정하는 사회집단들 — 개인과 사회세계 사이에 끼어 있는 — 간의 경계선과 구별 짓기 속에서도 주입된다고 말한다. 자본가들 간의 관계의 장에 포함된 범주들은 개인의 가치 지각의 토대를 형성하고, 따라서 그들이 그들과 특별한 타자들과 맺는 관계가 아니라 그들 자신을 평가하는 방식을 틀 짓는다. 하지만 부르디외는 여기서 실수를 범한다. 즉 그는, 사회적 가치를 굴절시키고 어쩌면 어느 정도 편향시킬 수도 있는 특정한 다른 사람들에 의해 사회적 사회가 사람들에게 전달된다는 것을 이해하지 못했다. 이를테면 부모에 의해 사랑받고 높이 평가받는 한 하층계급 아이는 보다 광범한 사회에 의해 그에게 부여된 낮은 가치에 맞서는 어떤 방어물을 어쩌면 가지고 있을 수도 있다. 그 아이와 그의 부모들이 무엇을 느끼든 간에, 그 느낌은 단지 모방의 산물, 즉 신체적 존재의 모든 근육과 섬유질에 깊이 뿌리내린 흉내 내기의 산물만은 아니다. 느낌은 또한 성찰적 의식의 어조와 목소리에도, 그런 점에서 일정 수준의 신체미학적 인식 속에도 존재한다. 그리고 다른 대응 어조와 목소리가 그것을 시정하고 다른 목소리, 다른 어조, 다른 가치를 통해 반론을 제기할 수도 있다. 이것 없이는 부르디외의 상세한 감정 묘사는 감정에 대한 윌리엄 제임스 에세이를 가장 조야하게 독해하는 것만큼이나 일차원적인 행동주의적 묘사이다. 그렇기에 부르디외가 우리의 감각, 지각, 느낌, 감정에 내재하는 사회적 가치를 옳게 보여주기는 하지만, 그는 그것들을 신체의 산물 – 다시 말해, 자신의 습관(또는 아비투스)을 변화시키는 성찰적 의식이 지닌 힘을 갖지 않는 모방적 자동기계 – 로 전화시키는 잘못을 범한다. 성찰적 의식이 항상 신체 습관이 지닌 힘에 의해 일정 정도 제약받을 것이지만, 의식과 새로운 신체적 관행의 학습은 우리의 성향에 깊이 뿌리내린 기질을 일정 정도 변화시킬 수 있다.

자아, 성찰 그리고 감정

내가 지금까지 주장해온 것의 핵심은 자아와 세계에 대한 성찰은 감정 그리고 다른 사람과 자아에 대한 우리의 감정적 관계와 분리되지 않는다는 것이다. 우리가 우리 자신에 대해 성찰할 때, 우리는 다른 사람들의 말과 그들이 우리에게 표현하는 감정적-평가적 어조를 통해 성찰한다. 그러한 어조가 우리로 하여금 우리 자신과 관련한 어떤 것을 느끼게 한다. 그러나 그것은 다른 사람들이 우리에게 전달하는 정확한 느낌이 아닐 수도 있다. 따라서 우리에 대한 그들의 견해가 경멸적일 경우 우리가 자만심으로 가득 차서 거만하게 반응할 수도 있다. 하지만 그 비난하는 듯한 논평은 우리의 감정적 반응과 우리의 자아관에 여전히 암묵적으로 남아 있게 된다. 따라서 그러한 감정적-평가적 입장은 우리 자신, 다른 사람 그리고 우리를 둘러싸고 있는 세상에 대한 우리의 모든 지각에 스며들어, 우리의 자아-느낌 또는 나의-느낌 그리고 우리가 살고 있는 세상에 대해 우리가 느끼는 방식의 토대가 된다. 따라서 모든 성찰의 중심에는 그러한 감정적-평가적 어조 – 우리가 그것에 대해 더 이상 성찰하지 않을 때조차 우리에게 필수적이 된 그러한 것을 포함하여 – 가 자리하고 있다. 그러한 어조는 눈처럼 그 자체로 우리가 보는 것에서 중요한 역할을 하는 것은 아니지만, 우리가 세상을 보는 감정적 렌즈이다.

따라서 내가 성찰에 대해 말할 때, 내가 말하고자 하는 것은 기든스(Giddens, 1984, 1991)와 아처(Archer, 2000, 2003) 같은 사회학자들이 성찰성에 대해 이야기한 것과는 약간 다른 것이다. 기든스에게 성찰성은 근대 세계의 성찰적 제도reflexive institution들이 요구하는 부단한 행위를 모니터링하는 것을 말한다. 그에게 성찰적 제도는 자신들의 행위를 통해 그 제도를 계속해서 재생산하는 식견 있는 행위주체들을 요구하는 제도를 의미한다. 아처에게 성찰성(비록 자기성찰과 다른 어떤 것은 아니지만)은 사회 구조 속에서 우리 앞에 놓인 일련의 선택에 대해 부단하게 숙고하는 것을 말한다. 하지만 두 사상가에게 성찰성은 감정적인 것, 무의식적인 것, 습관적인 것과는 다른 어떤 것이다. 즉, 성찰성은 항상 선택을 필요로 하는 세계에서 이루어지는, 의식적이고 식견 있는 그리하여 합리주의적인 형태의 선택하기를 말한다(성찰성 개념에 대한 보다 상세한 논의로는 Burkitt,

2012를 보라). 기든스가 보기에 잠재적으로 불안정한 감정들은 무의식이 하나의 긴장관리체계로 작동하며 성찰성이 방해받지 않고 작동할 수 있도록 지반을 청소하고 또 편견보다는 지식에 근거하여 선택이 이루어지게 함으로써 저지된다. 아처에게 행위에 대한 숙고는 내적 대화에 기초하고, 그러한 성찰적 대화 작업의 일부는 우리의 관심사들을 조정하고 그것의 우선순위를 정하는 것이다. 우리가 그러한 관심사를 실행하여 우리 자신에 대해 좋게 느낄 때, 또는 그러한 관심사를 이행하지 못해 우리 자신과 우리가 행한 것에 대해 좋지 않게 느낄 때 우리는 감정을 경험한다. 하지만 감정은 이때, 쿨리의 나의-느낌에 대한 생각에서와는 달리, 성찰에서 중심을 차지하는 것으로 인식되지 않는다. 우리가 우리 자신에 대해 느끼는 방식은 우리가 우리가 하는 행위와 선택에 대해서뿐만 아니라 우리 자신에 대해 성찰하는 데서도 필수적이다. 이것은 성찰이 행위를 모니터링하고 선택을 숙고하는 것만이 아니라 또한 그것이 의미를 창조하고 해석하는 것과 관련되어 있다는 점에서 **미학적**이기도 하다는 것을 의미한다. 우리는 성찰을 통해 우리와 관련되어 있는 다른 사람들이 우리의 행위 또는 우리 자신에 부여한 감정적-평가적 의미를 해석하고자 하거나 우리 자신과 우리의 행위에 대한 우리 자신의 느낌을 해석하고자 한다.

덴진(Denzin, 1984)은 성찰적 사고와 비성찰적 사고의 관계와 함께 해석이 일어나는 방식을 퍼스의 1차성*firstness*, 2차성*secondness*, 3차성*thirdness* 관념과 관련하여 이론화한다. 1차성은 갑자기 우리를 사로잡지만 아직은 우리가 성찰하지 않는 경험의 흐름 또는 의식의 흐름 속에서 발생하는 느낌이나 생각을 (이미지 또는 단어의 의미와 관련하여) 자각하게 되는 것을 일컫는다. 2차성은 생각이나 느낌을 우리 자신의 의식의 일부로, 즉 **나의 것**으로 인식하는 것이다. 그리고 3차성은 자각(1차성)과 인식(2차성)을

"해석된 감정적 기억의 맥락에" 위치시키는 것으로(Denzin, 1984: 70), 그 느낌 또는 생각이 우리에게 **의미하는** 바를 우리가 성찰하고 해석한 것 — 이를테면 그것이 왜 유발되었고, 그것이 우리가 특정 상황이나 사건과 갖는 육체화된 관계에 대해 우리에게 무엇을 말해주는지 — 을 말한다. 성찰은 우리의 모든 경험, 생각 또는 느낌에 대해 모니터링하고 숙고하는, 모든 것을 꿰뚫어 보는 눈*all-seeing eye*처럼 우리의 경험 속에 상존하거나 지속하는 어떤 것이 아니다. 우리가 하나의 경험, 느낌 또는 생각에 빠져 있다가 나중에 그 경험을 관찰자로서 성찰하거나 과거의 경험에 비추어 그 의미를 해석하는 것처럼, 오히려 성찰은 우리가 하나의 양식에서 다른 양식으로 나아갈 때 일시적, 간헐적으로 발생한다. 그러나 이것은 모든 경험과 모든 의식의 흐름이 성찰적이고 투명하다는 것을 의미하지는 않는다.

이를테면 바르트(Barthes, 1977/1990)는 우리가 다른 사람에 대해 느끼는 사랑이 어떻게 우리가 '이미지 레퍼토리*image-repertoire*'라고 부르는 수준에 머무를 수 있는지를 보여준다. 이미지 레퍼토리는 우리가 의식 속에서 사랑하는 사람에 대해 계속해서 곰곰이 생각하게 하는, 그리고 그 사람에 대한 우리의 애모를 규정하는 이미지들을 말한다. 그것은 부러진 이빨, 어떤 눈짓, 그가 담배를 쥐는 방식일 수도 있다. 우리는 우리의 사랑을 규정하기 위해 그러한 이미지들에 대해 **성찰할** 수 있다. 그리고 우리는 우리가 그 사람과 사랑에 빠져 있다는 것을 알지만, 그것은 결코 **성찰성**으로 전환되지 않는다. 다시 말해, 나는 내가 아무개를 사랑한다는 것을 알지만, 내가 왜 다른 사람이 아니라 그 사람을 사랑하는지를 말할 수 없다. 거기에는 깊은 성찰, 즉 내가 **왜** 다른 사람이 아니라 그 사람을 사랑하는지를 아는 것이 빠져 있다. 내가 아는 것이라고는 내가 사랑을 하고 있고 사랑하는 사람이 사랑스럽다는 것이다. 그 까닭은 아마도 우리가 그 사람을 사랑하는 이유를 우리 사이의 관계에서 찾기보다는 그 또는 그녀의 몸이나 퍼스낼리티에서 찾거나 우리 자신과 우리의 욕망 내부에서 찾기 때문일 것이다. 바르트가 말하듯이, "나는 마치 나의 욕망의 기계적 원천이 상대방의 몸에 있다는 듯이 다른 사람의 몸을 탐색하고 있다(나는 몇 시인지를 알아내기 위해 시계를 분해하는 아이들과 같다)"(Barthes, 1977/1990: 71). 따라서 우리의 느낌의 본질에 대해 우리에게 분명하게 말해주거나 가르쳐주는 어떤 지식을 우리가 가질 때에만 성찰은 성찰성으로 전환된다. 그렇다고 하더라도 성찰과 성찰성은 결코 어떤 절대적인 의미에서 분리될 수 없는 것이다(Burkitt, 2012).

성찰성 이론가들은 성찰성이 부분적이고 제한적이라는 사실을 인지하지 못할 뿐만 아니라 또한 습관을 활동의 무의식적인 비성찰적 측면으로 뭉뚱그리고, 듀이와는 달리 성찰과 비의식적 습관이 긴밀하게 연관되어 있다는 것을 이해하지 못한다. 지금까지 말한 것처럼, 감정은 자기성찰의 중심에 자리하는 것뿐만 아니라 우리가 하는 (그리고 특정한 상황 — 그 활동이 방해받거나 바람직한 결과를 산출하지 못하는 — 하에서만 성찰하는) 습관적 형태의 활동의 토대일 수도 있다. 이것이 바로 감정이 우리에게 불쑥 생겨서 우리의 의식적인 자아통제를 방해할 수 있는 이유이다. 왜냐하면 감정은 항상 의식적으로 모니터링되거나 선택되는 행위의 일부가 아니기 때문이다. 이를테면 토데스(Todes, 2001)가 볼 때, 습관은 우리가 어떤 상황에서 우리에게 어떤 일이 발생하거나 다가올 것이라고 예상할 때 무의식적으로 작동하기 시작하는 일단의 행위라는 점에서 직접적이다. 습관은 다가올 어떤 것에 대한 예상이고, **평정심**은 그것을 다룰 수 있는 우리의 능력 — 어떤 상황에서 우리가 무엇을 마주치든 그것을 다루기 위해 우리가 습관적으로 가지고 있는 수준의 스킬 — 이다. 우리가 우리 앞에 놓인 상황을 처리하지 못할 때, 우리는 평정심을 잃고 균형을 잃게 된다. 평정심을 가진다는 것은 우리가 우리 자신 그리고 우리의 현재 상황과 소통함으로써 침착해져서 그것들을 일정 정도 통제한다는 것을 뜻한다. 자신이나 자신의 상황과 소통을 끊는 것은 침착성과 평정심을 잃는 것, 즉 균형을 잃는 것이다.

우리는 제1장에서 뷰이텐디크(Buytendijk, 1965/1974)가 이를테면 예상되는 시험의 공포가 우리를 압도하고 우리가 모든 기억과 통제된 생각을 잃고 당황하기 시작할 때 발생하는 감정을 평정심의 상실로 이해하는 방식을 살펴보았다. 나는 이것이 모든 감정경험에서 사실이라고 생각하지는 않지만, 우리가 평정심 ─ 우리가 현 상황에서 우리의 위치를 파악하고 우리가 그것을 얼마간 지배할 수 있음을 우리 자신에게 보여주는 여유, 품위, 능숙한 동작, 행위 ─ 을 잃을 정도로 영향을 받는 경우에서는 사실이라고 생각한다. 이를 보여주는 하나의 고전적 예가 우리가 상황에 대처하는 여유와 품위를 잃기 시작하여 (모든 사람이 우리의 곤경을 알고 있고, 그래서 불안과 걱정에 처한 우리를 보고 있다고 상상하는) 고조된 자기의식으로 고통 받아 당혹감에 압도당하는 상황일 것이다. 이를테면 (우리가 실수하여 얼굴이 붉어지기 시작할 때 발생하는) 신체적 이상과 개인적 무기력은 사회적 만남의 장에서 수줌음, 공포, 당혹감을 떠올리게 하는 하나의 신호이다. 이것은 단지 만남의 언저리에서 일어나서, 다른 사람들은 그것을 알아채지 못하거나 우리처럼 그것에 많은 중요성을 부여하지 않을 수도 있지만, 우리의 상상 속에서 우리의 실수*faux pas*는 세상의 주목을 받고 따라서 우리는 당혹해한다.

평정심의 상실이 순간적이고 상황적인 것처럼, 이러한 종류의 경험은 일시적이다. 하이데거(Heidegger, 1927/1962)는 이를 확장시킨다. 하지만 그는 이것을 그가 정서로 부른 것뿐만 아니라 '기분mood'이라고 부른 것까지와 관련시킨다. 반면 나는 감정이라는 용어를 사용하여 그것을 당혹감, 공포, 불안과 같은 경험에 적용시킨다. 그럼에도 불구하고 하이데거는 공포와 불안 같은 경험을 우리가 그것들을 일상생활에서 잠깐 발생하는 것으로 경험한다는 존재적 의미에서 일시적인 것으로 인식한다. 하지만 존재론적으로 그러한 경험들은 우리로 하여금 어떤 것을 상기하게 한다. 이를테면 공포의 경우에 우리는 심히 걱정되는 시험처럼 아직 다가오지 않은 어떤 것을 두려워하지만, 이 경험은 또한 우리로 하여금 어떤 것 ─ 어쩌면 과거에 우리가 그러한 상황에 대처했던 방식 ─ 의 기억을 되살아나게 한다. 공포 때문에 우리는 우리 자신을 잊거나, 또는 토데스가 말하곤 했던 것처럼 우리 자신과의 소통을 단절하게 되고, 그리하여 우리가 두려워하는 상황이 우리를 당황하게 한다. 우리가 평정심을 상실하고 우리의 상황이 우리 자신 속으로 밀고 들어와서 우리를 삼켜버릴 때, 자아는 사라진다. 어떠한 성찰적 통제나 자제의 가능성도 사라진다. 우리는 또한 우리가 속한 환경과 단절되고 그것에 대한 통제력을 상실하며, 이것 역시 공황 발작과 같은 극단적인 사례에서처럼 우리를 당황하게 한다. 이러한 상황에서 우리는 분별력을 잃고 평정심을 상실한다.

하이데거가 볼 때, 불안의 경우에 우리는 우리를 둘러싸고 있는 세계와 단절하는 것이 아니라 우리에게 중요한 모든 것을 상실하고, 결국 우리는 우리와 세계의 관계를 상실한다. 우리가 현재 불안을 엄청난 것으로 경험하는 경우를 제외하고는 우리의 자아의식은 상실되는 것이 아니라 오히려 고조된다. 이때 우리의 자아의식은 비실제적이고 토대가 없는 것처럼 보인다. 하지만 유사한 주장이 모든 감정에 적용될 수 있다. 사랑에 빠지는 것은 하나의 '빠짐', 즉 균형과 평정심의 상실이다. 왜냐하면 우리가 다른 사람의 이미지에 빠지기 때문이다. 실제로 감정경험에서 자기인식, 평정심과 통제(또는 통제력 결여), 상황 판단과 분별력 상실의 정도는 다르다. 쿨리는 사랑과 관련하여 사랑하는 사람에 대한 우리의 접근방식을 결정하는 두 가지 성향 — 반드시 분리되지는 않지만 서로 경쟁하는 경향일 수 있는 — 에 대해 이야기한다. 하나의 성향은 자아권력에 의해 특징지어지는 것으로, 사랑하는 사람이나 물건을 자기 자신의 영역, 어쩌면 심지어는 자신의 자아 속에 전유하여 통제하고자 하는 욕망이다. 반면 다른 하나는 "사심 없는 관조적인 사랑으로, 자신들이 서로 다른 개체라는 인식을 망각하는 경향이 있다"(Cooley, 1922/1983: 187). 하나의 경향이 우리로 하여금 삶과 우리를 둘러싸고 있는 모든 것을 개체화하게 한다면, 다른 하나는 삶을 받아들이게 한다. 어떤 한 사람에게 이 두 성향의 균형은 그의 과거 경험과 그가 그의 삶에서 중요한 사람들과 맺어온 관계의 유형 — 그것들이 그로 하여금 삶과 경험을 드러내게 하는 방식과 그것을 통제하고 개체화하게 하는 방식을 포함하여 — 에 달려 있을 것이다. 따라서 모든 감정은 미래에 대한 예상과 과거에 일어났던 일의 기억 되살리기를 포함한다. 감정은 또한 서로 다른 정도의 자기통제와 상황통제와 함께 다양한 정도의 성찰과 자기성찰을 포함한다.

내가 이 장에서 주장해온 것은 사람들은 그들이 모든 자아의식 또는 현실의식을 상실할 경우 주관적인 감정적 경험에 휩쓸리게 될 수 있다는 것이다. 하지만 성찰적 의식 속에서조차 우리는 자아 — 그 근저에서는 감정적인 — 를, 그리고 결국에는 바로 그 자아의 위치에서 자아를 성찰한다. 자아는 나의-느낌 — '주격 나'라는 의식 내에 존재하는 감정적 의도 — 뿐만 아니라 또한 성찰적 대화 — 우리가 상상 속에서 다른 사람들의 목소리, 억양, 감정적 평가와 대결하는 — 로도 구성된다. 우리 존재의 핵심을 이루고 우리 각자를 (자아와 타자 간의 관계로 구성된 우리의 개인적 전기와 생활 경험에 의거하여) 하나의 개인으로 특징짓는 것은 바로 그러한 성찰적 대화이다. 하지만 내가 이 장을 시작하며 보여주었듯이, 다른 사람 및 세계와의 보다 비개인적인 관계유형에 기초한 합리적 사고형태조차도 느낌, 감정, 상상이라는 요소의 흔적들을 포함한다. 합리성은 감정과 분리되어 있는 것이 아니다. 왜냐하면 감정 없는 합리성은 합리성이 더 이상 이성으로 인식될 수 없을 정도로 왜곡되어버리기 때문이다. 그러나 이것은 우리가 자아와 세계에 대해 성찰할 수 있는 완전히 비개인적인 비감정적 관점은 존재하지 않는다는 것을 의미한다. 문화적 기준에 기초한, 그리고 우리가 우리의 감정적 이성을 이용할 수 있는, 상대적으로 비개인적이고 보다 공평하게 균형 잡힌 관점만이 존재할 뿐이다.

6

감정노동과 감정규칙

노동 생활, 특히 상업적인 서비스산업에서 감정을 이용하는 방식에 관한 알리 러셀 혹실드의 독창적인 저작 『관리되는 마음*The Managed Heart*』의 출간 이후, 모든 일련의 출판물들은 경제의 상이한 부문들에서 감정노동의 증가하는 중요성에 대해 논의해왔다. 실제로 오오이와 에크(Ooi and Ek, 2010)가 최근 말했듯이, 혹실드의 '감정노동' 개념은 매우 영향력을 발휘해서 경제의 무수한 분야에서 서로 다른 무수한 연구 흐름으로 확산되고 또한 많은 상이한 분과 학문에서 채택되어왔기 때문에, 그 개념을 망라적으로 개관하는 것조차 불가능하다. 그러나 이것은 여기서 나의 목적이 아니다. 나는 여기서 감정노동 개념이 이용되고 적용되는 수많은 방식을 개관하고자 하는 것이 아니라 오히려 감정의 이론적 이해에 혹실드가 기여한 바와 감정 이해가 1970년대 항공산업에서 일하는 승무원들에 대한 그녀의 연구로부터 어떻게 출현했는지를 분석하고자 한다. 혹실드의 감정이론을 이끈 것은 감정노동의 한 형태에 관한 이 특별한 연구였지만, 이 매우 특별한 서비스산업의 연구는 내가 보기에 감정에 대한 왜곡된 이해를 낳았다. 따라서 나는 감정에 대한 나의 대안적인 관계적 이해가 감정이 노동 생활에 불가피하게 개입될 수밖에 없는 경우에도 적용될 수 있는지를 영국 국가의료제도*National Health Service*에 고용된 간호사에 대한 연구를 이용하여 보여주고, 그런 다음 계속해서 현대의 보다 광범위한 서구 경제에서 감정이 어떻게 이용되고 있는지를 검토할 것이다.

일터에서의 감정노동과 감정규칙

혹실드(Hochschild, 1983)의 감정이론은 1970년대 델타항공에서 일하는 승무원에 대한 그녀의 연구와 함께 발전되었다. 혹실드가 관심을 가진 것은 항공산업 승무원들이 육체노동(음료와 식사 손수레를 항공기 통로의 이쪽 저쪽으로 밀고 다니고 가방이 제자리에 잘 놓여 있는지를 확인하는 것 등등)과 정신노동(비행기에 탄 승객의 수를 세고 보안과 안전 절차가 이행되고 이해되었는지를 확인하는 것 등등)을 수행할 것을 기대받는 것뿐만 아니라 그것에 더하여 그녀가 '감정노동'이라고 부른 것을 수행할 것을 기대받는 방식이었다. 일반적인 말로 표현하면, 그것은 승무원들이 승객들로 하여금 비행기에서 안전하고 편안하다고 느끼게 만들고 그들에게 즐거운 여행을 보장하여, 그들이 다시 동일 항공사 비행기를 이용하게 하는 행위를 말한다. 실제로 승무원들은 원래 '에어 호스티스*air hostess*'라고 불리었다. 그 이유는 부분적으로는 그 일자리에서 일하는 사람 대부분이 여성이었기 때문이지만, 또한 그 여성들의 일이 집에서 손님을 접대할 때 여성들이 전통적으로 기대받던 방식으로 승객에게 행동하는, 비행기에서 호스티스로서의 역할을 하는 것이었기 때문이다. 그것에는 승객들에게 음식과 음료를 공급하고 또한 그들에게 친절하고 기꺼이 도움이 되고 환대하는 방식으로 행동하는 것이 포함되었다. 혹실드가 이를 '감정노동'이라고 부른 까닭은 승무원들이 승객에게 알맞은 태도를 취할 것을 기대받았기 때문이다. 항상 상냥하다는 것은 웃고 친절하고 편안함을 주는 목소리로 말을 하는 것을 의미했다. 그것은 또한 무례한 승객이나 속을 태우는 승객을 진정시키는 것도 의미했다. 따라서 승무원들은 항상 침착성을 잃지 않아야 하고, 승객과의 상호작용을 규제하는 회사의 행동 규칙에 부응하는, 차분하고 유순한 감정적 성향을 유지해야만 한다.

승무원들을 훨씬 더 괴롭게 만든 것은 1970년대에 항공사들이 항공기 객실에서 안내원으로 일하는 (주로 여성인) 승무원의 성적 매력을 강조하는 방식으로 서로 고객 경쟁을 벌인 것이었다. 이는 항공기를 타는 많은 남성이 승무원을 성적인 측면에서 '만만한 상대fair game'로 보거나, 아니면 승객들이 항상 공손함과 호의를 보이는 승무원에게 보답하는 것이 아니라 자신들이 대금을 지불했다는 이유에서 양성 모두의 승객들이 승무원에게 부당한 요구를 할 수 있게 되었다는 것을 의미했다. 이것은 승무원에게 더욱더 많은 감정노동을 요구하게 만들었다. 게다가 어떤 승무원의 주요한 일은 객실의 안전을 보장하고 또 있을지도 모를 비상 상황에서 사람들을 비행기에서 안전하게 내리게 하는 것이다. 하지만 육체적으로 매력적인 '호스티스'라는 조장된 이미지 때문에, 많은 승무원이 자신들과 자신들의 일이 하찮아지게 되었다고 느꼈다. 실제로 오늘날에조차 사람들은 자주 '손수레 인형trolley dolly'이라는 멸시적인 용어로 양성 모두의 승무원을 지칭하기도 한다. 이는 그들이 극히 중요한 일을 하는 탑승원의 일원이기보다는 단지 객실의 장식품으로 인지되고 있음을 보여준다. 항공사가 그 일의 중대성을 강조하지 않는 이유들 중 하나는 그것이 승객들로 하여금 비행의 위험에 주목하게 할 수 있고 또 승무원의 일의 일부가 그러한 위험으로부터 다른 곳으로 주의를 돌리는 것이기 때문이다. 그러나 이는 그들이 많은 감정노동을 한다는 것을 의미한다. 한 승무원은 다음과 같이 말했다. "나는 내가 매우 솔직한 사람이라고 하더라도 나의 불안이나 공포를 얼굴에 그대로 드러내서는 안 된다고 배웠다"(Hochschild, 1983: 107).

동시에 만약 어떤 승객이 속을 태우거나 까다로움을 피우더라도 승무원은 참고 승객에 대한 어떠한 불만이나 화도 억눌러야만 한다. 따라서 그러한 서비스 노동자들에게는 (항공사의 규칙과 그 산업의 일반적 기준에 따라) '올바른' 감정을 유지하고 올바르지 못한 감정을 억누르기 위해 항상 계속해야 하는 일이 있다. 혹실드에 따르면, 이것 또한 노동으로 간주되어야만 한다. 왜냐하면 감정노동은 임금을 위해, 결국에는 사용가치보다는 교환가치(돈)를 위해 수행되는 것이기 때문이다(고용 밖의 나머지 삶에서 계속되는, 상호지원과 상호작용을 위한 감정교환은 사용가치를 위한 것이다). 사실 혹실드는 이와 관련하여 감정노동과 감정작업이라는 중요한 구분을 한다. 감정노동은 내가 막 기술해온 것으로, 사람들이 지불노동 속에서 자신들의 감정을 관리할 것을 기대받는 경우이다. 반면 감정작업은 우리 삶의 모든 영역에서 일어나는 종류의 것이다. 이를테면 어떤 어머니는 나쁜 짓을 하는 아이에 대한 화를 억누르고, 그 대신 온화한 태도를 견지하고 인내심을 가지고자 노력한다. 그리고 어떤 아들은 아버지에 대한 분한 마음과 적대감을 억누르고, 그 대신 공손하게 대하고 예의를 지키려고 노력한다. 이것이 감정작업인 까닭은 그것이 다른 사람과의 관계를 원활히 하고 잘 조절하기 위해 우리 모두가 통상적인 삶의 교환 속에서 수행하는 것이기 때문이다. 혹실드가 말했듯이, "감정관리하기*managing feeling*는 교양 있는 삶에 필수적인 하나의 기술이고, 그런 까닭에 개략적으로 말하면 나는 그것이 가져다주는 중요한 이득을 감안할 때 그 비용은 일반적으로 가치가 있다고 생각한다"(Hochschild, 1983: 21). 교양 있는 삶과 관련한 보답을 감안할 때 그 노력은 가치가 있다는 것이다.

혹실드의 책 제목은, 우리 모두가 우리의 마음 ─ 우리의 느낌과 감정 ─ 을 관리하고 일상의 문명화된 상호작용 과정에서 그렇게 한다는 점에서, 오늘날 의심의 여지가 없을 것이다. 하지만 이 과정이 상업화되고 이 '감정체계*emotional system*'가 지불노동의 세계 속에서 '변형'될 때, 문제가 발생한다. 이때 감정관리는 대기업과 그것의 이윤 동기 그리고 그것의 다양한 관리체계 ─ 감정관리를 회사의 규칙과 규제와 연결시키고자 하는 ─ 의 지배하에 놓이게 된다. 그리하여 대부분의 사회적 상황에 동반되는 '감정규칙', 즉 특정 환경하에서 어떤 감정이 표출되고 어떤 감정이 표출되지 말아야하는지를 규제하는 그리고 보통 보다 광범한 사회적 가치와 결부되어 있는 감정규칙이, 이제 어떤 회사에 그리고 그 회사가 피고용자에게 기대하는 작업에 부착된 감정규칙이 된다. 이것은 노동자들에게 하나의 문제가 될 수 있다. 왜냐하면 카를 마르크스가 보여주었듯이, 임금을 위해 추출되는 것은 그들의 육체적·정신적 노동만이 아니기 때문이다. 이제는 감정노동 또한 지불노동에서 추출되고 있다. 하지만 그것이 본질적으로 하나의 착취 또는 소외의 문제인 것은 아니다. 왜냐하면 많은 사람이 자신들의 일, 그리고 그들이 그와 관련하여 학습하고 실행하는 스킬과 능력을 즐기기 때문이다. 그러나 만약 일의 속도가 빨라지거나 노동자들에게 점점 더 많은 부당한 요구가 이루어진다면 그것은 문제가 된다. 바로 그때 착취와 소외가 서서히 생기기 시작하기 때문이다. 특히 그 일의 감정규칙에 따라 노동자들로부터 추출해낸 성과가 노동자들이 그들의 '진정한' 감정을 과도하게 억눌러야만 한다는 것을 의미할 때, 착취와 소외는 감정노동과 관련해서도 발생할 수 있다. 이를테면 만약 승무원들이 모든 조건하에서, 특히 승객들이 무례하고 실례를 범할 경우에도 승객들에게 상냥하게 대할 것을 요구받는다면, 승무원들은 자신이 '거짓 자아'를 공연하도록 만들어지고 있으며 또 자신이 진정으로 느끼지 않는 감정을 연기할 것을 요구받고 있다고 느낄 수도 있다. 이러한 상황에서 노동자들은 그들의 일에서 그들의 자아와 느낌으로부터 소외된다.

혹실드의 저작이 매우 영향력을 발휘했다는 것을 알기란 어렵지 않다. 그것은 독창적 연구에 입각한 탁월한 저작일 뿐만 아니라 감정노동 개념을 통해 아주 새로운 연구 아이디어와 분야를 창안했다. 바로 그때, 즉 1980년대 초반은 서비스 부문이 서구 경제에서 점차 중요해지던 시기였고, 점점 더 많은 사람들이 서비스산업에 고용되고 있었다. 하지만 혹실드의 개념적 틀에는 여러 문제들이 있다. 감정관리체계가 '사적' 영역에서 '공적' 영역으로 변형된 것과 관련해서 도처에 엄청난 혼란이 자리하고 있다. 이러한 논의는 20세기 중반에 점차 상업화되기 이전까지는 감정작업이 삶의 사적 영역에 한정되어 있었다는 인상을 준다. 그러나 사태를 이러한 방식으로 기술하는 것은 공적 영역과 상업 부문을 완전히 등치시키고 후자를 사적 삶의 영역과 대비시키게 한다. 지나가는 논평 속에서 혹실드는 사적 세계를 결혼, 가족, 친구와 같은 관계를 포함하는 것으로 정의하고 그것을 상업적 일로 이루어지는 공적 세계와 구분하는 것으로 보인다. 문제는 이러한 정의가 불분명하고 오해를 불러일으킬 수 있다는 것이다. 왜냐하면 그 정의에 따르면, '사적' 영역이 '공적' 영역과 전적으로 분리되어 있고, 따라서 감정은 당연히 사적 영역에 속하는 것으로 보이기 때문이다. 하지만 가족과 친구관계라는 사적 세계는 혹실드가 그것을 정의할 때조차 전적으로 사회적이다. 왜냐하면 그것은 관계를 포함하기 때문이다. 우리가 제2장에서 살펴보았듯이, 사랑과 슬픔 같은 이른바 '사적' 감정은 자주 사회적 활동의 공적 영역에서 구성되는 사회적 관행을 통해 사회적으로 형성된다. 실제로 바우터스(Wouters, 1989a, 1989b)는, 엘리아스의 저작에 의지하여, 혹실드가 보다 세련되게 관리되는 감정이 문명화의 기술에서 중요한 역할을 했던 사회적·역사적 공간을 무시했다고 비판했다. 게다가 그러한 문명화는 겉치레나 가장, 즉 '거짓 자아' 행위가 아니다. 왜냐하면 보다 교양 있는 감정을 향한 욕구는 모든 유형의 사람들 간의 더 많은 상호 확인과 공감에서부터 나오기 때문이다. 사실 이처럼 보다 '타자 지향적'일 것을 강조하는 것은 실제로는 보다 느슨하고 비격식화된 사회적 부호를 만들어낸다. 그러한 부호는 서비스산업에서 일하는 사람들 사이에서조차 사람들에게 요령과 솔직함 간의 균형을 보다 정교하게 조율하여 스스로를 표현하게 한다(Wouters, 1989a). 반면 혹실드는 사적 삶과 공적 삶 간에, 그리고 사적 자아와 공적 자아 간의 구분선을 엉성하고 불분명하게 설정한다.

이러한 구분은 혹실드가 감정관리를 이론화하는 전체 방식과 그것이 주로 의거하는 연극학적 관점을 반영한다. 연극학적 접근방식은 어빙 고프먼(Erving Goffman, 1959/1990)에 의해 발전되었다. 그는 사회적 '행위자'를 글자 그대로 사회적 무대 위에서 동료 행위자들에게 연기를 하는 공연자로 보는 관념을 도입했다. 따라서 고프먼을 따르는 혹실드 같은 사상가는 세계를 사회적 행위자들이 서로 다른 상황에 따라 이미 규정된 각본과 규칙에 따라 연기하는 하나의 무대처럼 이해한다. 이러한 연기자와 공연 팀의 목적은 매우 의례화된 사회적 만남에서 청중이 요구하는 인상을 만들어내는 것이다. 고프먼이 제시한 하나의 예가 레스토랑에서 일하는 웨이터이다. 그들은 식사 공간의 '전면 무대front stage'에서는 정해진 방식으로, 즉 식사 손님들에게 공손하게 그리고 도움이 되는 식으로 연기할 것을 기대받는다. 반면 주방 속의 '후면 무대back stage'에서는 동료 노동자들과 보다 비공식적인 방식으로 행동할 수 있고 또 손님에 대해 그들이 하고 싶은 말을 할 수 있다. 따라서 '전면 무대'에서 웨이터들은 무례하거나 까다로운 식사 손님에게조차 공손하고 도움이 되어야만 하는 반면, '후면 무대'에서는 고객들에 대해 찌푸린 표정을 짓고 불평하고 무례하게 대할 수 있다.

우리 모두는 이 접근방식에서 진리치truth value를 볼 수도 있고, 어쩌면 무대 양쪽 모두에서 그와 같은 상황을 경험했을 수도 있지만, 고프먼조차 그것의 한계에 대해 경고해야만 했다. 그가 말하듯이 "물론 모든 세계가 무대는 아니다. 그러나 그것이 그렇지 않은 결정적 방식을 구체화하기란 쉽지 않다"(Goffman, 1959/1990: 78). 그럼에도 불구하고 고프먼은 무대 연기자와는 달리 일상생활의 행위자들은 자신들이 공연할 드라마의 완성된 각본을 가지고 있지 않으며 그들이 하게 될 것을 미리 알지 못한다는 점에서 세계는 무대와 같지 **않다**고 말한다. 하지만 일상생활의 행위자들은 연기자와 매우 유사하다. 왜냐하면 일상생활의 행위자들이 자신들의 공연이 판단받는 많은 서로 다른 기준과 규칙을 알고 있기는 하지만, 그럼에도 불구하고 그 "유사 공연자들quasi performers, 즉 개인들이 그러한 기준의 실현이라는 도덕적 문제가 아니라 그 기준이 실현되고 있다는 확실한 인상 만들어내기라는 몰도덕적 문제에 관심을 두기" 때문이다(Goffman, 1959/1990: 243). 공연자들로서 행위자들은 자신이 도덕적 행위주체라는

인상을 어떻게든 만들어내는 데 관심을 가지는 '도덕 상인들*merchants of morality*'이다. 이 도덕 상인들은 자신에게 심원한 가치를 지닌 도덕적 결과를 실제로 실현하기보다는 자신의 개인적 축적물 자체의 가치를 극대화한다. 그러나 이러한 인식은 자아를 단지 적절한 인상관리에만 관심을 두는, 본질적으로 몰도덕적인 사회적 전략가로 바라보는 견해(Danziger, 1997)를 조장한다. 그리고 이 자아는 그렇게 하면서 근본적으로 몰도덕적인 관심을 도덕적인 것처럼 보이게 만들 것이 틀림없기 때문에, 또한 본질적으로 사기적이다. 이것은 훌륭한 연기의 결과이다. 그리고 이것은 고프먼이 "연기자의 예술적 수완을 일종의 사기로" 이해한다는 것을 의미한다(Wilshire, 1982: 291). 왜냐하면 다른 사람에게 보이는 자아가 사회적·도덕적 관심을 드러내는 거짓 자아인 반면, 진정한 또는 숨어 있는 자아는 몰사회적이고 몰도덕적이기 때문이다. 따라서 사회적 공연에서 자아는 그것이 제조해내는 바로 그 사회적 산물의 인위성으로 인해 항상 자신으로부터 소외되게 된다. 이 소외된 자아는 내면의 것 또는 내부에서 느끼는 것과 사회의 요구(사회적 교환과 그것의 다양한 '감정규칙'의 요구) 사이에서 만들어지는 근본적 분할 때문에, 다시 말해 "내적 경험과 문화적 사전*cultural dictionary*"을 부합시키는 과정 때문에 발생한다(Hochschild, 1998: 6). 하지만 이 접근방식은 자아를 비록 근본적으로 몰사회적인 것은 아니지만 부분적으로 몰사회적인 것으로 만든다.

하지만 사회적 삶에 대한 연극학적 은유는 제한적이다. 왜냐하면 일상의 삶 속에서 우리의 상호작용은 '무대시간*stage-time*' — 연출된 연극과 영화의 시간이라고 할 수 있는 — 속에서 발생하는 것이 아니라 윌셔(Wilshire, 1982)가 '세상시간*world-time*'이라고 부른 것, 즉 눈앞의 만남의 시간을 훨씬 초과하지만 또한 그것에 둘러싸여 있는 시간 속에서 발생하기 때문이다.

이것은 우리의 역할들 중 일부는 우리가 단지 제한된 시간의 틀 속에서 끝마칠 수 없는, 중요하고 상대적으로 영속하는 것일 수 있다는 것을 의미한다. 그것은 우리를 상대적으로 지속하는 사회적 관계로 묶어주고, 그 속에서 우리의 행위는 우리 자신과 다른 사람들에게 중요한 결과를 낳을 수도 있다. 좋은 아빠나 엄마, 좋은 형제나 자매, 좋은 아들이나 딸 또는 좋은 친구라는 것은 우리와 다른 사람들에게 사회적으로 그리고 도덕적으로 모두 아주 중요하고, 우리의 관계와 삶의 질에 오래 지속되는 결과를 낳는다. 게다가 쿨리와 미드가 지적했듯이, 우리가 자아를 발전시키는 그러한 상호작용 맥락에서 우리가 다른 사람들에게 어떻게 보이는지(그리고 우리가 그들의 눈에 비친 우리의 모습을 어떻게 상상하는지)는 우리가 실제로 어떤 사람이 되는지에 중요하다. 사람들이, 항공기 객실 — 비행하는 동안 친절하고 정중한 사회적 관계가 창출되고 유지되어야만 하는 — 에서 승무원들이 수행하는 감정관리를 연구한 혹실드의 저작에서 고프먼 스타일의 연극학적 접근방식이 갖는 장점을 즉각 간파할 수 있을 것이지만, 이 감정이론을 일상적 관계의 감정작업으로 확장할 경우, 거기에는 심각한 부정적 결과가 발생한다.

혹실드는 고프먼 스타일의 연극학적 분석이 자신의 연구와 관련하여 갖는 제약점을 인지하고, 고프먼이 사회적 행위자를 주로 '표면 연기*surface acting*' — '심층 연기*deep acting*'와 대비되는 것으로서 — 를 하는 것으로 파악하고 있다고 비난한다. 이러한 용어들은 연극의 '방법'학파 창시자인 연극 선생 콘스탄틴 스타니슬라프스키*Constantin Stanislavsky(Konstantin Stanislavskiĭ)*의 저작에서 나온 것으로, 그는 표면 연기는 감정을 자극하기 위해 몸짓 또는 표현을 조작하는 것이라면 심층 연기는 기억, 상상, 또는 상황에의 몰입을 통해 저절로 생기는 실제적 느낌이라고 가르쳤다(Stanislavsky,

1937). 스타니슬라프스키는 역할 연기를 준비하는 과정에서 배우들에게 '감정기억emotion memory'을 이용하여 자신이 연기하는 배역이 봉착했던 상황과 같은 또는 유사한 상황에서 자신이 어떻게 느꼈는지를 상기할 것을 권고하곤 했다. 따라서 배우는 어떤 감정의 표면적 모습만을 연기하는 것이 아니다. 그 또는 그녀는 기억과 상상을 이용하여 자신의 내부의 심층으로부터 실제적 느낌을 유발한다. 혹실드가 볼 때, 이것이 바로 자신이 연구한 승무원들이 승객들을 위해 감정적으로 관리된 연기를 수행하면서 했던 것이다. 그들은 심층 연기를 통해 자신들의 일을 지배하는 감정규칙이 자신들에게 요구하는 감정을 실제로 유발했고, 또 기억과 상상을 통해서도 그렇게 했다. 이를테면 혹실드는 실제로 객실을 자신의 제2의 집으로, 그리고 까다로운 승객을 자신만큼이나 편안하지 않은 사람들로 상정했던 한 승무원에 대해 언급한다. 그 승무원은 이렇게 설명했다. "전문적이 된다는 것의 일부는 탑승객들이 편안하게 느끼게 만드는 것이다. 그들은 낯선 곳에 있다. 그곳은 나의 제2의 집이다. 그들도 나만큼이나 편하지 못하다. 나는 호스티스다. 나의 일은 실제로 그들이 비행을 즐기게 하는 것이다"(Hochschild, 1983: 107).

이 심층 연기는 승무원들의 공연이 승객들에게 잘 보이기 위한 것이 아니라 진정한 감정을 표현하는 것으로 보이게 하기 위해 실행되었다. 많은 승무원들이 승객들이 원하는 것은 '진실한 사람'이었고, 승객들은 단지 표면 연기를 하는 '사기꾼'처럼 보이는 사람들에게 비판적이었다는 견해를 표명했다. 동시에 많은 승무원이 또한 자신들이 극단적으로 무례하고 무정한 승객에 대한 자신들의 화를 거의 참지 못하고 '돌발적으로' 그들에게 음료수를 뿌려 앙갚음했던 경우들이나 노동 압력 때문에 표면 연기를 했던 경우들을 인정했다. 혹실드는 이를 일의 속도가 빨라져서 항공기에서 승무원들에게 업무 처리 시간이 제대로 주어지지 않을 때 승객에 대해서보다는 항공사에 대해 대항하여 벌이는 일부 객실 승무원의 저항 행위라고 묘사한다. 이러한 상황에서 승무원들이 스트레스를 받고 피곤 해할 때, 일부 승무원들은 승객에게 거의 신경 쓰지 않고 회사가 규정한 그들의 노동조건에 대해 분개하곤 했다. 하지만 혹실드가 승무원과 같은 서비스 노동자들이 자신의 '진정한' 자아와 '진정한 감정'으로부터 소외되 어 있다고 느끼게 될 수 있다고 느낀 것도 바로 그러한 상황에서이다. 그 때 감정노동에 종사하는 사람들은 단지 표면 연기를 할 뿐이고, 그들 역 시 자신이 공중에게 '올바른' 감정을 겉으로 연기하고 있음을 의식한다. 경제의 서비스 부문 전역에서 보다 많은 노동자가 이러한 유형의 노동을 하게 됨에 따라, 더 많은 사람이 '실제' 감정 또는 진정한 감정을 느끼기 위해 '진정한' 자아와 접속되기를 갈망한다.

사람들이 승무원과 같은 서비스 노동자들이 감정노동을 수행하도록 기대받는 방식과 그들이 특히 관리 통제하에서 그것에 저항하는 방식 속 에서 혹실드의 설명이 갖는 설명적 가치를 포착할 수도 있지만, 이 설명 을 감정적 삶의 전반으로 확대할 때 문제가 발생한다. 혹실드가 자신의 감정이론 — 감정작업 속에서 감정을 관리하기 위해 수행하는 심층 연기를 통 해 도출한 — 을 서비스산업의 상업적 영역 밖의 삶에 적용할 때, 그것은 문제에 부딪힌다. 혹실드는 이 문제에 봉착하여 일상의 심층 연기에 대해 다음과 같이 말한다.

우리는 일상생활 속에서도, 말하자면 무대 뒤에서도 우리의 역할을 수행하 기 위해 감정을 발전시킨다. 그리고 우리가 느껴야만 한다고 또는 느끼고 싶어 한다고 지각한 것을 느끼고자 노력하는 과정에서 우리는 식탁이나 사무실의 화장실 거울과 같은 일상의 소품들 외에도 또한 심층 연기, 감정기억, 그리고 "마치 그것이 진실인 것 같다"는 의식을 이용한다(Hochschild, 1983: 42~43).

여기서 드러나는 곤란한 논점은 삶의 모든 영역에서 수행되는 감정작업이 심층 연기 과정에 의해 이루어지는 것으로, 즉 우리가 심층 연기를 통해 "그것이 마치 진실인 것처럼" 행동하는 것으로 인식되고 있다는 것이다. 그러나 우리는 세상시간 속에서 가족, 친구 그리고 어쩌면 심지어는 일부 동료들과 상대적으로 지속되는 관계를 맺고 있다. 그렇다면 세상시간 속에서 우리가 맺는 관계와 우리의 감정이 진정하지 않다는 것, 즉 그것들이 자아가 다른 사람들과 맺는 진정하고 중요한 관계로부터 나오는 것이 아니라는 것을 통해 말하고 싶은 것은 무엇인가? 혹실드의 저작은 고프먼의 생각에 영향을 받았다. 고프먼은 본질적으로 몰사회적·몰도덕적 자아가 사회적 상황을 지배하는 감정규칙에 따라 몰사회적·몰도덕적 감정을 받아들일 수 있는 감정으로 조작하기 위한 일을 할 것이 틀림없다고 생각했다. 혹실드가 말하듯이, "고프먼은 개인이 아무런 노력 없이 쉽게 사회적이 된다고 가정하지 않는다"(Hochschild, 1983: 214). 이것이 바로 감정작업이 일*work*인 이유이다. 왜냐하면 우리는 감정규칙에 따라 우리가 느껴야만 하는 것 또는 우리가 느끼고 싶어 하는 것을 유발하기 위해 항상 노력하기 때문이다. **본질적인 문제는 공연과 감정작업의 은유를 채택하여 그것을 모든 삶에 적용하면서 혹실드가 사회적으로 표현된 모든 정서를 가장으로 전환시킨다는 것이다. 심층적으로 그리고 무의식적으로 어떤 관계 또는 상황에 영향을 받는 정서는 오직 사적 자아에 의해서만 경험될 수 있는 반면, 사회적 또는 공적 자아는 가장에 종사한다(즉, 요**

구되는 감정규칙에 따라 자발적으로 연기를 수행한다).

사적 자아와 공적 자아 간의 이러한 분할 — 진정한 감정과 가장된 감정 간의 분할에 조응하는 — 이 낳은 결과가 바로 감정이 본질적으로 사적 자아에 속하는 것으로 인식되는 것이다. 그리고 이것은 감정이 이론화되는 방식에 영향을 미친다. 혹실드는 "감정이란 무엇인가?"라는 질문을 한 뒤, 다음과 같이 대답한다. "나는 감정은 생물학적으로 주어진 하나의 감각이고, 우리의 가장 중요한 감각이라고 제시한다. 다른 감각들 — 청각, 촉각, 후각 — 과 마찬가지로 감정은 우리가 우리와 세계의 관계에 대해 아는 수단이고, 그러므로 집단적 삶에서 인간존재의 생존에 결정적이다"(Hochschild, 1983: 219). 혹실드가 지적하듯이, 이 감정 정의는 감정을 우리에게 신체적 행위 — 그것이 실제적 행위이든 상상된 행위이든 간에 — 를 준비시키는 생물학적 반응으로 인식한다는 점에서 다윈의 정의에 가깝다. 그녀는 계속해서 다음과 같이 말한다.

> 따라서 우리가 감정을 관리할 때, 우리는 얼마간은 의식적 또는 무의식적으로 예상되는 행위를 하기 위한 신체적 준비를 관리하는 중이다. 이것이 감정작업이 **일**인 이유이고, 또 감정으로부터의 소외가 중요하고 가치 있는 어떤 것**으로부터의** 소외인 이유이다(Hochschild, 1983: 220, 강조는 원저자).

이와 같은 진술이 혹실드를 생물학적으로 주어진 기본 감정을 상정하는 사고 전통 속에 확고히 위치시키는 것으로 보일 수도 있지만, 그녀는 이를 부정하고 감정은 상황으로부터 그리고 그것의 일부를 이루는 규칙과 미시 행위*micro-act*로부터 분리될 수 없다고 주장한다. 이를테면 그녀는

"관리 행위는 관리되는 경험과 분리될 수 없다"라고 말한다(Hochschild, 1983: 206). 이 진술은 감정관리 행위가 감정경험 자체를 변화시킨다고 지적하는 것처럼 보인다. 그러한 일이 발생하는 까닭은 행위의 신체적 준비가 또한 인지와 관련되어 있고, 우리는 그로 인해 의식적 또는 무의식적으로 기대되는 행위를 준비하기 때문이다. 그러므로 모든 감정관리 행위는 또한 특정한 사회적 상황의 감정규칙 역시 예상하고 있음이 틀림없으며, 또 그것은 적어도 얼마간은 의식적으로 준비되어야만 한다. 이 점에서 혹실드는 감정이 생물학에 기초하지만 또한 그것은 의식에 '신호 기능'을 제공한다는 프로이트의 생각을 따르고 있다. 이 신호 기능에는 인지를 통해 우리의 이전의 기대를 배경으로 하여 현실을 새로 파악하는 것이 포함된다. 다시 이러한 이전의 기대는 또한 경험을 통해 특정 상황에서 특정한 일이 발생할 것으로 기대하게 하는 이전의 자아에 의지한다. 이를테면 자신들과 매우 가까운 어떤 사람이 막 사망했다는 것을 안 어떤 사람은 이전의 기대 — 우리의 삶에서 중요한 사람은 항상 우리 곁에 있을 것이라는 — 를 배경으로 **해서만** 충격을 받을 것이다. 따라서 "그런 일이 **내게는** 일어날 수 없다"거나 "그들은 **꼭** 살아 있을 거야"라고 느낄 때, 당시 발생한 일은 부정된다.

만약 그러한 것들이 특정 상황에서 일어나는 행위에 대한 습관적 지향 — 내가 이 책 도처에서 주장해온 것처럼 특정 조건하에서는 성찰의 대상이 될 수 있는 — 과 관련하여 틀 지어진다면, 습관적 지향은 그것들 속에서 잠재력을 지닐 수도 있다. 문제는 혹실드가 듀이가 했던 것처럼 습관에 대한 이해를 발전시키지 않는다는 것이다. 그 대신 그녀는 자신의 설명에서 **온갖** 상이한 전통의 감정이론들 — 생물학적 모델(또는 그녀가 칭한 바로는 유기체론적 모델), 프로이트식 모델, 그리고 듀이, 거스*Gerth*와 밀스*Mills*, 특히 고프먼과 같은 상호작용론자들을 따르는 전통들을 포함하여 – 을 이용하고자 한다. 하지만 이는 우리를 당황하게 한다. 왜냐하면 그러한 모델들은 내가 이 책에서 내내 보여주었듯이 항상 양립할 수 있는 것이 아니고, 따라서 혹실드가 주장하는 것이 항상 반드시 분명하지 않기 때문이다. 따라서 이를테면 그녀가 상호작용론자들이 감정관리를 통해 사회적 상황에서 감정과 느낌에 무슨 **일이 벌어지는지**를 우리에게 보여준다고 주장하지만, 우리는 다윈의 진화생물학으로부터 그 관리되는 것이 정확히 무엇인지 – 어떤 생물학적 감각인지 – 를 학습한다. 게다가 혹실드는 계속해서 우리가 관리하기 위해 노력하는, 감정의 이러한 몰사회적인 적응성 없는 측면 역시 사회적이라고 주장한다. 그러나 이것은 말이 되지 않는다. 만약 내가 여기서 주장하는 것처럼 몸의 정신물리적 반응, 리듬, 감각이 개인의 경험 속에서뿐만 아니라 다양한 사회와 문화 속에서 우리가 서구에서 느낌과 감정으로 부르는 것으로 변형된다면, 그것들은 생물학적 기원으로 환원시킬 수 있는 것이 아니라 보다 광범위한 생물-사회-문화적 발전의 일부로 이해되어야만 한다. 그러므로 느낌과 감정들 또한 사회와 역사적 시기마다 변화될 수 있으며, 따라서 적응성이 없는 것이 아닐 수 있다. 혹실드가 프로이트에게 기대는 것은 여기서 그녀에게 도움이 되지 않는다. 왜냐하면 프로이트 역시 감정과 인간 행위의 본능적 토대 – 문명화가 투쟁해야만 하는 – 를 상정했기 때문이다.

따라서 혹실드가 주장하는 것이 무엇인지를 알기는 쉽지 않다. 감정은 기본적으로 생물학적이고 몰사회적이고 적응성이 없는가? 아니면 감정은 근본적으로 사회적이고 적응성이 있는가? 감정은 본능에 의해 작동한다는 프로이트의 생각에 반대하여, 혹실드는 문화가 감정에 영향을 주는 지점과 방법을 정확히 찾아내고 그러한 여러 지점, 즉 "감정을 인지하는 지점, 감정에 이름을 붙이는 지점, 감정을 평가하는 지점, 감정을 관리하고 감정을 표현하는 지점"을 확인하기 위해 노력한다(Hochschild, 1998: 11). 하지만 또다시 거기서도 감정이 지각에 의해 인지되고 이름 붙여지고 평가되고 관리되고 그다음에 표현되기 전까지 감정은 독자적으로 존재하는 것처럼 보인다. 비록 혹실드가 느낌과 감정을 구분하지는 않지만, 그녀는 듀이를 일부 따라 감정을 지각에 의한 이름 붙이기로 이해하는 것으로 보인다. 그러나 그녀는 듀이를 전적으로 받아들여 나처럼 주장하지는 않는다. 나는 말하기라는 신체적 행위 속에서 우리는 언어를 통해 단순히 이전의 어떤 느낌에 이름을 붙이기만 하는 것이 아니라 우리가 느끼는 것을 근본적으로 재구성한다고 본다. 만약 내가 제시하는 것처럼 언어와 문화가 삶의 초기부터 느낌과 감정을 조건 짓고 그것들을 구별 짓는다면, 우리는 감정을 다음과 같이 파악해야만 한다. 즉, 감정은 신체감각을 몰사회적 의미에서의 생물학적인 것이 아니라 근본적으로 사회적인 것으로 유의미하게 재구성하는 것이다. 이런 식으로 언어적인 사회적 관행들은 감각과 지각에 특정한 느낌이나 감정의 형태를 부여한다.

종합적으로 볼 때, 혹실드의 감정이론에서는 감정이 특정 상황에서 발생하는 생물학적 신체감각과 등치되는 것으로 보인다. 그리고 그녀는 그다음에 그러한 신체감각이 인지에 의해 '신호 기능'으로 등록되고, 그 지점에서 기본적인 충동에 입각하여 의식적 작업이 수행되어 그 신체감각을 그 상황의 감정규칙에 따라 사회적으로 표현할 수 있는 어떤 것으로 변형시킨다고 본다. 하지만 고프먼의 저작에서처럼, 사회적 자아는 소외된 자아 또는 거짓 자아가 된다. 왜냐하면 혹실드가 앞서 말했듯이, 감정으로부터의 소외는 극히 중요하고 가치 있는 어떤 것 ─ 지금까지 생존을 보장해온 신호 기능 ─ 으로부터의 소외이기 때문이다. 프로이트를 따라 혹실드에게 감정 – 공격적인 감정이나 전능감을 포함하여 – 은 또한 사회에 잠재적으로 파괴적인 것으로 이해된다. 그리고 그러한 감정들이 사회적이 되기 위해서는 거짓 자아에 의해 다른 감정들로 대체되어야만 한다. 따라서 "거짓 자아 또는 소유자 불명의 자아는 사람들에게 고결한 야만인들Noble Savages이 결여하고 있는 경향이 있던 분별력, 친절함, 관대함을 제공하는 것이다. 그것은 **건강한** 거짓 자아이다"(Hochschild, 1983: 195, 강조는 원저자). 어쩌면 건강하지만 그럼에도 불구하고 거짓인 자아.

거기에는 사교성이 항상 감정관리를 통해 제조되어야만 하는 항공기 객실의 조건처럼 사회성은 하나의 인위적 상태이기 때문에 어떤 사회적 경향도 자연적일 수 없다는 가정이 깔려 있다. 그러나 쿨리가 보여주었듯이(Cooley, 1922/1983), 어린아이들은 자아권력 느낌, 즉 전유와 전능함의 느낌을 표현할 수 있지만, 여전히 다른 사람들과의 공감하는 능력과 그들이 다른 사람들에 의해 인식되는 방식과 그들의 행위가 다른 사람들에게 영향을 미치는 방식을 상상하는 능력을 보유하고 있다. 실제로 내가 앞 장에서 예증했듯이, 다른 사람들이 우리를 바라보는 방식은 우리의 자아의식과 분리되지 않으며, 우리의 자아의식이 발전함에 따라 그것은 우리의 자아의식에 근본적이다. 따라서 나의-느낌은 다른 사람에 대한 느낌과 결코 분리되지 않는다. 이를테면 쿨리가 친절함과 이타주의적 행위에 대해 이야기할 때, 그것들은 인위적인 사회적 조건하에서 소원한 타자에게 부여된 거짓 자아의 행위가 아니다. 그것들은 상호 관련된 실제의 사람들 간의 진정한 상호작용이다. 쿨리는 자아와 다른 동기들의 분할을 거부한다. 따라서 다른 사람들에게 행해진 행위는 어떤 점에서 '자기희생적'이고, 그렇기 때문에 그것을 성취하기 위해서는 자아의 근본적인 어떤 것 – 그것이 우리의 '진정한' 감정이든 또는 '실제의' 자아이든 간에 – 이 포기

되어야만 한다. 오히려 나는 **나의** 친구, **나의** 가족, **나의** 이웃, **나의** 공동체, **나의** 국가 또는 내가 동일시하는 어떤 보통 인간에게 거저 준다. 이것은 자아와 자아-느낌으로 충만한 행위이지만, 그것이 그들을 이기적이고 몰사회적이게 만들지 않는다. 그러나 쿨리가 사태를 이러한 식으로 바라볼 수 있는 까닭은, 그가 감정을 사회적 관계와 상호작용의 구조와 얽혀 있는 것이지, 그러한 것들 밖에서 생물학적 감각으로 출현하는, 따라서 문명화된 사회의 생존을 위해서는 억압되거나 어떤 조치를 취해야만 하는 것이 아니라고 이해하기 때문이다. 하지만 이것은 혹실드의 경우에 사실이 아니다. 그녀에게 사회적 자아는 거짓 자아이다. 그리고 감정규칙에 따라 연출되는 감정공연은 비록 그 감정이 심층 연기를 통해 생산된 것이라고 하더라도, 인상관리에 관심을 두고 있는 소외된 자아가 요구하는 것이다.

이러한 기본적인 이분법이 혹실드의 책을 관통하고 있다. 그녀가 자연발생적인 감정과 관리된 감정을 계속하여 대비시키는 곳에서는 특히 더 그러하다. 그 책에서 감정의 공연이나 가장은 자연발생적 감정에 대한 하나의 방벽으로 인식된다. 이렇듯 혹실드가 고프먼의 저작에 끌린 또 다른 이유는 그가 '정서적 일탈자affective deviant'에 관심을 가지고 있기 때문이다. 정서적 일탈자는 그 또는 그녀가 마땅히 해야 하는 것을 느끼지 못하고 사회적 교환의 규칙에 대항해서 싸우며 상호 교환이라는 '사회적 조세social taxes'를 내는 것을 회피하고자 하는 몰사회적인 사람이다(Hochschild, 1983: 215). 따라서 혹실드의 연구에서 처치 곤란한 승객에게 '돌발적으로' 음료수를 뿌리는 일을 저지른 승무원은 회사의 규칙에 따라 연기하지 않는 '정서적 일탈자'였다. 그렇다면 이러한 반응이 '감정규칙'에 부합하는 반응보다 얼마나 덜 사회적이기에 '일탈자'로 분류되는가? 오히려 나는 모순적인 또는 상충하는 감정들은 사회적 삶 속에 존재하는 모순들이 초래하는 결과라고 제시하곤 했다. 실제로 스테이시(Stacey, 2011)는 모든 조직에는 모순, 역설, 딜레마가 존재한다는 것을 보여준 바 있고, 나는 이것이 승무원과 무례한 승객의 관계를 더 잘 해명해준다고 생각한다. 우리가 무례하고 싫은 어떤 사람과 마주할 때 사회적 삶 속에서 일어나는 하나의 충동은 그 사람에게 똑같이 대하거나 최소한 그 사람을 무시하는 것이다. 하지만 이러한 상황에서 회사규칙이 그 승무원에게 모든 상황에서 승객에게 상냥함과 친절함을 유지해야만 한다고 말한다면, 그것은 미드가 충동들의 갈등*conflict of impulses*이라고 부른 것을 유발한다. 충동들은 대화적인 다성적 의식 속에서 다툼을 벌일 수 있고, 그 두 충동은 두 모순적 감정 속에서 서로 다른 두 목소리 또는 어조로 표현된다.

이것이 바로 내가 제창하는 감정에 대한 관계적·다성적 접근방식이 중요해지는 지점이다. 왜냐하면 우리가 느끼는 것을 지배하는 것은 상황 자체가 아니라 우리가 그 상황 및 그 상황에 있는 사람과 맺는 **관계**이기 때문이다. 이것은 관계적 충성들 또는 상황적 요구들의 충돌을 만들어내고, 그것들은 우리에게 모순적 기대를 부여하고 감정적 혼란이나 딜레마를 유발한다. 이와 관련한 다음의 예는 혹실드가 인터뷰한 사례 중 하나에서 발췌한 것이다. 48세였던 그녀는 아버지가 죽었을 때 자신이 해방되었다고 느낀 것을 죄스러워했다.

> 나의 아버지의 죽음은 슬픔과 안도감이 뒤섞인 찹찹한 기분을 만들어냈어요. 아버지와 어머니를 돌보는 일은 나 자신의 가족, 그러니까 남편과 세 10대 아이들을 집에 놔둔 채로 내가 아파트를 빌려 그분들을 이사하게 하고 그분들을 위한 살림을 하기 시작할 것을 요구했어요. 그것이 남편

그리고 아이들과의 첫 번째 긴 이별이었어요. 나의 신경이 곤두섰어요. 아빠는 낮 시간 외에는 절대로 잠을 자지를 않는 것처럼 보였어요. 하지만 나는 밤에만 잠을 자거든요. 내가 어떻게 느껴야만 하는지에 대해 많은 생각을 하지는 않았지만, 마음이 편하지 않았어요. 나는 해방되었다고 느낀 것에 대해 죄책감을 느끼는 동시에 후회했어요. 나는 죽은 아버지에게 용서해달라고 요구하고 내가 모자랐다는 사실을 받아들이는 식으로 나의 감정을 처리했어요(Hochschild, 1983: 65).

혹실드는 이를 그 여성의 반응이 그녀가 속한 문화의 감정규칙 ― 사랑하는 사람이 죽었을 때 친척들이 느껴야만 하는 것 ― 을 따르지 않았다는 의미에서 '잘못된 비통해함*misgrieving*'으로 해석한다. 이 사례와 이와 유사한 사례들은 "우리가 문화로부터 끌어온 놀랄 만큼 정확한 기준을 감정에 강요한" 결과이다(Hochschild, 1983: 68). 그러나 문화 대 감정의 이분법을 피하고 그 대신 **감정문화***cultures of feeling*라는 관념을 제시하기 위해서 이 사례를 다른 방식으로 살펴보자. 아마도 그 여성은 두 문화적 요구 ― 좋은 딸이 되고 자신의 연로한 부모를 돌보라는 요구와 집에 머물러 남편과 10대 자녀들을 돌보는 좋은 아내와 어머니가 되라는 요구 ― 사이에서 눈물을 흘렸을 것이다. 그녀의 부모를 돌보기 위해 남편과 자식을 떠나는 것은 쉽게 선택할 수 있는 일이 아니었으며, 그녀의 '곤두 선 신경', 즉 화와 분노는 단지 그녀가 분명히 돌봐온 자신의 연로한 부모만을 향한 것이 아닐 수도 있다. 그녀는 하나의 문화적 모순에 빠져 있고, 그녀의 감정은 그 결과로 초래되었을 수도 있다. 비록 혹실드가 많은 감정작업의 젠더화된 성격에 대해 논평하지만(그리고 『관리되는 마음』의 젠더에 관한 장에서 그녀는 여성에게 부과되는 각별한 감정관리 요구와 그로 인해 여성들이 '거짓 자아'를 발전시키는 데서 남성보다 더 큰 위험에 빠진다는 점을 지적한다), 이상하게도 그녀는 여기서 젠더에 주목하지 않는다. 그 상황에서 이 여성의 남편과 10대 아이들이 아내와 엄마를 돕기 위해 무엇을 했는지, 그리고 그녀가 그들과 시간을 덜 보낼 때 그들은 어떠한 반응을 보였는지를 아는 것은 흥미로운 일이 되었을 수도 있다. 그녀는 그들에게도 화를 낼 수 있었을까? 그 인터뷰 대상자는 앞서의 진술 마지막 문장에서 그 상황에서 자신이 모자랐다고 느꼈다고 말한다. 아마도 그녀가 자기희생 행위 속에서 다른 사람들의 요구를 충족시키기 위해 자신의 소망과 욕구 — 그녀 자신의 가족과 함께 있고 싶은 욕망과 같은 온갖 것 속에서 느낀 나의-느낌 — 를 무시했기 때문이었을 것이다. 그녀의 아버지가 사망했을 때, 그녀는 그의 죽음뿐만 아니라 그녀에게 주어진 매우 모순적인 사회적 요구와 어느 누구도 그녀의 욕구를 충족시킬 수 없어 보인다는 사실로부터 해방되었을 것임이 틀림없다.

따라서 내가 여기서 말하고자 하는 것은 그 감정에 정확한 문화적 기준을 **적용**했을 때 그 사례를 상황에 대해 '잘못된 감정misfeeling'을 드러낸 것으로 바라보는 것은 잘못이라는 것이다. 오히려 그 감정은 상이한 문화적 기대들의 사회적 충돌을 보여주는 것이자, 그러한 문화적 기대들이 개인적 관계를 가로지르며 그러한 복잡하고 양가적인 감정들을 처음으로 유발하는 **상황을 만들어내는** 방식을 보여주는 것이다. 그 여성은 그녀가 처한 상황의 **영향을 받았고**, 그 상황 때문에 그녀가 했던 일의 일부로 인해 죄책감을 느꼈다. 그녀는 분명 그녀의 일부 부정적 감정을 억누르기 위한, 다시 말해 깨어 있는 시간과 자는 시간의 패턴이 그녀와 전혀 다른 연로한 부모님의 너무 많은 요구를 참고 견디기 위한 작업을 해야만 했다. 그리고 거기에는 의심할 바 없이 일정한 감정의 **가장**이 있었을 것이고, 어쩌면 심지어는 그녀가 느낀 것이 해방감이었을 때 종국에는 슬픔을 가장하고자 시도했을 것이다. 그러나 이 모든 것이 그녀가 처한 관계 복합체 내에 설정될 때, 그것의 모순적인 문화적 요구 및 기대와 함께 그것들은 그것 나름의 **감정적 이성**을 지닌다. 사실 그녀의 느낌과 감정의 어떤 것도 그녀의 사회적 상황 밖에서는 이해될 수 없다.

그러니까 내가 주장하는 것은, 다른 사람들이나 상황에 의해 실제로 영향을 받는 것 ─ 그것으로 인해 **마음이 움직여서** 공개적으로 성찰하지 않거나 의식적으로 관리되지 않은 어떤 것을 느끼게 되었다고 말하는 것 ─ 역시 우리가 그 맥락에서 우리가 느껴야만 한다고 생각하는 것을 느끼고 있는 것처럼 연출하기 위해 이따금씩 가장을 할 필요가 있는 것만큼이나 사회적 삶의 일부라는 것이다. 따라서 영향을 받는 것, 어쩌면 심지어는 우리가 영향을 받고 싶지 않은 방식으로 영향을 받는 것, 즉 우리가 느끼고 싶어 하지 않는 것을 우리가 느끼는 것은 본질적으로 사적 또는 몰사회적인 경험이 아니라 전적으로 사회적이고 관계적인 경험이다. 실제로 때때로 우리가 심지어는 심층 연기를 수행하며 감정을 만들어낼 필요가 있는 까닭은 자주 우리에게 경합하는 일을 수행할 것을 요구함으로써 우리에게 모순적이거나 양가적인 감정을 느끼게 만드는, 모순적이고 역설적인 사회적 상황 때문이다. 게다가 다른 사람들과의 관계에서 우리는 항상 다른 사람들에 의해, 즉 그들이 말하거나 행하는 것에 의해 얼마간 영향을 받는다. 그리고 그것은 우리가 항상 우리의 감정을 완전히 통제하지는 않는다는 의미에서 무의식적일 수 있다. 이것이 내가 앞 장에서 이야기한 감정경험에서 발생하는 **평정심**의 문제를 낳는다. 상황과 감정에 대한 자기통제를 유지할 필요성은, 우리를 압도하여 균형을 잃게 하는, 그리하여 자아의 상실을 동반하는 상황이 초래하는 공포와 관련되어 있다. 이러한 견해에서 볼 때, 우리는 사회적 삶 속의 공연자가 아니라, (세상시간 속에서 우리를 구속하는 관계와 상황이 우리의 삶의 과정에 심대한 영향을 미치기 때문에 그것들에 의해 크게 영향을 받는) 우리의 자아와 행위를 다양한 정도로 통제하는 사회적 존재이다. 우리 모두는 충동, 느낌, 감정, 사회적 기대들의 대화 – 때로는 성찰적이고 때로는 그렇지 않은 – 속에서 영향 주기와 영향 받기, 무의식적인 감정과 성찰적 통제의 균형을 잡고자 한다.

하지만 혹실드의 **감정작업**이론에 대한 나의 비판에도 불구하고, 현대 서비스산업에서 **감정노동**의 소외 – 그 용어의 마르크스주의적 의미에서의 – 에 관한 그녀의 생각이 갖는 가치와 관련하여 여전히 논쟁이 벌어지고 있다. 그리고 그녀의 생각은 그러한 형태의 고용에 관한 연구에서 여전히 큰 영향력을 발휘하고 있다(Bolton, 2009; Brook, 2009). 나는 아래에서 영국 NHS에서 일하는 간호사들에 대한 연구를 통해 감정노동 관념을 재평가해보는 방식으로 이 논쟁을 다룰 것이다. 하지만 보다 중요하게는 나 자신의 감정이론이 혹실드의 감정이론보다 감정노동을 더 잘 이해할 수 있을지를 판단해보고 싶다.

간호직에서의 감정노동

혹실드의 감정노동 개념이 간호직과 같은 전문직에도 적용될 수 있는지에 대해 수년간 많은 논쟁이 있어왔다. 왜냐하면 승무원을 대상으로 한 그녀의 원래의 감정노동 연구가 감정관리가 **상업화**될 때 발생하는 감정의 **변형**을 연구하기 위해 설계되었기 때문이다. 간호직의 관행을 연구하는 것이 갖는 문제는 간호직이 상업적 교환을 표면에 드러내지 않는 가치를 핵심 가치로 하는 전문직이라는 것이다. 혹실드는 "사회사업가, 데이케어 제공자, 의사"와 같은 전문직이 감정노동자로 간주될 수 있는지에 대해 다음과 같은 이유를 들며 불분명한 태도를 보인다. 그들이 "비록 다른 사람들의 감정상태에 영향을 미치고자 하지만, 그들은 감정 감독자의 직접적인 감독하에서 일하지 않는다. 오히려 그들은 자신들의 감정노동을 비공식적인 전문직 규범과 고객의 기대를 고려함으로써 감독한다"(Hochschild, 1983: 153). 이것은 이상한 주장이다. 왜냐하면 승무원들의 경우 비록 고객과 관련한 회사규칙이 행동형태를 아주 분명하게 규정하고 있기는 하지만, 그들도 역시 감정 감독자의 직접적인 감독하에 일하지 않기 때문이다. 또한 그녀의 책 도처에서 혹실드는 의사와 간호사 같은 전문직을 감정노동을 수행하는 것으로 언급한다. 그리고 이는 그 용어에 대한 정확한 정의를 모호하게 만든다. 브룩과 같은 일부 학자들은 감정노동도 여느 노동처럼 취급되어야만 한다고 주장한다. 왜냐하면 혹실드가 지적했듯이, 감정노동 역시 임금을 위해 교환되고 있기에 부분적으로 상업화된 노동력으로서, 착취와 소외의 여지가 있기 때문이다. 따라서 "노동자들은 모순적 경험 속에서 노동과정의 불확정성을 이용하여, 통제의 변경에서 자신들이 매일 겪는 소외 상태를 완화하고자 하거나 그것에 저항할 수 있다"(Brook, 2009: 546). 달리 말해, 감정노동은 만족스러운 노동과 소외감을 느끼는 노동 모두일 수 있다. 그리고 과도한 관리 통제를 통해 감정노동이 소외되는 곳에서 노동자들은 그 통제에 집합적으로 대항할 수 있다.

하지만 볼튼(Bolton, 2005)이 볼 때, 혹실드가 고안한 감정노동이라는 용어는 너무나도 광범해서 일부 노동은 적절하게 기술할 수 있지만, 일련의 광범한 감정관계가 존재하는 작업장의 모든 업무는 적절하게 묘사할 수 없다. 볼튼은 하나의 대안으로 감정노동을 작업장 내의 감정관리 위상심리학topology[개인이나 집단의 심리와 행동을 그 생활공간이라는 심리적인 장場의 상대적 위치 관계에서 다루는 심리학_옮긴이]의 단지 하나의 차원으로 간주해야만 한다고 제시한다. 그녀는 노동 관행의 연구를 통해 작업장에서 벌어지는 감정공연은 상업화된 원리에 따라 작동하는 감정규칙에 의거하여 실행되는 '금전적pecuniary' 감정관리에만 한정된 것이 아니라고 느꼈다. 즉, 거기에는 또한 전문직 감정규칙에 따라 작동하는 '관례적prescriptive' 감정관리, 그리고 사회적 감정규칙에 따라 수행되는 '표상적presentational'·'박애적philanthropic' 감정관리도 있다. 이를테면 간호사 같은 노동자들은 상업화된 감정규칙에 의해서만 틀 지어지지 않은 감정작업을 한다. 영국 NHS의 일부 간호사들은 노동 관행이 강화되어 그들로 하여금 슈퍼마켓 계산대 직원처럼 느끼게 하는 것을 포함하여, 그 서비스의 은밀하게 상업화된 성격에 대해 이런저런 말을 하기도 한다. 하지만 그들의 감정작업 중 많은 것은 여전히 상업적 가치보다는 전문직 가치로부터 나오며, 따라서 "사랑 노동과 노동력" 간에는 차이가 있다(Bolton, 2009: 557). 이는 감정노동 개념이 구분하지 않은 구분이다. 그러므로 볼튼은 사적 자아와 공적 자아, 거짓 자아와 진정한 자아의 이분법을 노동 생활의 복잡성, 그리고 그 속에서 다양한 이유와 동기들로 인해 출현하는 감정을 포착하고자 시도하는 지형학으로 대체하고자 한다.

하지만 감정노동 개념을 가지고 작업하는 대부분의 연구자들처럼 볼튼도 여전히 감정규칙에 따르는 감정관리라는 혹실드의 개념을 그것의 연극학적 틀과 함께 받아들인다. 그렇다면 우리는 이 또 다른 방식을 내가 여기서 제시하는 관계적 접근방식과 일치하는 것으로 볼 수 있는가? 내가 볼 때, 간호직과 같은 전문직에서 핵심적인 것은 그 직업을 특징짓는 **핵심 가치**이고, 그것이 환자 또는 고객과 함께 만드는 관계의 성격을 규정한다. 내가 수년 전에 참여한 간호직에 관한 연구에서 나와 동료들은 '돌봄'을 그 전문직의 핵심 가치의 하나로 규명했다(Burkitt et al., 2001). 하지만 그 돌봄은 그것이 연극적 효과를 발생시키기 위해 '도덕 상인'에 의해서 수행되는 것이 아니라 간호 업무와 환자와의 관계에서 중심을 이루는 돌봄 행위에 헌신하는 전문직 종사자에 의해서 행해진다는 점에서 하나의 핵심 가치이다. 볼튼이 지적했듯이, 비록 돌봄 행위가 임금을 위한 노동력 제공과 완전히 분리되지는 않지만, 그것은 더 나아가 간호사의 감정노동에 영향을 미치는 하나의 가치이다.

돌봄은 또한 환자와 전문적 관계를 형성하는 데서 중요하지만, 그 관계는 항상 '적절해'야만, 즉 돌보지만 너무 가깝지는 않아야만 한다. 다시 말해, 그 관계는 항상 전문적 관계의 범위 내에 머물러야만 하며, 따라서 돌보미로서의 간호사는 환자에게 너무 개인적으로 관여하지 않는다. 이는 때때로 역설적인 또는 상충하는 요구를 만들어내고, 전문 간호사는 개입과 분리의 관계에서 균형을 이루어 자신의 평정심을 유지해야만 한다. 환자의 욕구를 이해하고 돌봄을 제공하기 위해서는 환자에게 적절하게 개입해야만 하지만, 관계가 전문적이기보다 개인적이 되어 간호사의 일이 방해받지 않도록 충분히 분리되어야만 한다. 간호사는 항상 할 일이 있고, 돌봄은 그 일의 중심적인 일부이지만, 그 경계를 넘지 않는다. 이러한 돌봄 관계를 구축하기 위해서는 셰프(Scheff, 1990)의 용어로 일정 정도의 '감정조율emotional attunement'이 필요하다. 간호사가 환자의 어디가 안 좋은지를 해석하여 필요한 돌봄을 제공하기 위해서는 공감적 의사소통이 필요하기 때문이다. 앞 장에서 살펴보았듯이, 인지적 판단은 느낌 및 감정과 분리되지 않으며, 따라서 후자는 다른 사람의 감정상태에 영향을 미치려고 노력하는 것에만 한정되지 않는다. 감정조율은 상황을 정확하게 '읽거'나 해석하기 위해, 특히 빠른 판단과 결정이 요구되는 응급 상황에서 가능한 한 즉시 정확하게 판단하기 위해서 필요하다. 이러한 점에서 모든 감정노동이 인상을 관리하기 위해 수행되는, 청중을 위한 공연인 것은 아니다. 오히려 감정은 모든 수준에서 일을 수행하는 데 중요하며, 환자와 그 가족들과 필요한 관계를 구축하는 것과 관련해서도 감정의 균형은 중요하다. 전문직이 올바른 종류의 관계를 유지하고 또 그들의 일을 효과적으로 수행하기 위해서는 평정심이 요구되고 그러한 평정심을 유지하는 데서 감정의 균형이 중요하다는 점에서, 그러한 균형을 이룬다는 것은 인상관리보다는 감정노동 속에서 어떤 '일'을 하는지와 더 관련되어 있다.

하지만 우리의 연구에서 우리는 또한 간호사들이 스트레스를 받을 때, 특히 자원이 희소하고 환자들과 적절한 돌봄 관계를 형성할 시간을 가지지 못할 때 그들이 자신들에게 요구되는 감정을 '공연'하고 있다고 더 자주 의식한다는 것을 발견했다. 비록 우리의 간호직 연구가 영국에서 공공의료서비스의 민영화와 상업화가 오늘날만큼 진전되지 않은 1990년대 후반에 수행되었지만, 그럼에도 불구하고 무료 공공의료서비스는 자주 자원의 압박을 받고 있었다. 당시에도 자원은 이런저런 방식으로 할당되어야만 했다. 우리의 연구가 이루어지던 시대에 NHS를 특징짓던 요소의 하나가 직원 감축이나 작업 과정의 가속화와 같은 구조적 제약이었다. 간호사들에게는 자신들이 환자들과 이상적으로 함께 보내기를 원하는 것보다 적은 시간이 주어졌다. 돌봄 전문직의 노동과정에 착취와 소외가 파고들 수 있는 것이 바로 이 시점, 즉 그들이 자신들의 전문직의 핵심 가치가 구조적 제약에 의해 위협받고 있다고 느낄 때, 또는 인원 감축이 그들의 급료나 이익의 수준에 영향을 미쳐 다른 방식으로 그들의 직업을 위협하기 시작한다고 느낄 때이다. 여기서 우리는 볼튼과 브룩 모두가 서로 다른 방식으로 언급한 바 있는, 작업 과정 통제의 변경에서 발생하는 감정노동의 모순적 성격을 본다.

하지만 우리의 연구에서 우리의 관심을 끈 것은 간호사들이 그들의 일에서 마주치는 이러한 모순적이고 스트레스 받는 상황을 처리하는 방식과 그들이 그것에 대처하기 위해 채택하는 전략이었다. 간호사들은 단지 그들 자신의 **개인적** 감정뿐만 아니라 자주 바로 그러한 **상황**도 관리하고자 했다. 왜냐하면 그들이 질병이 자신들, 환자 그리고 환자 가족에게 미치는 감정적·심리적 영향에 대처할 때, 그들이 처한 상황이 그들이 **영향받는** 방식에 엄청난 영향을 미칠 수 있기 때문이다. 게다가 간호사들은 병동에서 다른 전문직, 특히 의사들과의 관계에 대처해야만 한다. 병동에서 의사와 간호사 간에는 뚜렷한 권력관계가 존재하고, 간호사들은 자신들이 덜 권력 있는 지위에 있음을 자주 느낀다. 구조적 제약과 함께 그러한 압박은 간호사들이 때때로 자신들이 심층 연기나 표면 연기를 통해 공연함으로써 다른 사람들의 감정에 영향을 미치고 있음을 느낀다는 것을 의미한다. 그러나 이것이 거기에서 있었던 일의 전부가 아니었다. 감정을 통제하고자 하는 시도는 또한 환자와의 관계와 가족과의 관계 모두를 통제하고 또 특정 상황에서 정보의 흐름을 통제하고자 하는 시도이다. 그것을 수행하기 위해서는 우리가 연구한 간호사들의 경우에는 공간과 장소가 중요했다. 공간의 통제가 감정표현뿐만 아니라 정보의 흐름 또한 통제하는 데 극히 중요했기 때문이다. 프로인드(Freund, 1998)가 말했듯이, 감정연구에서 공간은 가장 중요한 은유 중 하나이다. 왜냐하면 공간적 맥락과 상황은 경계를 수립하고 유지하고 정보의 흐름을 규제하는 데 중요하기 때문이다.

이를테면 병동에서 다른 사람들과 계속해서 상호작용을 하는 상태에 있는 간호사들은 자신들이 어떤 상황에 의해 심하게 영향을 받아 울 수밖에 없을 때 '사적' 장소를 찾아야만 했다. 간호사들이 자신들의 비통함이나 슬픔을 배출할 공간으로 찾아낸 곳은 자주 화장실이나 오물처리실이었다. 간호사들이 그러한 장소를 선택한 것은 흥미롭다. 왜냐하면 그 장소들은 잠재적으로 위험하고 오염된 물질이 씻겨 내려가는 곳이기 때문이다. 은유적으로 극단적 비통함과 슬픔 같은 감정은 또한 오염시키는 것으로 인식될 수 있다. 왜냐하면 그것들은 다른 동료나 환자들에게 영향을 미쳐 병동의 질서를 위협할 수도 있기 때문이다. 내가 여기서 보여주고 싶어 하듯이, 감정관리는 단지 개인적 행위만이 아니라 사람들이 영향 받게 되는 **상황의 집합적 관리** 또한 포함한다. 이렇듯 장소는 특히 감정이 표출되어야**만** 할 때 그 감정과 그것이 전달하는 정보의 흐름을 관리하고 억제하기 위해 이용된다. 한 간호사가 말하듯이, "거기에는 간호사들이 갈 수 있는 사적인 곳, 자신만의 공간, 만약 우리가 울고 싶을 때 우리가 갈 수 있는 곳은 전혀 없어요. 만약 당신이 울고 싶다면 결국 화장실로 급히 뛰어가야 해요". 여기서 우리는 비통함이 원래 사적인 감정이 아니라는 것을 발견한다. 왜냐하면 이 간호사가 느낀 비통함은, 자신이 돌보는 환자에게 어떤 속상한 일이 발생했을 때 그녀가 매우 공적인 공간(병동)에서 겪는 트라우마 경험으로부터 발생했기 때문이다. 그러나 전문직 기준 때문에 그녀는 자신을 압도하는 감정을 발산하기 위해서는 매우 사적인 공간을 발견해야만 했다.

응급 상황 속에서 감정적 상황에 대처하는 또 다른 방법은 분업을 통하는 것이었다. 분업을 통해 한 간호사가 가족을 다루는 반면, 다른 간호사들은 다른 장소에서 환자를 보살피곤 했다.

> 그러나 당신은 우리가 일하는 동안 누군가가 친척들의 감정을 담당하고
> 있다는 것 또한 기억해야만 해요. 게다가 당신은 그 일이 처리되고 있다
> 는 것, 그것도 그것이 잘 처리되고 있다는 것을 분명히 알고 있어요. 따라
> 서 당신은 이렇게 생각하지 않고 있어요. "오 불쌍한 우리 엄마 지금 무슨
> 생각을 하고 있을까?" 누군가가 트라우마의 그러한 측면을 담당하고 있기
> 에, 당신은 감정적인 사태에 대해 생각하지 않고도 그때 뭘 해야 하는지
> 를 알아서 할 수 있어요(Burkitt et al., 2001: 73).

그렇다면 이와 같은 상황은 단지 공연 — 연출하기라는 의미에서 — 에 관한
것만이 아니라 공간과 분업을 이용하여 상황 속에서 정서를 통제하는 것
에 관한 것이기도 하다. 어떤 사람은 상황을 둘러싼 감정에 대처하고, 따
라서 다른 사람들은 여전히 그것에 의해 영향을 받지 않고 생명을 구하는
일을 해나갈 수 있다. 하지만 환자 또는 친척들과의 대면적 상황에서 감
정을 처리하는 일을 맡은 간호사들의 경우에, 몸이나 얼굴에 드러나는 감
정을 관리하는 것은 그것이 관계를 상황에 맞추어 정의하고 정보의 흐름
을 통제하기 때문에 중요하다. 간호사가 무의식적으로 비통함이나 우려
를 얼굴 표정에 드러내는 것은 잘못된 신호를 보내거나 잘못된 정서를 가
지게 하여, 간호사가 환자와 친척이 차분함을 유지하기를 바랄 때 그들을
놀라게 할 수도 있다. 자신의 아이가 트라우마 팀과 함께 있는 어머니를
대하는 간호사는 모든 것이 전문적으로 다루어지고 있으며 그 아이가 가
능한 최선의 돌봄을 받고 있음을 전달하고자 한다. 거기에는 또한 거기서
유지되어야 하는 전문적 관계가 있고, 따라서 간호사는 어떤 압박하에서

또는 어려운 상황 속에서도 차분하고 침착해 보일 필요가 있다.

간호사들은 그러한 종류의 태도를 항상 청중을 위해 '연기하는' 하나의 공연으로 이해하지 않는다. 우리는 외과 병동의 한 간호사와 공연 개념을 놓고 토론을 벌인 적이 있다. 그 간호사는 공연 개념이 자신이 일하는 방식을 적절히 설명한다고 보지 않았다. 그녀는 자신의 차분하고 침착한 접근방식은 전문적인 공연만이 아니라 자신의 삶을 통해 발전시켜온 감정적 성향의 일부이고, 그것이 그녀로 하여금 그 일을 하게 했다고 생각했다. 그녀가 볼 때, 그러한 감정적 성향은 좀처럼 당혹감을 드러내지 않고 모든 것에 담담하게 접근해온 부모로부터 학습해온 것이었다. 비록 그녀가 자신이 가끔 '내부로부터' 불안감과 당혹감을 느낀다고 말했지만, 그녀가 학습한 대처 전략이 그러한 감정들이 그녀의 모습이나 표정에 드러나지 않게 하는 결과를 낳았다. 흥미롭게도 그녀는 이 차분한 태도를 다른 사람에게 '진정한' 또는 '더 깊은' 자아를 숨기는 하나의 공연으로 보지 않았다. 그 대신에 그녀는 그것을 그녀의 성향이 그녀로 하여금 표출할 것을 허용하지 않는 불안만큼이나 그녀 자신의 일부로 보았다. 감정적이 되는 이 같은 방식 ─ 이 경우에는 침착하고 차분해지는 ─ 이 아주 어린 시절부터 발전해왔기 때문에, 그녀는 그것이 공연 ─ 심지어는 심층 연기로부터 나온 공연조차 ─ 이 아니라 그녀의 자아의 본질적 일부라고 느꼈다. 이 특별한 간호사는 그러한 방식으로 행동하며 자신이 평정심을 유지하고 있으며 또 자신과 소통하고 있다고 느꼈다.

또한 간호사들이 자신이 정보를 통제하기 위해서 자신의 감정을 억누르지 말고 환자가 사태가 진행되는 것을 계속해서 전망할 수 있게 놔둘 필요가 있다고 느끼는 때도 있다. 환자의 상태가 그리 심각하지 않을 때가 특히 그렇다. 이때 간호사들은, 바우터스가 사람들이 항상 쇼를 해야

할 필요가 없는 보다 비격식화된 사회에서 매우 중요하다고 생각했던, 요령과 솔직함 간의 균형을 잡기 위해 노력한다. 응급실에 근무하는 한 간호사는 이를 다음과 같이 표현했다.

그들에게 이렇게 말하는 것이 잘못인가요? "당신은 아무것도 아닌 일을 놓고 큰 소란을 피우고 있어요. 단지 여기에 죽은 누군가가 있을 뿐이에요. 유감입니다만, 이게 당신이 당신 차례를 기다려야만 하는 이유입니다." 나는 그게 잘못이라고 생각하지 않아요. 아니에요. 때때로 그것은 당신의 의견을 말하는 데 도움이 돼요. 당신은 그들에게 어떤 은밀한 정보도 넘겨주지 않고 있어요. 나는 현실 세계에서 계속 일어나고 있는 것을 그들이 알지 못하게 하는 이유를 모르겠어요. …… 나는 당신이 그들이 그것을 전망할 수 있도록 도와주어야 한다고 생각해요(Burkitt et al., 2001: 75).

응급실에서 일하는 다른 간호사도 간호사들의 감정적 접근방식이 어떻게 환자에게도 나쁜 영향을 미칠 수 있는지를 보여줌으로써 환자에게 보다 직접적으로 접근하는 방식을 뒷받침했다. 그는 그러한 접근방식이 상황이 과도하게 감정적이 되는 것을 막아준다고 보았다. 그는 "우리는 당신을 돌보아주며 아마의 땀을 닦아주는 유모가 아니"라고 말하고, 감정으로 가득 차게 될 수도 있는 상황을 정상화하기 위해 자신은 '유모식' 말투를 피했다고 계속해서 말한다.

환자들은 아주아주 불안해해요. 그리고 잔소리 심한 간호사가 와서 그들에게 유모처럼 말하는 것 …… 다시 말해, 작은 목소리로 말하는 것을 원치 않아요. 그들은 정상적인 사람을 원해요. 그리고 당신도 그들이 여기서 당신이 할 수 있는 것처럼 자신들의 삶의 일부를 정상적으로 경험하기를 원할 거예요. 나는 여기서 환자들에게 내가 술집이나 거리에서 만난 어떤 사람에게 하는 것처럼 말해요. 나는 여기서 그들과 어떤 다른 식으로 관계 맺지 않아요. 왜냐하면 내가 생각하기에 그들은 정상적인 대화를 필요로 하는 사람들이기 때문이죠(Burkitt et al., 2001: 79).

이와 같은 보다 직접적인 접근방식이 우리가 연구한 응급실에서는 전형적이었지만, 우리가 역시 연구를 수행한 호스피스 병동에서는 그렇지 않았다. 이는 서로 다른 환경에 있는 상이한 업무 공동체들은 그들 나름의 감정문화와 환자와 친척을 대하는 방식을 발전시킨다는 것을 예증한다. 호스피스 병동에서는 보다 공감적이고 덜 사무적인 접근방식이 취해진다. 아마도 이는 그 직원들이 환자 및 가족과 이야기하고 그들과 관계를 구축하는 시간이 더 많다는 것을 반영할 것이다. 하지만 다시 **이것은 개별 간호사들이 특정한 감정을 억누르고 유발하는 개인적 감정관리의 문제라기보다는 장소를 이용하여 그것 나름의 감정문화를 가지고 어떤 상황을 만들어내기 위해 일하는 팀의 문제이다. 게다가 관리되는 것은 개인의 감정체계가 아니라 상황이다.** 호스피스 병동에서 팀은 환자들이 사망할 때 감정을 다루는 집합적 방식을 창출해왔다. 그들은 특별한 죽음과 그들이 그것에 대해 느끼는 방식 그리고 그들이 생각하기에 더 나은 어떤 것을 수행할 수 있는 방식을 논의해왔다. **거기서 팀은 가장하는 과정뿐만 아니라 영향 받는 과정과 그것에 대처하는 방식도 관리한다.**

이 감정문화와 상황은 환자와 친척들에게도 확대된다. 따라서 거기서는 정서의 공유가 가능해진다. 호스피스 병동에서 이러한 문화는 직원,

환자, 친척들 간에 정서가 공유되는 방식으로 강력한 효력을 발휘한다. 한 간호사는 다음과 같이 말했다.

> 우리가 만나면, 우린 우리가 그들과 함께 웃지만 또한 그들과 함께 울 거라고 말해요. 내가 무슨 말을 하는지 아시죠. 거기에는 실제로 울음만큼이나 웃음도 많을 거예요. 왜냐하면 사람들은 '모든 것이 암울하지는 않잖아'라고 말하고, 그러면 우리는 전혀 암울하지 않다고 말해요(Burkitt et al., 2001: 79).

물론 간호직 돌봄에도 혹실드가 지적한 것과 다르지 않은 개인적 감정관리의 요소도 존재한다. 그것은 간호사들이 환자의 가족이나 친구에게 나쁜 소식을 전달할 때, 특히 분명하게 드러난다. 그 일은 곧바로 동정심을 유발하고 강렬한 감정을 수반한다. 한 간호사는 이를 다음과 같이 묘사했다. "내가 문을 열기 전에 나는 마음의 준비를 해요. …… 나는 막 심호흡을 하고 내가 그때 마주칠 것을 생각해요. …… 그리고 그 문을 열 때까지 어떤 반응과 마주하게 될 것인지를 결코 알지 못해요." 하지만 가족이나 친구와 함께 있는 방에서 결국 발생하는 마음의 교류는 순전히 공연적인 것은 아니다. 그리고 그것을 바라보는 것 자체는 피상적이다. 다른 사람들 중에서도 시어도시어스*Theodosius*가 말했듯이, 어떤 환자가 병이 유발한 취약감과 손상된 자아에 대처하는 것을 돕는 간호사의 감정노동에는 치료요법적 요소가 존재한다. 그리고 그것에 대처하는 것은 힐링 과정에 그리고 웰빙 의식의 회복에 필수적이다. 내가 막 기술한, 환자에 대한 나쁜 소식을 전해야만 하는 간호사의 경우에서도, 그 간호사는 가족이나 친구가 충격과 상실에 대처하는 것을 돕기 위해 치료요법적 역할을 수행한다. 게다가 치료요법적 감정노동은 "간호사들에게 자기 자신에게 필수적인 어떤 것을 환자와의 관계에 끌어들일 것을 요구한다"(Theodosius, 2008: 156). 그리고 이것은 공연을 통해, 심지어는 심층 연기를 통해 수행될 수 없다.

시어도시어스가 지적한 또 다른 중요한 점은 감정은 혹실드가 제시한 것처럼 그렇게 성공적으로 관리될 수 없다는 것이다. 시어도시어스가 그러한 지적을 한 까닭은 그녀가 자신이 수행한 간호직에 관한 연구에서 간호사들이 자신의 감정을 적절히 관리하지 않는 많은 사례를 발견했기 때문이었다. 그것은 환자나 동료인 건강관리 전문가들이 그들이나 그들의 돌봄 기준에 비판적일 때 특히 그러했다. 그녀는 "감정은 그렇게 쉽게 관리되는 것이 아니며, 감정이 자아의 측면들 ─ 자아에 본질적인 것으로 고려되는 ─ 을 반영하기 때문에 중요한 영향을 미친다"고 말한다(Theodosius, 2008: 155). 이것은 고프먼에 대한 비판과 관련되어 있다. 왜냐하면 간호사들이 수행하는 일의 결과가 환자들의 복리와 삶, 그들의 가족, 그리고 궁극적으로는 간호사들 자신과 그들의 동료들에게 영향을 미친다고 보기 때문이다. 이는 간호사들로 하여금 세상시간의 속박을 받게 한다. 세상시간 속에서는 행위와 관계가 실제의 살아 있는 (그리고 죽어가는) 사람에게 중요한 결과를 낳는다. 간호사들은 환자의 가족이나 친구들이 자신들이 제공한 돌봄에 이의를 제기할 때 유발되는 화나 속상함을 통제하기 어렵다는 것을 발견하고 매우 상처를 받는데, 이는 그러한 비난이나 불평이 그들의 경력에 해를 끼치기 때문만이 아니라 그러한 의문이 그들 **자신**에게 중요하기 때문이었다. 우리가 지적했듯이(Burkitt et al., 2001), 전문직의 가치는 단지 전문가 조직 바깥에서 창공을 떠돌고 있는 어떤 것이 아니다. 그것은 **간호사라는** 바로 그 정체성 속에 육체화되어 있다. '돌봄'의 가치는 간호사라는 정체성의 일부이며, 따라서 누군가가 간호사의 돌봄 기준에 이의를 제기할 때, 게다가 그 간호사가 자신이 하고 있는 일과 자신의 직업에 진정으로 헌신하고 있을 경우, 그는 자신의 정체성을 의심받고 있는 것이다. 내가 앞 장에서 예증했듯이, 다른 사람들의 감정적-평가적 자세는 우리가 우리의 자아를 바라보고 그것에 대해 느끼는 방식에 영향을 미치고, 그것은 일상의 정체성에 영향을 미치는 것만큼이나 전문직 정체성에도 영향을 미친다.

이것이 바로 시어도시어스가 간호사들이 감정적이 되는 방식을 대화적 이해를 통해 설명하고자 했던 것이다. 그리고 그것은 그녀가 아처 (Archer, 2003)의 성찰적 대화이론 — 거기서 '내적 대화'는 자기 자신의 관심사의 개인적 위계와 관련하여 이루어진다 — 을 채택했다는 것을 제외하고는 내가 여기서 제시하고 있는 설명과 매우 유사하다. 하지만 내가 참여한 연구에서 우리가 발견했듯이, 간호직의 가치, 규칙, 관심사는 비록 많은 경우에 개인적이 되지만 개인적인 것만은 아니다. 그것들은 자아의 일부이다. 왜냐하면 그 사람은 전문직 역할 모델과의 상호 일체화를 통해, 그리고 전문적 기준, 윤리, 가치 속에 육체화된 간호직이라는 '상상의 공동체*imaginary community*'와 자신을 일체화함으로써 **한 명의 간호사가 되기** 때문이다(Burkitt et al., 2001). 우리가 관심을 가졌던 것은 이 간호직이라는 상상의 공동체와 실제의 실무 환경 속에서 발전된 다양한 업무 공동체 간의 관계였다. 업무 공동체 속에서 그러한 가치들은 굴절되며 병동의 감정 문화와 그것의 관리를 포함하여 구체적 문화들로 발전되었다. 따라서 사람들이 그러한 공동체 내의 간호사가 되기 때문에 간호사가 된다는 것은 그 사람에게 중요한 **나의-느낌**이 되고, 업무를 수행하며 만나는 다른 사람들과의 관계에서 아주 다양한 감정들을 이끌어낸다. 간호사로 일하는 것은 하나의 모순적 경험이다. 그 속에서도 감정노동으로부터의 소외를 포함하여 임금노동자가 겪는 소외와 착취가 항상 일어날 수 있다. 하지만 이것이 하나의 모순적 경험인 이유는 바로 간호직이 무엇보다도 자신들이 감정적 의도를 가지고 그러한 책무를 떠맡은 전문직이기 때문이다. 다시 말해, 간호 전문직을 택한 사람들은 그 직업을 좋아하고 그들이 보살피는 사람들을 돌보는 일을 좋아하기 때문이다.

유연한 자본주의와 감정적 성찰성

최근에 일터에서의 감정을 둘러싼 논쟁은 감정노동 개념에서부터 제이슨 휴스(Jason Hughes, 2005, 2010)가 '감정적 성찰성emotional reflexivity'이라고 부른 것으로 이동해왔다. 앞 장에서 기든스(Giddens, 1984)의 성찰성 관념 속에서 지적했듯이, 성찰성은 후기 근대성 속에서 행위주체들이 당연한 것으로 간주되던 관습 또는 전통의 유형들을 이용하기보다는 그들이 사회세계에 대해 가지고 있는 지식에 의거하여 자신들의 사회적 관행들을 점점 더 반복적으로 정돈해야만 하면서 발생하는 어떤 것이다. 성찰성은 우리가 우리 자신의 행위들을 풍부한 지식을 가지고 모니터링하고 그러한 행위들을 (새로운 요구를 발전시키고 우리에게 끊임없이 그것을 요구하는) 근대성의 제도들에 맞출 것을 요구한다. 하지만 감정적 성찰성에 대한 최근의 논의는 감정지능에 대한 골먼의 저작과 그것의 작업장에의 적용에 의지해왔다(Goleman, 1996, 1998). 이는 대체로 골먼이 감정을 합리적·지적 통제에 열려 있는 것으로 재이미지화하기 위해 신경과학과 심리학의 요소들을 한데 묶어왔기 때문이다. 게다가 그는 삶의 성공은 IQ보다는 감정지능에 더 의존한다는 자신의 생각을 명시적으로 응용해왔고, 근대 기업의 성공은 물론이고 그 내에서 개인의 성공이 어째서 감정의 지적 이용에 의존하는지를 설파해왔다. 다른 사람들도 신자유주의 경제 원리에 의해 지배되는 현대자본주의사회에서 왜 그것이 매우 중요한지를 지적해왔다. 그곳에서는 끊임없이 확장하는 이윤 추구가 기업들로 하여금 생산물뿐만 아니라 노동 관행과 관련하여 새로운 시장과 혁신을 추동하게 한다(Gregg, 2010). 이러한 불확실한 세계에서 기업과 그 고용인들은 유연해지고 변화에 대처할 수 있어야만 한다. 감정지능에 관한 문헌들은 이러한 환경 속에서 매우 유혹적이다.

휴스(Hughes, 2005)가 지적했듯이, 유연한 작업장에서 고용인들은 보다 지적이 되고, 적응력을 갖추어야 하고, 성찰적이 되어야만 한다. 골먼(Goleman, 1996)이 볼 때, 감정에 지능을 끌어들이는 것은 우리가 자신의 감정을 알고 그것을 효과적으로 관리하고 우리 자신에게 임무를 수행하도록 동기를 부여할 수 있게 되는 것을 뜻한다. 그러나 그것은 또한 다른 사람의 감정을 인지할 수 있는 대인관계능력*interpersonal competence*을 지니고 그리하여 관계를 더 잘 다룰 수 있다는 것을 의미한다. 비록 표면적으로는 이것이 감정작업과 감정노동을 통한 감정관리에 관한 혹실드의 생각의 속편처럼 보일 수도 있지만, 골먼에게 감정지능은 감정규칙에 따라 감정을 억압하고 유발하는 것 이상을 의미한다. 그보다는 우리는 더욱 감정적으로 개방적이고 솔직해져야만 하지만, 항상 다른 사람들에게 마음을 쓰고 그리하여 공감적인 방식 ― 이는 또한 **적절한** 방식이기도 하다 ― 으로 자신을 표현해야만 한다. 골먼이 '적절한'이라는 말로 무엇을 뜻하고 싫어하는지를 스스로 정확히 설명하고 있지는 않지만, 그것은 일반적인 용어로 표현하면 바우터스가 근대사회에서 이상적인 것이라고 지적했던,

솔직함과 요령의 균형을 뜻하는 것으로 보인다. 이렇게 볼 때, 감정은 개인과 기업의 성공을 위해 이용되는 하나의 **자원**이 된다. 이를테면, 어떤 사람은 감정적 솔직함과 공감을 결합하여 좋은 관계를 지속하고 갈등을 피하면서도 도전적이고 단도직입적이 될 수 있다. 이것은 그들이 감정을 의식하고 지적으로 이용하고, 그러한 일이 다른 사람들에게 미칠 수 있는 영향을 알고 있고, 따라서 그것에 맞추어 감정을 표현하기 때문이다. 감정적으로 지적이라는 것은 '방어적 대화 습관'을 버리고, 그리하여 대립하는 당사자들이 서로 주장하는 대신에 "그들의 관점을 뒷받침하는 가정을 상호 탐구하기로 동의한다"는 것을 뜻한다(Goleman, 1998: 292). 하지만 이는 또한 팀 구축과 변화관리에 효과적인 감정능력이 (이미 알려져서 공통적으로 받아들여진 감정규칙에 따라) 이미 규정되어 있을 수는 없다는 것을 의미한다. 그보다는 피고용인들은 특정 상황에서 자신들의 감정을 지적으로 이용하기 위해서는 분별력을 가져야만 한다. 감정대본에 따른 연기는 정의상 감정적으로 지적일 수 없다.

하지만 이러한 추세를 분석하기 위해 엘리아스와 푸코에 의지하는 휴스가 볼 때, 골먼의 접근방식과 관련하여 흥미로운 것은 일터에서 감정 통제의 **비격식화**가 요구되는 상황에서 그가 동시에 새로운 방식으로 통제를 **강화**한다는 것이다. 이를테면 감정지능은 감정적 솔직함을 요구하지만, 동시에 감정을 관리되는 프로젝트로 파악한다. 즉, 그것은 감정이 미리 규정된 것이 아니라고 주장하지만, 그 대신 일터에서 감정적 삶의 성찰적 모니터링과 협상을 원한다. 따라서 "**감정적 성찰성**은 감정 통제의 완화와 강화 **모두**를 포함한다"(Hughes, 2010: 45, 강조는 원저자).

일루즈(Illouz, 2007)가 볼 때, 그녀가 '감정 자본주의*emotional capitalism*'로 묘사하는 것 — 감정적 담론 및 관행과 경제적 담론 및 관행이 상호적으로 서로를 틀 짓는 문화 – 은 아무런 문제없이 노동자들에게도 적용될 수 있다. 그녀는 작업장의 담론과 관행에 들어와 있는 감정을 엘턴 메이오*Elton Mayo*의 유명한 '호손 실험*Hawthorne experiments*'까지 거슬러 올라가 추적한다. 그 실험은 노동자들의 감정에 더 많은 주의가 기울여질 때 생산성이 증대했다는 것을 발견했다. 일루즈는 이 실험이 경영자와 노동자의 관계에서 끌어낸 비격식화를 단지 이데올로기적인 것이 아니라 실제적인 것으로 받아들인다. 따라서 작업장에서의 감정지능의 이용에 관한 골먼의 생각은 우리가 일터에서 다른 사람들과 관계 맺는 방식에서 하나의 혁명이라기보다는 그러한 감정 양식을 하나의 사회적 자본으로 만든, 지식과 관행의 세기의 거의 정점에 해당한다고 할 수 있다. 하지만 휴스(Hughes, 2010)가 권력에 대한 푸코의 후기 저술을 이용하여 주목한 것은 감정지능과 감정적 성찰성이 낳은 것은 계급 관계에서 이용되던 '옛' 권력 형태의 축소 또는 평등화가 아니라 **전혀 새로운 스타일의 권력**이라는 것이다. 푸코가 주장했듯이, 권력은 더 이상 억압에 의한 통제 형태가 아니라 **시뮬레이션**에 의한 통제로 스스로를 드러낸다. 즉, 권력은 힘에 의해서가 아니라 미리 행위의 장을 틀 지움으로써 개인들의 행위를 자극하고 유도하고 유인한다(Foucault, 1982).

이 논리는 협력적이고 의사소통적인 작업 관계의 창출을 통해 생산력과 수익을 증대시킬 수 있는 행위의 장을 이미 윤곽 짓고 있다는 점에서 감정지능에도 적용된다. 하지만 이는 규칙과 규제를 정하는 것과 같은 **외적인** 사회적 통제를 통해서가 아니라 푸코가 '자아 테크닉*techniques of the self*'이라고 부른 것에 의해 행해진다. 사람들은 의사소통능력과 같은 자아 테크닉을 이용하여 자신 및 다른 사람들과의 새로운 관계를 만들어낸다. 자아 테크닉은 진실 말하기와 자기폭로 관행 속에서 그러한 의사소통

능력을 이용한다. 사람들은 그러한 관행을 통해 자신들이 자신의 숨어 있는 측면들을 '드러내고' 있다고 느끼지만, 실제로는 바로 그러한 관행을 실행하면서 자신을 창조한다. 이것은 감정지능 문헌 속에서도 찾아볼 수 있다. 왜냐하면 "골먼의 감정지능 모델 속에도 자신의 감정을 알고 관리하기, 자신을 관리하고 동기부여하기, 그리고 자신의 진정한 자아를 발견하기 위한 보다 전반적인 탐구가 …… 기술되어 있기" 때문이다(Hughes, 2010: 48).

하지만 내가 이 장의 간호 전문직을 다룬 절에서 보여주었듯이, 사람들이 항상 우리 또는 우리의 고용주가 좋아할 것 같은 형태로 자신을 드러내기 위해 감정을 성공적으로 관리하는 것이 항상 가능한 것은 아니다. 사람들은 감정적 상황에 의해 심하게 영향을 받을 수도 있고, 우리가 감정의 발생을 항상 고도의 의식 수준에서 깨닫는 것도 아니며, 따라서 감정은 성찰적 숙고와 통제의 가능성을 지니고 있다. 그리고 이것이 실제로 항상 바람직하지도 않다. 사람들이 응급 상황에서 빨리 결정해야 하고 '직관'에 의존해야 하는 경우에는 특히 그렇다. 또한 회사규칙이나 감정규칙에 저항할 가능성도 항상 존재하고, 역설적이거나 너무 부담스럽지 않은 방식 ― 이를테면 '사람들과 잘 지낸다'고 생각하게 하기 위해 정중한 거리 두기를 하는 것과 같은 ― 으로 그러한 규칙들을 채택하기도 한다(Gregg, 2010). 서비스 노동자의 연구에 대해 보고하며 윤(Yun, 2010: 313)이 지적한 바 있듯이, "통치성은 의문 없이 전면적으로 받아들여지지 않지만, 그 대신 일련의 개인적인 사회적 열망과 이해관계 내로 수용되어 복잡하고 역동적인 방식으로 그러한 것들과 상호작용한다". 고용주의 관점에서 볼 때, 만약 통치성이 작동하지 않거나 수용할 수 없을 것으로 판단되는 수준의 저항에 봉착할 경우, 거기에는 항상 징계 절차와 해고 같은 그것이 의지할 '옛' 스타일의 권력 수단이 존재한다.

따라서 나는 이 장에서 감정에 대한 연극학적 접근방식이 항공기의 비행 동안에 일어나는 감정적 관계를 연구할 때 흥미로운 사실을 밝혀주기도 하지만, 그것이 상업적 상호작용을 넘어 일상생활의 영역에 적용될 때 심각한 문제들이 발생한다는 이유를 들어 혹실드의 감정이론을 비판해왔다. 혹실드의 이론은 사적인 것과 공적인 것, 자신과 타자를 갈라놓으며, 사회적으로 받아들일 수 있는 모든 정서를 가장 ─ 부과된 감정규칙에 따라 심층 연기나 표면 연기에 의해 다른 어떤 것으로 변형된 생물학적·인지적 감정의 실례들 ─ 으로 만든다. 하지만 다른 것들과 함께 우리의 많은 감정적 요소가 감정규칙에 순응하지 않으며, 그 규칙이 설정한 대로 잘 관리되지도 않는다. 왜냐하면 우리가 다른 사람들과 그들의 감정적 곤경에 의해 심히 영향을 받아 동요할 수도 있기 때문이다. 현대 서구 사회에서 일터와 놀이터 모두에서 기대가 출현하는 것은 우리가 다른 사람들에 대해 감정적으로 반응하는 데서 요령과 솔직함 모두를 복잡하게 혼합할 것이 요구되기 때문이다. 감정은 반복과 감정적 상황에 대한 습관적 성향을 통해 유형과 질서를 드러내는 육체화된 의미 만들기와 관련된 것이지만, 감정은 또한 우리로 하여금 유동적이고 불확정적이고 변화 가능성이 있는 현재의 순간과 마주하게 한다. 그리고 현재는 극적인 사건과 새로움을 포함하고 있기 때문에, 우리는 그것들에 상상적으로 대응할 수밖에 없다. 우리는 또한 다양한 맥락에서 모순, 역설, 딜레마에 직면하고, 이것은 우리에게 상충하는 충동들에 대해 대화적으로 성찰할 것을 강요한다. 따라서 사람들이 어떻게 반응할 것인지를 미리 예측하는 일이 항상 가능한 것은 아니다. 이것에 대해서는 내가 다음 장에서 여기서 다룬 테마 ─ 권력관계의 감정적 차원들 ─ 로 돌아갈 때 보다 길게 탐구할 것이다.

7

감정과 권력관계

앞 장의 말미에서 나는 감정이 감정규칙에 따라 항상 잘 관리되는 것은 아니라고 결론지었다. 그 이유는 감정이 (자아에 본질적인) 평가적 입장을 반영하고, 그러한 평가적 입장이 자아와 타자의 관계 네트워크 내에서 중요한 영향을 미치기 때문이었다. 그러한 네트워크 속에서 우리는 당면 순간 — 극적인 사건과 새로움으로 인해 유동적이고 불확정적이고 변화할 가능성이 있는 — 에 다른 사람들이 느끼는 감정에 의해 그리고 우리 자신의 행위의 감정적 결과에 의해 영향 받는다. 감정의 측면에서 우리는 그러한 불확정적인 순간에 무의식적으로 행위 하지만, 그것은 우리의 행위가 비합리적이라는 것을 의미하지는 않는다. 실제로 그러한 무의식적 행위들은 사회적 상호 관련성의 관계유형 — 우리와 우리의 감정이 착근되어 있으면서도 또한 그 모순을 반영하는 — 을 따르는 감정적 이성으로 가득 차 있을 수 있다. 이 장에서 나는 사회적 관계가 어째서 항상 어떤 형태로든 또는 일정 정도 권력관계로 이루어지는지를 고려하는 식으로 약간 변화를 주어 이 테마를 계속해서 다루고자 한다. 이것은 감정이 항상 권력관계와 뒤얽혀서 권력관계를 틀 짓는 동시에 그것에 의해 틀 지어진다는 것을 함의한다. 감정이 권력관계에 의해 틀 지어지는 까닭은 정부와 여타 행위자 그리고 기관들이 감정을 이용하여 사회적 행위의 장을 지배하여 사람들을 통제하고 조작하려 하기 때문이다. 하지만 그러한 시도들은 감정 그 자체가 권력관계를 틀 짓기 때문에 자주 실패한다. 그것은 행동을 지배하고자 하는 사람들이 의도하는 대로 또는 미리 예측하는 대로 사람들이 항상 반응하지 않기 때문이다. 내가 볼 때, 이는 사회적 관계와 그것에 의해 만들어지는 감정이 지닌 복잡한 모순적 성격 때문에 발생한다. 감정적 반응을 예측할 수 없는 이유는 감정은 양가적이고 항상 변화하기 때문이다. 우리는 동일한 사람이나 사물에 대해 사랑과 증오 모두를 느낄 수 있다. 애정과 화가 동시에 우리의 마음을 움직일 수 있다. 아니면 동정심, 화, 슬픔이 곧 서로를 뒤따르며 교대될 수도 있다. 게다가 개인들은 그들 자신의 전기적 궤적 ─ 그들의 이전의 가치, 다른 사람들과의 동일시, 그리고 다양한 집단들과의 관계에서 느끼는 소속감과 소외감을 포함하여 ─ 에 따라 그러한 관계 속에서 다르게 위치한다. 그러한 전기적 궤적은 사회적 관계를 가로지르고, 그들로 하여금 다른 사람들과 또는 상황 및 사건과 독특한 관계를 맺게 한다.

이 장에서 나는 두 가지 특별한 감정, 즉 화와 공포에 초점을 맞출 것이다. 왜냐하면 그러한 감정들이 권력관계 내에서 행동을 지배하고자 하는 시도에 반응하여 발생하기 때문이다. 그것은 또한 이 장이 미국에서 2001년 9·11 사건이 발생한 이후 일부 서방 정부들이 선언한 '테러와의 전쟁'에서 영국 정부가 감정을 조작하기 위해 시도했던 방법에 관한 연구에서 끌어온 증거에 의거할 것이기 때문이기도 하다. 나는 그로 인해 발생한 하나의 특정한 사건, 즉 2003년 2월 임박한 이라크 전쟁에 반대하는 저항, 특히 런던에서 발생한 대규모 반전시위와 언론이 그것을 군중의 감정과 관련하여 보도한 방식 그리고 저항자들이 자신들의 느낌과 관련하여 말하고 싶어 했던 것에 초점을 맞출 것이다. 나는 이 사례연구가 내가 여기서 지적하고자 한 논점을 예증하고 그것에 생명을 불어넣어 주기를 바란다. 하지만 그 전에 나는 다양한 사회이론들이 감정이 사회적 삶과 사회운동에서 강력한 힘으로서 수행하는 역할 ― 사회질서를 만들어내는 역할과 위협하는 역할 모두 ― 을 어떻게 이해해왔는지를 얼마간 언급하고자 한다.

사회이론, 감정 그리고 집합체

감정에 대한 다른 이론적 입장들에 대해서는 이미 살펴보았기 때문에, 이절에서는 감정에 대한 사회학적·사회이론적 입장들을 개관하고자 한다. 고전적인 사회학적 인물과 보다 광범한 사회이론 속에서 작업한 학자들이 그들의 저작에서 감정을 이해한 방식을 포괄적으로 그리고 면밀하게 고찰한 연구들도 이미 존재한다(Barbalet, 1998; Denzin, 1984; Turner and Stets, 2006; Williams, 2001). 따라서 나는 이 장의 주제인 권력, 대중운동, 그리고 사람들로 하여금 정치적 행위에 나서게 만드는 정서와 각별히 관련 있는 사상가들에 초점을 맞출 것이다. 사회학자 에밀 뒤르켐의 저작은 여기서 특히 적절하다. 왜냐하면 그는 감정이 개인적 현상이 아니라고 제시하기 때문이다. 그는, "집합 표상, 감정, 성향은 특정 상태의 개인의식이 아니라 하나의 전체로서의 사회집단이 존재하게 되는 조건에 의해 유발된다"라고 주장한다(Durkheim, 1895/1938: 106). 그의 세대의 다른 학자들(이를테면 프로이트)처럼, 뒤르켐은 르 봉(Le Bon, 1896)에 그리고 집합적인 감정적 힘은 비합리적이고 개인의식이 저항하기에는 너무나도 강력하다는 관념에 크게 영향을 받았다. 그러한 의미에서 집합적인 감정적 힘은 여론의 흐름처럼 '사회적 흐름'으로, 개인들의 행동과 의식에 강력한 힘으로 작동하며 행동과 생각을 틀 짓는다. 하지만 뒤르켐(Durkheim, 1912/1915)은 자신의 종교에 관한 연구에서 감정을 사회집단의 구성과 재구성에서 작동하는 힘으로 바라보는 더욱 세련된 견해를 발전시켰다. 그러한 힘은 집합적인 종교적 의례와 공연이 강화시킨 강렬한 감정에 의해 산출된다. 그리고 집단의 상징 ― 토템과 같은 ― 은 집합적 의례에서 창출되는 의존성과 활력의 감정을 투여받아 엠블럼이 된다. 이는 집단이 "너무나도 복합한 실체이기에 그 복잡한 통일체를 완전히 표현할 수 없기" 때문이고(Durkheim, 1912/1915: 220), 따라서 결국 집단은 토템, 깃발, 신앙 또는 사상에 의해 표현되게 된다.

하지만 집합적 의례 속에서 산출된 감정적 '흥분effervescence'은 그러한 엠블럼이나 사상을 통해 그 집단의 통일성을 재생산하는 데 기여하는 것만이 아니다. 왜냐하면 그것은 또한 그것이 폭발시킨 비합리적 힘을 통해 그 집단을 분열시킬 우려도 있기 때문이다. 일상 세계의 도덕은 적절한 수준의 감정적 강렬성을 가지고 실행되는 분산된 활동들로 이루어지지만, 그것은 "물리적·정신적 삶 전체를 더 이상 지탱할 수 없게 하는 극도의 폭력적 흥분을 초래하는"(Durkheim, 1912/1915: 216) 의식적儀式的·의례적 집회에 의해 전복될 위험에 처하기도 한다. 비록 일시적이지만, 그러한 흥분된 집회는 참여자들에게 일상의 질서 너머에 있을 수도 있는 세계를 넌지시 예기한다. 하지만 뒤르켐은 또한 영속적인 사회변동의 시기에 강렬한 흥분된 감정이 수행하는 역할도 파악할 수 있었다. 그에 따르면, 그러한 시기에 "어떤 커다란 집합적 충격하에서 사회적 상호작용은 훨씬 더 빈번해지고 적극적이 된다. 사람들은 서로를 찾고 이전보다 더 함께 모인다. 그러한 전반적인 흥분이 혁명적 또는 창조적 시대를 특징짓는 것을 유발한다"(Durkheim, 1912/1915: 210~211). 하지만 일상의 측면에서 뒤르켐은 서구 근대 세계 속에서 집합적 흥분은 오늘날 종교적 의례와 상징보다는 주로 정치적인 의례와 상징을 축으로 발생한다고 인식한다. 뒤르켐이 볼 때, 높은 수준의 감정적 격렬함을 투여받고 있는 현대의 이상이 바로 '도덕적 개인주의moral individualism' ― 즉, 개인의 존엄성, 가치, 권리에 대한 존중 ― 이다(Durkheim, 1957).

뒤르켐의 생각이 강렬한 흥분된 감정이 초기에 사회집단과 대중운동의 구성과 재구성에서 수행하는 역할을 이해하는 데 도움이 되기는 하지만, 그럼에도 불구하고 그의 개념에는 몇 가지 문제가 있다. 뒤르켐은 집합적인 힘 ― 그것이 감정의 흐름이든 여론의 흐름이든 ― 이 그것의 독특한 힘 ― 너무나도 강력해서 개인들이 저항할 수 없는 ― 때문에 항상 집단들 사이에 통일성을 만들어내는 데 성공한다고 제시하는 것으로 보인다. 아마도 뒤르켐은 친족처럼 근대 사회집단도 너무나도 복잡해서 그것의 복잡한 통일성 ― 아니면 다양성이라고 해야 할까? ― 모두를 분명하게 표현할 수 없기 때문에 사회라는 독특한 개념을 만들어냈다고 생각하는 것으로 보인다. 더군다나 감정과 관련해서 살펴보면, 비록 그의 후기 저작이 정치체계의 신념과 이상 ― 도덕적 개인주의와 같은 ― 을 평가하는 데서 감정이 수행하는 보다 합리적인 역할을 규명하지만, 뒤르켐은 여전히 감정을 너무나도 복잡해서 분석할 수 없는 비합리적인 힘이라고 보는 관념을 견지한다. 그가 한 인류학적 연구에서 말하듯이, "[감정]이 집합적 기원을 가질 때, 그것은 비판적·합리적 검토를 허용하지 않는다"(Durkheim and Mauss, 1903/1963: 88).

이 책에서 나는 이미 감정을 개인들을 엄습하는 비합리적인 힘으로 보는, 그리고 그것의 비합리성 때문에 사회과학적 연구나 지적 성찰의 대상이 될 수 없다고 보는 견해에 이의를 제기해왔다. 게다가 뒤르켐은 감정 — 집합 표상과 같은 — 이 '하나의 전체'로서의 사회집단이 존재하게 되는 조건에 의해 산출된다고 가정한다. 이는 내가 이 책에서 강조해온 바로 그것, 즉 근대사회에서 각자는 자신의 전기적 궤적에, 그리고 시간이 경과하며 발전하고 변화하는 가치 — 하나의 자아로서의 그들에게 중핵이 되어온 — 에 근거하여 그들이 직면하는 사회적 상황과 그들 나름의 관계를 맺을 것이라는 점을 무시한다. 이것은 한 사회집단의 개인들은 결코 하나의 전체로서 동일한 조건에 놓이지 않을 것이라는 것을 의미한다. 왜냐하면 전체는 항상 그 집단의 복잡한 다양성과 그것 내에서의 매우 복잡한 감정적 반응에 의해 파편화되기 때문이다. 나는 이 장에서 계속 논의를 진행하며 이를 예증할 것이다.

비록 매우 다른 철학적 기반에서 작동하기는 하지만, 문화연구 내에서 현대 정서이론들이 뒤르켐과 매우 유사한 입장을 취하고 있다. 우리는 이미 제1장에서 문화연구에서 '정서적 전환'이 일어나면서 감정을 담론과 의식 아래에서 작동하며 몸과 행위를 틀 지으면서 사회집단에 영향을 미치는 힘 또는 흐름이라고 보는 경향이 어떻게 생겨났는지를 살펴보았다. 이러한 맥락에서 아메드(Ahmed, 2004)는 권력 및 정치와 관련하여 감정을 연구해왔다. 왜냐하면 그녀가 감정은 개인의 몸과 집합적 조직체의 표면을 틀 짓는 일을 한다고 믿기 때문이었다. 아메드가 볼 때, "감정은 몸/조직체들 사이를 순환하며" 어떤 몸/조직체들에는 달라붙고 다른 몸/조직체들은 스쳐 지나간다(Ahmed, 2004: 4). 하지만 동일한 책에서 몇 쪽 다음에 아메드는 그 감정 자체가 순환하는 것이 아니라 정서가 달라붙거나 스며든 대상이 순환하며, 감정 자체는 그러한 대상의 순환을 통해 움직인다고 주장한다. 그러니까 아메드는, 마르크스가 대상이 시장에서 순환을 통해 금전적 가치를 축적하는 것으로 이해하는 것과 마찬가지로, 특정 대상이 시간이 경과하며 순환을 통해 정서적 가치를 축적하는 것으로 이해하는 '정서 경제affective economy' 모델을 제시하고 있다. 하지만 그러한 대상이 순환하는 것은 경제 시장이 아니라 다양한 텍스트들 — 정치적 연설과 논평, 정당과 집단의 성명서, 신문 보도 — 이다. 따라서 아메드는 (어떤 몸/조직체들에는 달라붙고 다른 몸/조직체들은 스쳐 지나가는) 정서적 가치의 축적을 측정하기 위해 그러한 텍스트를 연구한다. 그녀는 다음과 같이 말한다. "나의 분석은 공적 영역에서 순환하는 텍스트들을 분석하는 방식으로 진행된다. 그 텍스트들은 공적 영역을 순환하며 '타자'를 우리의 느낌의 '원천'으로 삼게 함으로써 주체를 집합체와 제휴시키는 일을 한다"(Ahmed, 2004: 1).

내가 이 절에서 이 이론을 예증하기 위해 하나의 예를 들 것이지만, 지금은 그것에 대해 순수하게 이론적인 수준에서 몇 가지 논평을 하고자 한다. 그것에 대해 내가 가지고 있는 의문은 정서 경제에서 순환하는 것이 정확히 무엇인지를 둘러싸고 엄청난 혼란이 존재한다는 것이다. 그것이 앞의 인용문에서 주장하듯이 텍스트인가, 아니면 그 책의 다른 부분들에서 다양하게 진술하는 것처럼 감정인가, 대상인가, 아니면 기호인가? 그러나 우리가 과도하게 분석하지 않고 그것을 액면 그대로 받아들인다고 하더라도, 그러한 경제에 의해 산출된 정서가 어떻게 어떤 몸/조직체들에는 달라붙고 다른 몸/조직체들은 스쳐 지나가는가? 거기서 아메드는 텍스트에서 계속 진행되는, 감정에 이름 붙이기가 항상 그것을 의도한 대상에 달라붙게 하고 타자를 우리의 느낌의 원천으로 삼게 함으로써 주체를 집합체와 제휴시킨다고 가정하는 것으로 보인다. 이를테면 '망명 신청자'에 관한 텍스트들이 그러한 집단을 증오, 의심, 공포의 대상으로 '타자화'하는 반면 그렇게 이름 붙여질 수 없는 사람들에게 집합적 민족 정체성과 집합적 가족/친척 정체성을 부여하는 것처럼 말이다. 그러나 뒤르켐의 경우와 마찬가지로 거기에서도 감정은 항상 표면에서 그러한 방식으로 작동하며 집합체를 형성하고, 따라서 모든 사람은 전체의 일부를 또는 아메드가 포착한 바로는 또한 그것의 외부를 형성한다고 가정된다. 그 표면 아래에 존재하는 다양성은 무시된다. 그러면 이 이론에서 감정은 정확히 무엇이고 그것은 이름 붙이기 또는 순환에 의해 어떻게 생산되는가? 웨더렐(Wetherell, 2012)이 아메드의 접근방식에 대해 말했듯이, 그녀의 접근방식은 감정을 신비한 또는 초자연적인 힘으로 만든다. 그리고 그러한 힘은 고도로 탈육체화된 방식으로 순환하거나 그러한 순환의 산물이다. 왜냐하면 감정은 그것이 형성된 후에나 다양한 몸/조직체들에 달라붙거나 스쳐 지나가는 것으로 보이기 때문이다. 하지만 내가 이 책에서 보여주었듯이, 오직 인간의 몸만이 감정을 느낄 수 있고, 따라서 우리는 신체적 자아로서 그 과정의 맨 처음부터 다양한 감정의 생산에 종사함이 틀림없다. 그러므로 우리는 정서를 "창공 속이나 끝없는 신비한 순환 속이 아니라 실제의 몸과 사회적 행위자들 속에"(Wetherell, 2012: 159), 그리고 그들의 정서 관행 속에 위치시킬 필요가 있다.

그러나 이러한 비판은 또한 가치 생산의 문제와도 관련되어 있다. 왜냐하면 마르크스가 보여준 것은 가치가 단순히 시장에서 생산물의 순환에 의해 축적된다는 관념은 거짓이라는 것이기 때문이다. 궁극적으로 한 생산물의 가치는 그 생산에 투입된 노동에 의해 결정되고, 따라서 가치는 결코 인간의 노동, 행위, 관행과 무관하게 생산되지 않는다. 유사하게 나는 이 책에서 바흐친과 같은 사상가와 듀이 같은 실용주의자의 연구를 따라 감정에 대한 미학적 이해를 발전시킴으로써 인간의 의미, 가치, 감정은 대화와 상호작용의 산물이라고 제시해왔다. 하지만 그것들이 이미 존재하는 사회적·문화적 의미형태에 의해 틀 지어지는 것은 사실이다. 하지만 그럼에도 불구하고 대화적 상호작용은 사회적 의미들을 특정한 순간에 미묘하게 변화시키거나 새롭게 만드는 독특한 순간들을 만들어낸다. 이것이 바로 전통적인 방식으로 진행되곤 하는 사랑의 선언이 사랑하는 두 연인에게 독특하고 새로운 것이어서 그들에게 잊을 수 없는 독특한 순간으로 기억되기도 하는 까닭이다. 게다가 리사 블랙먼(Lisa Blackman, 2008)이 보여주었듯이, 감정과 정서는 순환하는 에너지와 같은 것으로, 심적으로 끌어당기는 힘 ─ 사랑에 '빠지'거나 누군가의 '매력'에 사로잡히는 것 같은 ─ 을 가진다는 관념은 둘 또는 그 이상의 사람들 간의 관계적 연관성, 관계유형, 관계 역학과 관련되어 있다. 인간은 통제하기 어렵거나 그들의 통제권을 넘어서는 관계 동학에 휩쓸릴 수 있고 또 휩쓸리지만, 그것은 감정이 너무나도 강력해서 저항할 수 없는 힘 또는 흐름이기 때문이 아니라, 그러한 동학이 서로 다른 많은 사람들 ─ 커플, 가족 그리고 더 큰 사회집단이나 집합체 ─ 의 상호작용을 통해 산출되고 또 감정이 그 관계의 유형 내에서 만들어지기 때문이다. 감정은 그러한 일군의 집단을 독자적으로 형성하고 파편화하고 파괴하는 신비한 힘으로서 그들에 앞서 존재하는 것이 아니다. 나는 관계성이라는 관념과 감정의 생산을 이 장 도처에서 다시 다룰 것이다.

하지만 우선은 감정을 이해하기 위한 집합적 접근방식들에 대한 하나의 대안이 등장했는데, 그것은 뒤르켐이 그의 분석에서 부정했던 바로 그것, 즉 감정 생산에서 개인의식이 수행하는 역할에 초점을 맞추고 있다는 점을 지적하고자 한다. 감정의 정치적 측면에 대한 최근의 일부 연구에서 감정은 가치 지각에 대한 지적 반응으로, 그리고 그 자체가 윤리적 추론 체계의 일부로 이해된다(Nussbaum, 2001). 이 입장은 감정이 예측 불가능하고 무질서한 방식으로 작동할 수 있다는 점을 미리 배제하지 않는다. 왜냐하면 감정이 우리로 하여금 우리가 높이 평가하지만 우리의 개인적 통제를 넘어서는 사람, 대상 또는 이상에 애착심을 가지게 하기 때문이다. 이로 인해 우리는 사랑하는 사람이나 사물을 잃거나 위협받을 때 쉽게 슬퍼하고 화내고 두려워한다. 감정은 평가 행위 그 자체에 필수적이기 때문에, 그것은 우리가 선한 것과 공정한 것에 대해 생각할 때, 그리고 정치적 관념과 이상들에 대해 평가할 때에도 역시 일정한 역할을 수행할 수밖에 없다. 이것은 감정에 대한 인지적 이론들 내에서 전형적으로 나타나는 접근방식이다. 누스바움(Nussbaum, 2001: 23)은 이 이론에 찬동하여 감정은 "정보를 수신하고 처리하는 것에 관한 것"이라고 말한다. 나는 이러한 종류의 인지적 이론을 앞서의 장들, 특히 제2장에서는 레디(Reddy, 2001)의 연구와 관련하여, 그리고 제4장에서는 정서를 감각적·지각적 정보의 처리에 중심적인 것으로 보는 심리학 이론들과 관련하여 다루었다. 하지만 모든 인지적 이론이 몰락한 까닭은 바로 그것들이 개인과 그들 자신의 의식에서 발생하는 것에만 초점을 맞추고, 컴퓨터과학에서 끌어온 정보처리 모델에 의존하여 그것을 설명하기 때문이다. 다시 한 번 더 우리는 사회적 관계의 세계로부터, 그리고 감정을 사람들 간의 관계에서 일어나는 것 − 사람들의 마음에서 일어나는 것과 대립되는 것으로서의 − 으로 보는 견해로부터 멀어진다.

　나는 이 책 도처에서 이에 대해 응답해왔다. 그렇다고 내가 사람들의 몸과 마음속에서 어떤 일들이 일어나고 있다는 것을 부정하는 것은 아니다. 왜냐하면 그런 일은 분명 발생하고 있으며, 감정경험에서 중심적이기 때문이다. 개인들은 느낌과 감정에 기초하여 판단하고, 내가 제5장에서 보여주었듯이, 그것들은 사람들이 세계, 그리고 그들 자신의 신체적 자아와 맺는 성찰적 관계와 뗄 수 없게 결합되어 있다. 하지만 감정은 근본적으로 인지와 관련되어 있는 것이 아니라 다른 사람과 특정 상황에 대한 우리의 습관적인 육체화된 반응과 관련되어 있다. 그리고 이는 다시 우리의 관계적 과거와, 그리고 우리가 다른 사람들과 함께 관여하는 관행들과 결합되어 있다. 우리의 감정적-평가적 반응은 우리의 습관 속에 깊이 뿌리내리고 있으며, 우리가 그것을 의식하고 성찰하여 다른 반응을 보이거나 다른 행위의 경과를 취하기로 결정하게 되는 것은 오직 그것들이 더이상 적절하지 않을 때 또는 우리가 처한 상황에 적절하지 않을 때뿐이다. 이 견해는 또한 감정이 반드시 비합리적인 힘이 아니라 그와 관련한 어떤 이유를 가진다고 제시한다. 그리고 그 이유는 순전히 심적이지만은 않으며, 그보다는 어떤 관계유형으로부터 발생한다. 하지만 그러한 관계는 또한 권력관계이기도 하고, 내가 보기에 우리는 사람들의 감정적 반응과 가치판단을 그들이 속해 있는 권력관계로부터 분리할 수 없다.

권력과 감정: 화, 공포 그리고 '테러와의 전쟁'

막스 베버_Max Weber_가 볼 때, 권력관계에서 복종은 "공포와 희망이라는 매우 강력한 동기에 의해 결정되고," 권위의 세 가지 이상형 — 전통적 권위, 카리스마적 권위, 법적 권위 — 에 의해 정당화된다(Weber, 1919/1948: 79). 지금 그의 논평은 매우 선견지명이 있었던 것으로 보인다. 왜냐하면 2001년 9·11 이후 공포와 희망이 정치적 수사와 정치적 관계 속에서 크게 부상했기 때문이다. 서구 정부들, 특히 영국과 미국은 그들이 위협적인 또는 임박한 테러 공격에 대해 반복적으로 경고할 때 공포를 이용해왔다. 그리고 '테러와의 전쟁'이 수행하는 작전이 평화와 안전에 대한 그러한 위협을 제거할 것이라는 희망을 불러일으키고 있다. 동시에 법의 지배라는 법적 토대에 의거하는 서방세계의 사회들은 민주주의와 언론 자유의 횃불로 치켜세워진다. 하지만 9·11에 대한 감정적 반응을 다룬 한 논문에서 켐퍼(Kemper, 2002)는 그러한 반응을 여섯 가지 감정 — 화, 슬픔, 공포, 기쁨, 수치심, 죄책감 — 으로 확대하고, 미국 내의 상이한 집단들에게서 그날의 사건과 그것과 자신들의 관계에 따라 어떠한 감정이 유발될 것인지를 예측한다. 더 나아가 그러한 감정들은 권력관계와 관련되어 있다. 왜냐하면 **화**는 지위 상실로부터 발생하고, **공포**는 다른 사람과 관련된 권력의 상실로부터 초래되고, **슬픔**은 돌이킬 수 없는 지위의 상실로부터 발생하고, **기쁨**은 지위의 획득으로부터 발생하기 때문이다. 마찬가지로 **죄책감**은 자신이 다른 사람에게 과도한 권력을 행사했다고 생각할 때 느끼고, **수치심**은 다른 사람들 앞에서 자신의 지위를 떨어뜨리는 식으로 처신했다고 생각할 때 느낀다. 이러한 관계적 견해에서 볼 때, 감정은 사회의 권력구조와 지위구조에서 그 사람이 차지하는 위치와 관련되어 있다. 이 견해는 감정이 사회적 관계에서 어떻게 출현하는지에 대한 켐퍼의 보다 광범한 이론과 연계되어 있다(Kemper, 1990). 이에 기초하여 켐퍼는 자신이 '뉴요커/대부분의 미국인들'로 이름 붙인 집단은 9월 11일 세계무

역센터와 펜타곤 공격에 대해 화를 느낄 것이라고 예측한다. 왜냐하면 그것들이 미국 권력의 중심이고 상징이기 때문이다. 따라서 그 공격은 회복되어야만 하는 지위의 상실로 인식되었다. 이를 감안할 때, 화는 9·11에 대한 반응에서 하나의 중요한 감정으로 예측될 수 있으며, 이것은 그 사건을 지위의 상실로 바라본 많은 미국 시민들 사이에서는 의심할 바 없다. 그리고 이는 공포, 그리고 언젠가는 희망과 함께 존재할 것이다.

하지만 내가 여기서 앞으로 보여주듯이, 화는 단지 지위의 상실에 대한 반응으로만, 또는 그것의 상실로 인한 수치심과 관련해서만 발생하지 않았다. 오히려 미국과 영국 같은 나라들에서는 자국 국민의 일부 분파들이 정부가 테러리스트의 잔학 행위에 잘못 대응했다고 인식함으로써 화가 그들 나라의 정부를 향하게 되었다. 실제로 실버(Silber, 2011)가 지적하듯이, 시민의 화는 사람들을 행위에 동원할 수 있는 도덕적·정치적 감정으로, 국가 그리고 보다 일반적으로는 정치 영역을 지향한다. 그녀가 시민의 화에 주목하게 한 것은 의외로 엘리트의 자선 활동에 관한 한 연구였다. 그 연구에서 그녀는 자선 활동이 가족 배경과 가치, 개인적 만족감과 성취감, 공감과 동정심, 다른 사람들과의 집합적 연대감과 같은 요소들을 포함하는 개인적 궤적을 가진다는 점을 발견했다. 하지만 이와 함께 거기에는 또한 능력과 효율성을 결여한 국가에 대한 강렬한 비판과 분노감이 자리하고 있었다. 그러므로 엘리트 자선가들의 기부는 단지 긍정적 감정뿐만 아니라 일반적으로 부정적 감정으로 인식되는 화와 혐오 같은 감정들을 포함하는 복잡한 감정적 반응을 동기로 하는 것이었다. 하지만 실버가 지적하듯이, 화는 사람들로 하여금 집합행위에 나서게 하며, 이러한 점에서 화는 하나의 동기부여 감정일 수 있다. 그러므로 화를 단지 지위 상실의 측면에서만 바라보는 것은 잘못이다.

마찬가지로 공포를 단지 다른 사람과 관련된 권력을 상실한 결과로만 보는 것도 잘못이다. 바바렛(Barbalet, 1998)이 지적하듯이, 구조화된 권력 부족이 공포의 원인일 수도 있지만, 엘리트 집단들조차 자신들의 이해관계가 위협받고 있다고 느낄 때 공포를 느낀다. 바람직하지 않은 사건이나 결과가 전망되는 것과 함께 공포의 원인이 되는 것이 바로 이것이다. 하지만 화와 마찬가지로 공포는 사람들로 하여금 행위에 나서게 만드는 동기를 부여하는 효과를 가질 수 있다. 공포감으로부터 조직의 혁신과 발전이 일어날 수도 있다. 왜냐하면 공포는 사람들로 하여금 취약감을 제거하기 위해 집합적으로 노력하고 자신들의 이익과 안전 의식을 강화하게 만들기 때문이다. 따라서 '싸우기/도망치기' 반응에서처럼 공포가 순전히 개인적 또는 심리적 현상으로 간주될 때 그 결과 부동성, 위축 또는 부정이 초래될 것으로 생각되지만, 공포가 사회적 현상으로 인식될 때 공포를 제거하기 위한 집합행위가 출현할 가능성이 있다. 그러한 점에서 바바렛이 볼 때, 단지 공포뿐만 아니라 모든 감정이 사회적 행위와, 그리고 행위 주체들에 의한 그들 사회세계의 변혁과도 직접적으로 관련되어 있다.

하지만 많은 연구가 서로 다른 이론가들이 그들의 감정연구에서 취한 권력 정의에 의거하고 있다. 이를테면 켐퍼는 그가 권력에 대한 베버식 입장이라고 규정한 정의를 취한다. 그 정의에 따르면, 권력은 "다른 사람의 저항을 넘어 자신의 원망, 욕망, 이해관계에 다른 사람들이 복종하도록 기획된 모든 행위"로 정의된다(Kemper, 2002: 54). 이러한 관점에서 권력은 공격 위협과 실제적인 물리적 공격 모두 언어적 학대, 사기와 조작, 또는 다른 사람의 이익이나 특권의 박탈 위협과 실제적 박탈을 포함하는 것으로 언급된다. 그러한 수단에 의해 어떤 사람은 자신의 의지에 반하여 다른 사람의 의지에 순응할 것을 강요받는 것으로 간주된다. 그러므로 우리는 사회적 상호작용의 결과 누군가가 권력구조에서 차지하는 지위가 상승했는지 하락했는지 또는 동일하게 유지되었는지를 발견함으로써 사회적 상호작용을 권력과 관련하여 연구할 수도 있다. 하지만 이것은 베버가 권력의 정당화, 그리고 사람들로 하여금 강력한 힘에 순응하도록 설득하는 수단을 강조했다는 점을 무시한다.

나는 켐퍼의 접근방식에 반대하여 상이한 권력 정의를 취하고 또 권력관계 속에서 감정을 바라보는 상이한 관점을 채택하고자 한다. 나는 한 개인이 다른 사람들에 대해 그리고 다른 사람들에 맞서 맺는 관계를 중심축으로 하여 지위를 권력관계에서 핵심 요소로 보는 권력 정의를 견지하기보다는, (앞 장에서 간략히 다룬 바 있는) 권력에 대한 푸코의 통찰을 얼마간 발전시킬 것이다. 이러한 통찰이 흥미로운 것은 그것이 권력관계를 형성하는 데서 작동하는, 그리고 통치형태 내에서 출현하는 감정에 대한 특정한 관념을 함축하고 있기 때문이다. 다시 말해, 푸코에게 권력은 억압과 관련된 것이 아니라 생산적 방식의 **시뮬레이션**을 통한 통제와 관련된 것이기 때문이다. 따라서 푸코는 이렇게 말한다. 권력은 "가능한 행위들에 영향을 미치는 전체 행위의 구조이다. 그것은 자극하고, 유도하고, 유인한다, …… [그것의] 행위 하는 주체 또는 행위 하는 주체들에게 영향을 미치는 방식이다"(Foucault, 1982: 220). 따라서 권력은 강제라는 힘 자체를 통해 다른 사람에게 직접 강요하는 행위가 **아니다**. 그것은 가능한 행위들의 장場에 **영향**을 미치는 것을 목적으로 하는 행위 구조로서 보다 미묘하게 작동한다. 따라서 "권력은 두 대항자 간의 대결이나 한 사람을 다른 사람과 연계시키는 것이기보다는 통치의 문제로, …… 그것은 개인이나 집단의 행동을 지시하는 방식을 지칭한다"(Foucault, 1982: 220).

하지만 내가 여기서 발전시키고 있는 감정 이해를 위해 푸코식 접근방식을 채택할 때 봉착하는 어려움은 통치 테크놀로지와 자아 테크닉에 대한 푸코의 생각이 **비개인적**이라는 것이다. 그것들은 사회적 영역에서 이용되는 또는 개인들이 자기관리 수단으로 사용하는 순전히 기술적인 장치로서의 테크닉을 분석하기 위해 설계된다. 이를테면 자아 테크닉은 자기돌봄을 명령하는 윤리적 부호 ― 이를테면 자아의 미학을 형성하는 다이어트와 여타 식이요법들 ― 의 사용을 통해(Foucault, 1988), 또는 우리가 앞 장에서 살펴보았듯이 사람들을 조직 내의 권력에 예속시키는 감정지능 관행을 통해 설계된다. 하지만 자아 테크닉은 상이한 권력체제를 형성하고 파괴하는 관계적 과정, 따라서 느낌과 감정이 출현하는, 사람들 간의 대화적·상호작용적 관계 또한 놓치고 있다. 하나의 미학으로서의 자아 테크닉은 또한 고도로 개인화되어 있고, 따라서 대화적 접근방식과 대조된다. 대화적 접근방식에서 "미학적 프로젝트는 하나의 핵심적인 인간 프로젝트이며, 다른 프로젝트에 의해 만들어지면서도 다른 프로젝트에 형태를 부여한다"(Sullivan, 2012: 32). 이것이 바로 내가 여기서 지금까지 주창해온 미학의 양식으로, 그 속에서 인간은 사회적 상호작용 환경에서 의미를 경험하는 동시에 만든다. 그리고 내가 제5장에서 보여주었듯이, 그 속에서 사람들은 다른 사람들과의 대화적 상호관계 속에서 자아권력 의식**과** 취약감 ― 자신들이 자신들에 대해 다른 사람들이 가지고 있는 견해(이에 대한 상상이 그들로 하여금 특정한 감정을 느끼게 만든다)에 매여 있다는 인식 ― **모두**를 표현한다.

앞서의 비판을 감안할 때, 우리는 비록 푸코의 분석 양식으로는 아니지만 그의 용어로 표현하면, 권력과 통치라는 발현적인 관계적 장을 질서화하는 데서 감정이 어째서 본질적인지에 대해 생각해볼 수 있다. 왜냐하면 자극하고, 유도하고, 유인하는 것은 감정을 수반하기 때문이다. 자극하기 위해서는 화가 자극에 대한 하나의 가능한 반응이 되도록 어떻게 해서든 사람들로 하여금 성 나거나 흥분하게 해야만 한다. 유도하기 위해서는 특정 유형의 행동을 하게끔 하는 방식으로 사람들을 설득하거나 동기를 부여해야만 한다. 마지막으로, 유인 행위는 어떤 사람, 대상, 목표 또는 이상에 대한 열망이나 갈망을 산출해야만 한다. 따라서 지위는 분명 권력관계에서 중요하고 수치심과 당혹감의 경험에서 중심적이지만, 그것들은 권력과 감정의 연구에서 고려되는 유일한 요소(또는 심지어 핵심적 요소)는 아니다. 하지만 내가 여기서 예증하고자 하는 것은 그러한 통치 테크닉과 그것과 함께 진행되는 감정조작 양식들이 항상 작동하는 것은 아니라는 점이다. 실제로 그것들은 자주 역효과를 낳고, 정부가 유도하고자 한 감정이 아닌 감정을 확 타오르게 하기도 한다. 이것은 푸코의 권력 이해에서는 제시되지 않은 것이다. 푸코가 모든 사람이 권력관계 내에서 일정 정도의 권력을 가지고 있기 때문에 권력은 항상 저항에 부딪힌다고 말하지만, 그의 저항 관념은 고도로 일반화되어 있다. 저항은 권력과 통치가 행사될 때마다 발생하는 것으로 이해된다. 그러나 거기에는 왜 사람들이 저항하는지, 그리고 그러한 저항의 이데올로기적 또는 감정적-평가적 이유가 무엇인지에 대한 인식은 결코 찾아볼 수 없다.

푸코와 맥을 같이하여 아메드(Ahmed, 2004)는 공포가 통치 테크놀로지로서 그리고 집합체의 형성을 위한 도구로서 사용되어온 방식을 분석한다. 9·11 이후 테러리즘의 위협에 대한 공포는 몸/조직체들을 어떤 몸/조직체와 제휴시키고 다른 몸/조직체들과는 대항하게 하기 위해 이용되었다. 왜냐하면 공포가 잠재적인 테러리스트의 몸/조직체들에 달라붙었기 때문이었다. 추정컨대 그들은 흑인이나 아시아인이었을 것이고, 따라서 걸핏하면 무슬림으로 간주되거나 오해되었다. 그렇게 동일시된 사람들이 볼 때, 공포의 반대쪽 사람들은 민족국가에 대한 애국적 사랑으로 살아간다. 왜냐하면 주권이 테러 위협의 공포로부터 시민사회를 보호해주기 때문이다. 이러한 분석은 공포가 권력과 통치의 테크놀로지 속에서 사용될 수 있는 방식을 흥미롭게 분석하고 있지만, 다시 한 번 더 그러한 테크닉이 항상 그러한 방식으로 몸/조직체들과 성공적으로 제휴한다고 가정한다. 하지만 공포와 희망이라는 정부의 수사는 공포와 희망이 일상생활의 관계와 정서적 관행 속에서 작동하는 방식과 완전히 다른 구성논리를 가질 수도 있다(Wetherell, 2012). 그리고 내가 여기서 제시하듯이, 일상생활의 정서적 관행들 속에서는 그러한 감정적 통치 테크놀로지가 전혀 작동하지 않을 수도 있다.

이는 개인의 전기적 궤적이 권력관계를 가로지르고 또한 감정이 양가적이고 서로 긴밀하게 연결되어 있기 때문이다. 프로이트가 예증했듯이, 감정은 "반대감정(애정과 적대감)을 가진 동일한 사람에 대한 지향"이라는 의미에서 자주 양가적이다(Freud, 1963/1981: 478). 이러한 양가감정은 또한 서로 연결되어 있고 교대될 수도 있다. 이를테면 "희망이 불안하게 공포와 엇갈리고, 단일한 사건이 희망을 슬픔으로 변형시키고, 그 원인을 찾던 슬픔이 화로 표출되고, 이 모든 것이 그 밑에 깔려 있는 사랑의 전달수단이 될 수도 있다"(Nussbaum, 2001: 22). 내가 제시하듯이, 권력관계를 포함하여 모든 관계에서 감정적 반응을 예측하기 어렵게 만드는 것이 바로 이 감정의 양가성과 교대이다. 이것은 정부 또는 어떤 다른 정치집단이 사람들의 행동을 지시하는 방식으로 통치하기 위해 감정을 조작하기가 어렵다는 것을 의미한다. 자극, 유도, 유인은 정확하게 측정할 수 없다. 왜냐하면 모든 사람이 권력관계 네트워크에 얽혀 있기 때문이다. 하지만 이것이 정부가 감정을 조작하려는 시도를 중단시키지는 않는다.

2001년 9·11 이후의 환경 속에서 공포와 희망의 분위기가 조장되었을 때, 미국과 영국 정부가 그렇게 하고자 시도했다. 하지만 아래에서 내가 보여주듯이, 그러한 시도는 영국(또는 다른 나라들)에서 효과를 보지 못했다. 오히려 여러 분파의 주민들이 특히 아프가니스탄에서의 전쟁 이후와 이라크 전쟁이 일어난 후 영국 정부에 몹시 분노했다.

예측 불가능한 감정

이 절에서 언급하는 사례연구는 2003년 2월 15일, 임박한 이라크 전쟁에 반대하여 발생한 런던 시위를 보도한 신문에서 따온 것이다. 나는 연구를 수행하기 위해 영국의 두 대판 신문 — ≪더 타임스*The Times*≫와 ≪더 옵저버 *The Observer*≫(후자는 ≪가디언*Guardian*≫ 신문 그룹의 일요판이다) — 에서 기사를 선택했다. 그 이유는 역사적으로 전자의 신문이 대체로 우파의 정치적 여론을 널리 대변해왔다면, 후자는 대체로 중도좌파를 대변해왔기 때문이다. 하지만 기사를 연구하는 과정에서 흥미로웠던 것은, 다가오는 이라크 전쟁이 여론을 그러한 전통적 노선을 따라 분할하지 않았고, 두 신문 모두가 전쟁을 찬성하는 기사와 전쟁을 반대하는 기사 모두를 실었다는 것이었다. 하지만 내가 타블로이드판 신문보다 이 두 신문에 초점을 맞춘 두 번째 주요한 이유는 그 신문들이 또한 저항자들의 말을 포함하는, 또는 한 신문의 경우에는 완전히 그들의 말로만 이루어진 보도를 싣는다는 것이었다. 그 기사들은 그날 시위에 참석한 저항자들이 자신들의 말로 자신들의 느낌을 보고한 것들에서 따온 인용문들이었고, 때로는 저널리스트들이 저항과 군중의 감정에 대해 말하는 것과는 다른 어떤 것을 알려주었다. 그것은 저널리스트들과 다른 논평자들이 사람들을 집합체와 제휴시키고 자신들의 텍스트에서 사람들의 감정에 이름 붙이는 방식이, 몸-자아들이 그들의 실제적인 일상의 정서적 관행과 관계 속에서 제휴하거나 느끼는 방식과 항상 동일하지 않다는 것을 보여준다.

여기서 선택한 사례연구가 공개적으로 표현된 강력한 감정의 좋은 사례가 된다는 것 말고도, 내가 그것을 선택한 또 다른 이유는 그것이 감정조작을 통해 행동을 지시하고자 하는 시도에 **대항하는** 반응들 — 공개적으로 분명하게 감정을 드러내는 대중저항을 포함하여 — 을 예증한다는 것이었다. 그러므로 이 사례연구는 권력관계 속에서 감정조작을 통해 가능한 행위의 장을 제약하고자 하는 시도가 어떻게 부분적으로 성공할 수 있고 또 비참하게 실패하여 의도한 것과 정반대의 결과를 초래할 수 있는지를 예증한다. 내가 앞 절에서 말했듯이, 영국 정치인들은 '테러와의 전쟁'에서 공포와 희망을 창출하고자 노력했고, 그러한 감정이 테러와 벌이는 어떠한 전쟁에도 공적 지지를 이끌어내기에 충분할 것이라고 생각했다. 뒤에 이어지는 사례연구는 감정적 반응이 훨씬 더 복잡하다는 것을 보여주며, 주민들을 지배하고자 하는 정부의 시도**와** 그러한 시도에 반대하는 여러 분파의 주민들 모두 속에서 감정이 어떻게 작동하는지를 예증한다.

사례연구: 이라크 전쟁 반대의 경우

2001년 9월 11일 미국에 대한 공격이 발생한 후, 토니 블레어 총리가 이끄는 영국 정부는 다른 동맹국들과 함께 조지 W. 부시의 아프가니스탄 침략을 지지하는 주요 국가들 가운데 하나였다. 그리고 다음 해 영국 정부와 스페인 정부는 '테러와의 전쟁'이라는 이름으로 이라크와 벌이는 전쟁의 보다 적극적인 지지자들에 속해 있었다. 하지만 동맹국들이 이라크 정권이 이슬람 테러리즘과 연계되어 있을 수 있고 또 대량 파괴 무기를 축적하고 있다고 공중을 설득하기 위해 제시한 증거는 철저한 비판적 검토의 대상이 되었고, 2002년 후반기에 진행된 전쟁 준비는 여론을 분열시키기 시작했다. 2003년 2월 15일 토요일, 참석자가 수백만 명에 이르는 일련의 거대한 시위가 런던을 포함하여 세계 전역의 도시에서 벌어졌다. 실제로 그것은 지금까지 런던에서 개최된 최대 정치시위 중 하나였다. 일부 사람들은 그 참여자가 300만 명을 조금 넘을 것으로 추정했다. 하지만 내가 관심을 가진 것은 내가 선정한 신문들이 그 시위를 어떻게 보도하는가 하는 것이었다. 나는 그중에서도 기자가 군중에게 귀속시킨 감정, 저항자들 스스로가 말한 자신의 감정, 그리고 또한 기자가 말한 시위 참여자들의 통일성과 다양성에 특히 주목했다. 2월 17일 월요일 자 ≪더 타임스≫가 "전 세계에서 600만 명이 넘는 평화시위자들이 미국을 흔드는 데 실패했고, 미국은 지난밤 이번 주에 이라크에 대한 전쟁 계획을 강행할 것이라고 공언했다"(p. 1)고 주장하는 머리기사를 실었지만, 안쪽 지면에서는 런던 집회를 보다 상세하게 보도했다. "중부 잉글랜드, 소풍 도시락을 싸서 정치의 얼굴을 변화시키기 위해 출발하다"라고 쓰인 헤드라인하에, 그 기사 ─ 시위에 참석한 기자가 쓴 ─ 는 영국의 지배적인 가치와 정체성에 의해 하나가 된 저항을 보여주는 사진을 이렇게 묘사한다. "말썽부리고 시끄러운 정치활동가들은 소수일 뿐인 중간계급의 품위 있는 모임"(*The Times*, 17 February 2003: 12~13). 현장에서는 그 행진을 감정을 삼가는 영국인의 전형적 이미지를 떠올리게 하는 '절제된 행사'로 묘사한다. 그 기사에서 따온 아래의 인용문은 기사의 전반적인 논조를 우리에게 전해준다.

오전 11시 45분, 사람들이 이동하기 시작했다. 분위기는 흥겨웠고, 걷는 속도는 거북이 같았다. 여기저기에서 흔히 볼 수 있는 용의자들the usual suspects, 즉 소리를 지르고 폭언을 내뱉는 무정부주의자들을 발견할 수 있지만, 그들은 평상시의 화원에 있는 것 같은, 그들을 압도하는 군중에 의해 사이드라인 바깥으로 완전히 밀려났다(The Times, 17 February 2003: 12).

이 인용문에서 기자는 그녀가 '흥겨웠다'고 묘사한 군중의 감정 – 분위기 – 을 분명하게 표현하고자 한다. 보고된 유일한 화는 '흔히 볼 수 있는 용의자들' – 이미 알려진 소수집단 – 로 간단하게 처리된 무정부주의자 집단에게 돌려진다. 그리고 그들은 어떤 것에 대해서도 결코 화를 내지 않는 것으로 보이는, "평상시의 화원에 있는 것 같은" 안전한 대다수 사람들과 대비된다. 이 기사에서 군중의 통일성은 중간계급의 정체성과 온화한 기질을 통해 구성되고, 그들을 축으로 하여 경계를 설정하고, 소리를 지르고 폭언을 내뱉는 흔히 볼 수 있는 용의자들을 그 경계 밖으로 내보낸다. 그 기사는 저널리스트가 행진하는 사람들이 표현한 실제 감상이나 의견을 보도하는 것을 제외하고는 시종일관 이러한 논조로 이어진다. 그와는 대조적으로 그러한 감상과 의견들은 전쟁이라는 주제에 대해 강력한 느낌과 감정을 드러낸다. 사람들이 영국 정부가 그들의 우려에 귀 기울이지 않는다고 느낄 때 특히 그러했다. 동일한 기사에서 따온 한 여성 시위자의 다음과 같은 말은 그들이 표현한 견해를 전형적으로 보여주는 사례이다. "나는 오늘 내가 감정적이 될 거라는 것을 알고 있어요. 지금 그게 더욱 믿을 수 있게 되고 있네요. 토니 블레어는 우리를 상대하지 않아요. 그는 듣질 않아요. 어느 누구도 듣질 않아요"(*The Times*, 17 February 2003: 12). 그 기사는 이렇게 결론짓는다. "그것은 평상시의 정치가 아니었다. 그것은 영국 사람들이 누군가가 자신들의 말을 들어주기를 원하고 있음을 품위 있지만 단호하게 말하는 것이었다"(*The Times*, 17 February 2003: 13). 하지만 그 기사는 다시 한 번 더 품위 있음을 단호함과 대비시켜 강조함으로써 저항자들의 감정의 강도를 완화시킨다.

≪더 타임스≫의 동일한 지면에는 시위 현장에서 저항자들과 이야기를 나누면서 그날을 보낸 다른 저널리스트가 쓴 기사가 실려 있다. 그 기사는 저널리스트의 어떤 논평도 첨부되지 않은 채 10명의 시위자들이 자신의 말로 표현한 견해로 이루어져 있다. 또다시 우리는 주요 보도가 전달한 느낌과는 대조적으로 강렬한 감정들이 표현되고 있음을 발견한다. 그중 몇 토막을 인용해보자. "우리는 전쟁에 강력하게 반대해요. 그러나 우리는 그것을 표현할 기회를 가지지 못했다고 생각해요." "그것은 우리가 그들[정치인들] 모두에게 절망하게 만들어요. 그러나 행진은 기운을 북돋아주었어요." "우리는 그 문제에 대해 매우 통절하게 느꼈고, 그것이 우리로 하여금 첫 번째 행진에 나서게 했어요"(*The Times*, 17 February 2003: 12). 이 짧은 인용문들 속에서, 비록 그것이 항상 화와 같은 분명한 감정으로 표현되지는 않지만, 우리는 그 사람들이 표출한 느낌의 강도를 알 수 있다. 거기에는 그들이 지각한 정치적 무기력과 정치인들에 대한 혐오로 인한 절망이 존재하지만, 동시에 행진이 사람들에게 불어넣어 준 활력도 존재한다. 군중 속에서 느낀 집합적 권력 의식이 하나의 목적하에 뭉쳐져 정부에 대한 반대의 목소리를 크고 분명하게 낼 수 있게 했다.

≪더 타임스≫의 보도와 대조적으로, 시위 현장에 있던 기자가 쓴 ≪더

옵저버≫의 메인 기사는 중부 잉글랜드의 균질성보다는 군중의 다양성을 강조한다. 그 기사는 "엄청난 군중의 다채롭고 따뜻한 느낌"에 주목하고, 거기에는 '흔히 볼 수 있는 용의자들'(이 표현이 다시 등장한다) — "CND[영국 반핵운동단체_옮긴이], 사회주의 노동자당, 무정부주의자들" — 외에도 깃발을 들고 있는 수녀, 무슬림, 아장아장 걷는 아이, 강사, 미용사, 노팅엄 카운티 풋볼 서포터들도 있었다고 전한다(*The Observer*, 16 February 2003: 1~2). 군중 속에서 이야기를 나눈 사람들에게서 드러나는 느낌을 다룬 기사는 ≪더 타임스≫ 기사와 유사하다. 그 기사는 정부가 귀를 기울이지 않는다는, 그렇기에 민주주의가 적절히 작동하지 않는다는 느낌이 시위자들에게서 강하게 드러난다고 보도한다. 자신의 말이 직접 인용된 한 사람은 이렇게 말한다. "어느 누구도 의견을 듣지 않고 있어요. 걱정스러운 느낌이 들기 시작하네요. 테러 위협에 대한 유언비어로 세상이 소란스러웠던 것보다 더 걱정이 돼요"(*The Observer*, 16 February 2003: 2~3). 그 신문의 동일한 판의 다른 기사는 다음과 같이 표현하여 군중 속에서 느낀 부정적 감정을 더 부각시킨다. "그들을 하나로 묶은 것은 부시와 블레어, 그러나 주로 블레어에 대한 화이다"(*The Observer*, 16 February 2003: 1). 이렇듯 거기에서는 정부가 자국 국민의 한 분파에 귀를 기울이지 않아 촉발된 화라는 감정에 의해 연대가 창출된 것으로 인식된다.

실버(Silber, 2011)가 자선 활동에 대한 자신의 연구에서 지적했듯이, 이것은 시민의 화가 지닌 동기부여 능력과 강하게 연관되어 있다. 비록 이경우 맥락이 매우 다르기는 하지만, 동일한 감정적 요소 중 몇 가지가 작동하고 있다. 전쟁의 타격을 가장 크게 받을 것으로 보이는 이라크의 일반 시민에 대한 동정심과 그들과의 연대감이 특히 그러하다. 따라서 시위 현장의 군중은 자신들의 이름으로는 아니지만 전쟁에 대한 감상을 표현하기를 원한다. 그러나 또한 그들은 거기서 정치 영역에 (특히 당시의 영국 총리 토니 블레어에게, 그러나 전쟁을 지지하는 모든 정치인에게도) 분명하게 화를 내고 있다. 그리고 그들은 그중 많은 사람이 지지하는 표를 던졌을 정부가 자신들의 말에 귀를 기울이지 않고 있다는 것에 좌절감을 느끼고 있다. 그러한 사람들은 블레어 정부가 장황하게 설명한 '신노동당'의 가치 — "사회적 포함, 공동체, 그리고 사회적으로 책임 있는 동정심의 부활"(Hey, 1999: 61) — 가 실현되기를 갈망했을 것이다. 이제 그들은 블레어 정부가 그러한 가치를 저버리고 있다고 느끼며 화를 내고 있다. 하지만 런던 시위와 관련하여 역시 흥미로운 것은 서로 다른 몸-자아들(그리고 내가 여기서 이 용어를 사용하는 이유는 그 몸-자아들이 자신들의 감정에 이름이 붙여져서 텍스트에 등록되기를 기다리는 비어 있는 몸이 아니라, 그들로 하여금 특정한 것을 특정한 방식으로 느끼게 하는 이전의 가치, 습관, 성향을 포함하여 정체성과 역사를 가진 신체적-자아이기 때문이다)이 어쩌면 서로 다른 감정적 이유에서 하나의 공통의 대의에 함께 제휴하는 방식이다. ≪더 옵저버≫는 군중의 몸과 정체성의 다양성 — 무슬림, 아장아장 걷는 아이, 강사, 풋볼 서포터 등등 — 을 그곳에 함께 자리하고 있는 서로 다른 나이, 계급, 젠더, 인종적 정체성과 관련하여 논평했다. 군중 속의 무슬림들은 전체 무슬림 국가가 위협받고 있다고 느꼈기 때문에 모여들었을 것이고, 그들의 화는 그것으로부터 나왔다. 하지만 이것은 서로 다른 다양한 감정적 이유들이 서로 다른 다양한 몸-자아들을 공통의 대의에 제휴하게 할 수 있다는 것을 의미한다. 더 나아가 감정은 양가적이고 교대되기 때문에 시위 현장의 사람들을 통합시키거나 파편화하는 하나의 단일 감정이 존재하는 것도 아니다. 그날 저널리스트들은 군중의 활력감과 함께 흥겨움에 주목했다. 그러나 거기에는 동정심, 연대, 화, 격분, 좌절(그리고 아마도 더 많은 감정 역시)을 보여주는 증거도 있었다. 이것은 단지 하나의 모임 속에 존재하는 복잡한 다양성만이 아니라 그러한 사람들이 당시 전개되고 있던 임박한 전쟁 상황과 맺는 관계로부터 나오는 복합적 감정을 보여주는 것이기도 하다.

하지만 그 시위에 모여든 사람들이 여전히 주민의 작은 단편이고 전쟁에 대해 가장 강렬한 느낌을 가지고 있는 것 같은 사람들이었다는 점 또한 인식할 필요가 있다. 그 시위에 참여하지 않은 사람들은 어떤 사람들인가? 어쩌면 ≪더 옵저버≫의 세 저널리스트가 쓴 기사에서 그 단서의 하나, 즉 보다 다양한 주민 분파들 사이에 존재하는 복잡하고 서로 다른 여론과 감정의 단서를 발견할 수 있을 것 같다. 그들은 런던 킹스 크로스 *Kings Cross* 근처에 있는 비아노 카페*The Beano Cafe*라는 곳에서 하루를 보내며, 손님들과 이라크와의 전쟁 가능성에 대해 그들이 어떻게 생각하는지를 놓고 이야기했다. 저널리스트들은 손님들이 다양한 이유에서 임박한 전쟁에 대해 대체로 걱정과 우려의 느낌을 드러내고 있음을 발견했다. 그들은 전쟁이 실제로는 석유를 둘러싸고 벌어질 것이라고 느끼고 있었다. 다시 말해 그들은 미국 정부를 신뢰하지 않았다. 조지 W. 부시는 오직 그의 아버지 — 제1차 걸프 전쟁 시기의 미국 대통령 — 의 원한을 갚기를 원한다고 보았다. 그리고 영국 정부는 미국 정부에 너무나도 굴종한다고 생각했다. 사람들은 전쟁에 대해 내세운 공식적 이유들에 대해 일반적으로 의문을 가지고 있었지만, 사담 후세인*Saddam Hussein*에 대해서도 우려했다. 그는 사악한 폭군으로 인식되었다. 그러나 많은 수의 사람들 — 그중 많은 사람들이 전쟁에 대해 어떠한 견해도 가지고 있지 않았다 — 은 **무관심**이라는 느낌을 표명하기도 했다. 전쟁 찬성 활동가와 전쟁 반대 활동가가 표명한 주장과 높은 수준의 감정 모두가 그들의 마음을 실제로 움직이게 하지는 못했다. 그 손님들 가운데 일부는 세계정세의 상태보다 그들의 스포츠 팀의 추이나 최근의 유명인 소문에 더 관심을 두고 감정적으로 몰입하고 있었을지도 모른다. 한 손님은 한 저널리스트에게 다음과 같은 견해를 표명했다.

> 그는 태연하게 어깨를 으쓱이며 이렇게 말했다. "솔직하게 말하면, 그것은 실제로 내게 영향을 미치지 않아요. 내 말은, 그것은 아주 멀리 떨어져 있는 일이라는 거죠. 하지만 만약 그들이 전쟁에 나가게 하기 위해 사람들을 소집하기 시작한다면 걱정하겠죠. 아니면 이 나라에서 무슬림 공동체가 격렬히 반발하고 나선다거나"(*The Observer*, 19 January 2003: 15).

이것이 증명하는 것은 사람들은 그들이 상황과 맺는 전기적 관계 — 그들 자신의 이전의 감정적-평가적 입장과 개인적 관심을 포함하여 — 에 따라 서로 다른 견해, 느낌, 의견, 감정을 가진다는 것이다. 권력관계와 관련해서, 그리고 정부가 이라크 전쟁에 앞서 몇 달 동안 공중의 느낌과 여론을 자극하고 유도하고 유인하기 위해 벌인 시도와 관련해서 볼 때, 그것은 엇갈리는 결과를 낳았고, 심지어 사람들은 그 시도가 실패했다고 과감하게 말하기도 했다. 앞서의 사람들의 경우에 이라크나 목전의 테러 공격의 실제 위협보다도 전쟁 준비에 내세운 실제 이유 — 공식적 이유와 대비되는 것으로서의 — 에 대해 걱정하고 우려하는 것으로 보였다. 그리고 어쩌면 여전히 더 많은 수의 사람들의 경우는 솔직히 그것에 무관심했다. 물론 일부 사람들은 공포와 희망의 조합 — 바바렛(Barbalet, 1998)이 공포라는 감정과 관련하여 지적했듯이, 두려운 것에 대처하려는 시도가 그 위협을 제거할 수 있을 것이라는 희망 — 때문에 여전히 정부의 이라크 정책에 강력히 지지하고 있을 수도 있다. 하지만 내가 여기서 제시하고자 하는 더 큰 논점은 이것이다. **사람들이 자극하고 유도하고 유인하고자 하는 시도에 반응하는 방식은 미리 예측할 수 없다. 그 이유는 바로 감정은 사회적 관계와 권력관계의 다중 네트워크에 뿌리내리고 있기에 복잡한 유형을 하고 있고, 그러한 복잡성이 정부에 대해 서로 다른 입장을 가지게 하고, 그리하여 그것에 반대하고 저항하게 할 수 있기 때문이다.** 마지막의 것과 관련하여 말하면, 저항은 통치의 시도가 일어나는 장소와 시점에서 항상 권력관계 속에서 동원되는 전면적 저항으로만 발생하는 것은 아니다. 오히려 저항은 현대사회의 복잡하고 다양한 권력관계를 표현하는, 그것 나름의 감정적·지적 이유들에 의해 발생한다.

따라서 마지막으로 말하면, 내가 이 장에서 주장해온 것은 서로 다른 몸-자아들이 서로 다른 다양한 이유 ― 이데올로기적 또는 감정적 ― 에서 일시적인 집합체로 함께 모여들어, 하나의 사회집단 가운데에 통일성과 다양성 모두를 창출할 수 있다는 것이다. 이라크 전쟁에 반대하여 일어난 런던 시위 같은 시위에서도 한데 모여 하나의 집단을 형성할 수 있다. 그러나 그러한 집단은 표면상으로는 하나의 대의로 함께 묶이지만, 그 표면 아래에서는 서로 다른 이유로 합쳐질 수도 있고, 각자는 그들 자신의 개인적 전기에 따라 그 집단과 서로 다르게 동일시할 수도 있다. 그러므로 통일성은 항상 하나의 소수집단을 '타자화하는' 것을 기반으로 하지도 않으며, 또 '동일한' 것으로 가정되거나 범주화된 몸-자아들의 집합체로부터 자동적으로 출현하지도 않는다. 더 나아가 사람들이 느끼는 감정, 그리고 그들로 하여금 정치적 행위에 나서서 사회변화를 추구하게 할 수 있는 감정은 복잡하고 변화하며, 항상 통치 테크놀로지가 의도하는 방식으로 출현하지도 않는다. '테러와의 전쟁'에서 서방의 많은 정부들이 불러일으키고 유도하고자 했던 공포는 일상의 정서적 관행과 많은 개인의 사회관계 속에서 자신을 실체화하는 데에는 실패한 것으로 보였다. 실제로 일부 사람들은 자신들을 정치적, 감정적으로 조작하고 관리하려는 시도 자체에 화로 반응하고, 그 화를 외부의 위협으로부터 사회를 보호함으로써 자신들을 지켜준다고 주장하는 그들 자신의 정부로 돌렸다. 나는 여기서 내가 '테러와의 전쟁'에 대한 반발 사례를 통해 감정이 그것이 출현하는 동시에 피드백되는 사회관계만큼이나 복잡하고 양가적이고 예측 불가능하며, 궁극적으로는 통치하기 어려운 것으로 인식되어야 한다는 것을 입증했기를 바란다.

에필로그

나는 이 책에서 느낌과 감정은 관계유형, 보다 구체적으로 말하면 개인적 전기들이 서로 뒤얽혀 교차하는 사회적 관계와 관련된 것이라는 점을 내내 주장해왔다. 내가 검토한 감정에 대한 많은 정신생물학적 설명은 바로 그것들이 관계유형 – 사회적·개인적 의미, 그리고 인간의 느낌 경험에 동반하는 감정적 이성을 포함하여 – 을 무시하기 때문에 제한적이다. 그러므로 느낌과 감정은 그 자체의 성격을 지니는 것, 이를테면 그것**만으로 특정 감정**으로 확인될 수 있는 생리학적 또는 신경학적 반응 같은 것으로 인식될 수 없다. 왜냐하면 그러한 반응들은 보다 광범한 이유에서 관계유형에 따라 느낌과 감정이 발생하는 복합체의 일부이기 때문이다. 하지만 사회적 관계는 항상 전개되는 상황에 있기 때문에 관계유형을 바꾸어나간다. 따라서 우리가 과거의 감정적 성향을 현재의 환경과 상황으로 가져오지만(우리 자신의 전기의 궤적에 따라 형성된 이전의 가치와 동일시의 렌즈를 통해 맥락을 평가하지만), 그러한 관계는 미래로 나아가기 때문에 항상 유동적이다. 따라서 우리가 느끼는 것은 항상 변한다. 느낌과 감정은 이러한 역동적인 변화의 일부이다. 왜냐하면 느낌과 감정은 관계형태에 의해 생겨나면서도 그 관계형태에 영향을 미치기 때문이다. 이러한 의미에서 감정은 사회관계를 묶어주면서도 그것을 위협하고, 동일한 과정 속에서 사회관계를 형성하고 재형성한다. 나는 앞 장에서 이를 얼마나마 예증했기를 바란다. 거기서 나는 강렬한 느낌이 어떻게 사람들로 하여금 일시적인 집합체로 함께 뭉쳐 전반적 권력관계의 형태에 도전하고 그것을 변화시키고자 하게 하는지를 보여주고자 했다. 비록 그러한 시도가 정치적 수준에서는 실패했지만, 보다 국지적 수준에서는 정치적 행위 자체를 통해 많은 것이 바뀌었고, 사람들의 정체성과 그들의 권력 느낌에 많은 영향을 미쳤다.

더 나아가 국지적 수준에서 특정한 상호작용 상황을 형성하는 사회적 관계는 경계 지어진 실체가 아니라 다중적이고 서로 교차하는 관행들의 네트워크이며, 그러한 관행들은 계급과 분파 같은 보다 일반화된 집단들과 때로는 보다 추상적이거나 또는 상상된 집단들과도 연결되어 있다. 일반적 수준과 국지적 수준 모두에서 사회적 관계는 물질적·경제적 요소들에 의존하고, 그러한 요소들은 서로 다른 가능한 관행들을 만들어내고 뒷받침한다. 이를테면 내가 제2장에서 보여주었듯이, 높은 생활수준이 더 낮은 유아사망률을 산출하고 부모와 자식 간에 서로 다른 유형의 감정적 유대를 만들어낸다. 물질적 수준 자체가 관계유형 속에서 발견되는 감정문화를 결정하지는 않지만, 그것은 사람들로 하여금 서로 다른 관계와 감정문화를 안출할 수 있게 한다.

따라서 보다 광범한 사회적 관계의 유형과 국지적 상호작용의 현장은 존재론적으로 연결되어 있지만, 그것은 오직 시간적으로만 파악될 수 있다. 국지적 수준에서 관행은 사회적 역사와 개인적 역사 모두에 의해 구조화된다. 왜냐하면 그것들은 습관적인 행위유형을 추구하는 경향에서 드러나듯이 과거에 의해 영향 받기 때문이다. 그리고 그러한 행위유형이 우리가 사회구조라고 인식하는 것 — 즉각 확인할 수 있는 친숙하고 규칙적인 관계와 관행의 유형 — 을 창출한다. 하지만 동시에 현재의 순간이 우리에게 새로운 것을 제공하기 때문에 어떠한 두 상황도 결코 정확하게 동일하지 않다. 그리고 특히 상황에 근본적으로 새로운 것이 존재할 경우, 습관은 그 새로운 상황에 적응하기 시작해야만 한다. 이것이 바로 관행적·주관적 의식이 작동하는 현장이며, 그 순간에 생각과 느낌 간에는 어떠한 분할도 존재하지 않는다. 왜냐하면 개인들은 변화하는 상황과 언제나 열려 있는 미래에 유연하게 적응해야만 하기 때문이다. 그러한 순간에도 우리는 다른 사람들과의 실제적 관계에 참여하고, 그러한 우리의 즉각적 대인관계 속에서 보다 확고한 의미와 가치가 살아남고 또 느껴진다. 거기서 또한 상상과 욕망도 작동한다. 왜냐하면 우리가 거기서 형성되기 이전의 상태에 있는 새로운 의미와 있을 법한 미래를 감지하기 때문이다. 그리고 그것들과 관련한 새로운 의미론적 표상이 창출되어 그것들에 한층 높은 형태를 부여할 때 그것들은 말로 표현될 수도 있다. 바로 그 순간에 추세에 대한 우리의 느낌이 옛 생각과 경험을 새로운 그리고 출현 중에 있는 가능성과 연결 짓고, 그럼으로써 우리는 현재 전개되는 상황에 매우 민감하게 반응하고 또 적응하게 된다. 이러한 점에서 느낌과 감정은 몸과 신체감각이 어떻게 사회적 의미와 융합되어 사회적 만남들을 유형화된 관계들로 만들어내는지를 보여주는 최고의 사례이다.

우리가 어떤 사람이나 어떤 것과 관련하여 어떤 느낌이나 감정에 의해 **영향 받는**(그리고 마음이 움직이고 바뀌는) 것도 그러한 다른 사람들과의 만남 내에서이고, 또 우리는 항상 일정 정도 다른 사람들이 우리에 대해 취하는 감정적-평가적 자세에 의해 영향 받는다. 하지만 이 책에서 개진한 입장 때문에 나는 '정서로의 전환'을 지지하는 사람들이 제시한 명제 중 많은 것에 반대한다. 그 이유는 그 입장에서 정서는 사회적 관계 외부에서 신비하게 출현하는, 하나의 독자적인 힘 또는 강렬함이자 그 자체로 하나의 위험하거나 파괴적인 어떤 강렬함으로 인식되기 때문이다. 나는 여기서 감정은 기존 관계에 위협적이고 파괴적인 것일 수 있으며, 관계들 내에서 항상 일어나는 변화의 동학의 일부라고 주장하고 있다. 그러나 이것이 정서가, 변화하는 관계유형의 산물이 아닌, 그리고 그러한 관계 내의 다양성의 충돌과 경쟁, 대립, 서로 다른 형태의 저항들의 산물이 아닌, 어떤 강렬함이라는 것을 뜻하지는 않는다. 마찬가지로 나는 정서가 전前 담론적, 비의식적, 비합리적 강렬함이라는 견해를 공유하지 않는다. 왜냐하면 내가 이 책에서 만약 우리가 감정을 관계적 현상으로 파악할 경우 보다 분명하게 초점을 맞추게 될 감정적 이성의 형태들이 존재한다고 주장해왔기 때문이다. 이것이 감정이 항상 의식적으로 경험되고 계속해서 성찰에 예속된다는 것을 의미하지는 않지만, 그것은 우리로 하여금 의식적인 것과 무의식적인 것, 성찰적인 것과 비성찰적인 것, 자발적인 것과 비자발적인 것 간에, 그리고 그것들 간의 필연적 관계 사이에 존재하는 보다 포착하기 힘든 미세한 차이와 정도에 대해 고찰하게 한다. 실제로 이것이 바로 평정심이 하나의 문제로 부상하는 지점, 다시 말해 사람들이 그들에게 영향을 미친 감정경험에 의해 압도되어 위협을 받을 때 그들로 하여금 계속해서 자신과 소통하고 그들의 일상 세계에 대한 평소 수준의 통제력을 부여하는 스킬과 능력을 계속해서 소지하여 균형을 유지하고자 노력하게 하는 지점이다. 비록 우리가 우리의 많은 활동이 비성찰적인 느낌과 감정에 의해 동기를 부여받는다고 주장하지만, 내가 이 책에서 주장해왔듯이, 그것이 정서가 성찰과 어떤 필연적 관계에 있지 않다는 것을 뜻하지는 않는다. 실제로 나는 그것이 바로 성찰 그 자체의 토대라고 주장해왔다. 합리적 원칙을 통해 진행되는 성찰적 사고 양식조차 그 핵심에는 인간 감정에 매우 중요한 가추적 추론, 그것이 수반하는 느낌, 그리고 은유적 상상이 자리하고 있다. 또한 느낌과 감정을 담론으로부터 분리하는 것은 불가능하다. 왜냐하면 우리의 모든 생각과 느낌이 은유의 어조 — 언어의 창조적 사용에 매우 기본적인 — 와 불분명한 단어의 의미에 따라 바뀌기 때문이다. 비록 느낌이 완전한 담론은 아니지만, 우리가 다른 사람이나 상황과 맺는 관계로 인해 마음이 움직일 때, 그것은 언제라도 우리의 정서적 관행 내에서 담론적 발화로 전환될 수 있다. 그리고 아직 분명하게 표현할 수 없는 그러한 모호한 느낌들도, 단어가 그것들에게 완전한 언어적 표현의 형태를 부여하는 우리의 의식 속 어딘가에서는, 여전히 우리 자신에게 또는 다른 사람들에게 영향을 미칠 것이다.

그러므로 정서적 관행은 우리의 상호작용 관계유형 내에서 일어나는 미학적 유형의 육체화된 의미 만들기 및 경험하기와 관련되어 있음이 틀림없다. 그것은 우리로 하여금 우리의 과거의 전기로부터 생기는 기분, 느낌, 가치를 가지고 현재 내에서 적응하고 미래로 나아가게 한다. 그러나 현재의 순간 내에는 항상 수많은 크고 작은 가능성, 즉 우리를 놀라게 하고 우리에게 매우 다른 미래를 열어주고 우리가 느끼고 생각하는 방식에 이의를 제기하게 할 가능성이 존재한다. 이러한 파괴적 가능성들은 미래에 발생할 변화로부터 우리를 격리시키기도 하고 그러한 변화를 열게 하기도 하는 등 복잡한 방식으로 작동하는, 일련의 양가적이고 모순적이고 교대되는 감정들 — 새로운 것에 대한 공포, 흥분, 저항, 갈망 — 을 분명 불러일으킬 것이다. 감정은 이러한 관계 동학의 일부이지, 그것과 결코 독립되어 있지 않다. 사실 감정은 자주 모순적인 관계유형을 따라, 어디에 있는지를 아는 누군가에게로 우리를 안내하고 인도한다.

나는 또한 이 책에서 감정은 그것의 형성에 투입된 어떤 한 요소로 환원될 수 없는 복합체라고 주장해왔다. 감정은 신체 리듬, 에너지, 긴장(그리고 긴장의 완화), 심박동수, 신경처리망, 신경전달물질이 사회적 관계, 의미, 상호작용에 의해 어우러지며 유형화된다는 점에서 복합체이다. 실제로 신경활성화 유형은 습관적 행위와 경험에 기초하는 재현 구조이지만, 일정한 한계 내에서 관행, 학습, 문화 적응을 통해 설정되고 재설정된다. 우리가 감정으로 알고 있는 것은 바로 이러한 전반적인 신체적 관행을 사회적 관계 — 그리고 그것이 수반하고 그것에 의해 출현하는 의미 — 내에서 사회적으로 유형화한 것이다. 이 복잡한 유형화는 서로 다른 문화 — 서로 다른 지역과 장소 모두 — 내에서도 개별 변이를 일으킬 수 있다. 그러한 변화가 일어나는 것은 그러한 요소들이 일상생활의 새롭고 극적인 환경 내에서 새로 접합되는 경향이 있기 때문이다. 언어는 성인의 주요한 감정표현 양식이지만, 말의 억양, 제스처, 얼굴 표정, 몸의 자세를 포함한 신체 공명판의 레퍼토리에 의해 뒷받침된다(그리고 때로는 부정된다). 신경계와 신경 처리는 이를 지원한다. 왜냐하면 시각 및 여타 형태 — 느낌으로 알려진 그러한 형태들을 포함하여 — 의 지각이 '하향식' 및 '계단식' 처리를 통해 언어에 의해 연결되고 조절되기 때문이다. 그러한 것들은 또한 우리에게 창조성을 부여하여, 우리로 하여금 이미지, 은유, 의미, 단어들을 이용하고 활용하여 의미를 경험하는 동시에 창조할 수 있게 해준다.

따라서 인간은 자신이 다른 사람들에 대해 갖는 다양한 의미를 상상 속에서 반영하고 굴절시키는 다성적·대화적 주체성을 지닌 느슨하게 구조화된, 그러므로 연속적이고 다양하고 분명하지 않고 양가적이고 창조적인 자아들이다. 즉, 자아는 자신과 타자 간의 소통 속에서만 출현한다. 자아와 그것의 세상에 대한 지각의 중심에는 우리의 모든 경험을 채색하는 감정적 울림이 자리하고 있다. 이른바 객관적 또는 합리적 사고 양식은 무감정적인 것이 아니라 단지 대화적인 성찰적 의식 — 서로 다른 상황 내에서 다양한 정도로 성찰적인 — 에 열려 있는 보다 비개인적인 태도일 뿐이다. 하지만 감정, 그리고 우리의 자아와 세상에 대한 우리 자신의 느낌은 여전히 우리가 아는 모든 것과 우리가 속해 있는 모든 것의 중심에 자리한다. 느낌과 감정 없이는 세상에 대한, 즉 사상, 음악, 예술, 자아, 타자에 대한 살아 있는 경험은 있을 수 없다. 느낌과 감정은 몸짓, 생각, 감각만큼이나 하나의 살아 있는 신체적 자아에 필수적이다. 실제로 느낌과 감정은 사회적 관행을 통해 발전하며 그러한 것들과 매우 밀접하게 결합되어 있기 때문에 그것들과 (비록 반드시 분석적으로 그리고 성찰적으로는 아니지만) 존재론적으로 분리될 수 없다. 따라서 느낌과 감정은 전체 세계 내의 유의미한 신체적 존재의 일부로, 인간임이 무엇인지를 규정한다.

참고문헌

Ahmed, S. 2004. *The Cultural Politics of Emotion*. Edinburgh: Edinburgh University Press.

Archer, M. S. 2000. *Being Human: The Problem of Agency*. Cambridge: Cambridge University Press.

_____. 2003. *Structure, Agency and the Internal Conversation*. Cambridge: Cambridge University Press.

Bakhtin, M. M. 1920~1923/1990. "Author and Hero in Aesthetic Activity." In M. Holquist and V. Liapunov(eds.). *Art and Answerability: Early Philosophical Essays by M. M. Bakhtin*(V. Liapunov, trans., pp. 4~256). Austin: University of Texas Press.

_____. 1963/1984. *Problems of Dostoevsky's Poetics*(C. Emerson, ed. and trans.). Minneapolis: University of Minnesota Press.

_____. 1986. *Speech Genres and Other Late Essays*(C. Emerson, M. Holquist, eds. and V. W. McGee, trans.). Austin: University of Texas Press.

Bar, M., K. S. Kassam, A. S. Ghuman, J. Boshyan, A. M. Schmidt, A. M. Dale, M. S. Hamalainen, K. Marinkovic, D. L. Schacter, B. R. Rosen and E Halgren. 2006. "Top-down Facilitation of Visual Recognition." *Proceedings of the National Academy of Sciences*, 103(2), pp. 449~454.

Barbalet, J. M. 1998. *Emotion, Social Theory, and Social Structure: A Macrosociological Approach*. Cambridge: Cambridge University Press.

_____. 1999. "William James' Theory of Emotions: Filling in the Picture." *Journal for the Theory of Social Behaviour*, 29(3), pp. 251~266.

Barrett, L. F. 2006. "Are Emotions Natural Kinds?" *Perspectives on Psychological Science*, 1(1), pp. 28~58.

Barthes, R. 1977/1990. *A Lover's Discourse: Fragments*(R. Howard, trans.). London: Penguin.

Bateson, G. 1973. *Steps to an Ecology of Mind: Collected Essays in Anthropology, Psychiatry, Evolution and Epistemology.* St. Albans: Paladin.

Bennett, M. R. and P. M. Hacker. 2003. *Philosophical Foundations of Neuroscience.* Oxford: Blackwell.

Blackman, L. 2008. "Affect, Relationality and the 'Problem of Personality'." *Theory, Culture and Society*, 25(1), pp. 23~47.

Blackman, L. and Venn, C. 2010. "Affect." *Body and Society*, 16(1), pp. 7~28.

Bolton, S. C. 2005. *Emotion Management in the Workplace.* London: Palgrave.

_____. 2009. "Getting to the Heart of the Emotional Labour Process: A Reply to Brook." *Work, Employment and Society*, 23(3), pp. 549~560.

Bourdieu, P. 1979/1984. *Distinction: A Social Critique of the Judgement of Taste*(R. Nice, trans.). London: Routledge.

_____. 1980/1990. *The Logic of Practice*(R. Nice, trans.). Cambridge: Polity Press.

Bowlby, J. 1969. *Attachment and Loss: Volume 1, Attachment.* London: Hogarth Press.

Brinkmann, S. 2006. "Damasio on Mind and Emotions: A Conceptual Critique." *Nordic Psychology*, 58(4), pp. 366~380.

_____. 2011. "Dewey's Neglected Psychology: Rediscovering his Transactional Approach." *Theory and Psychology*, 21(3), pp. 298~317.

Brook, P. 2009. "In Critical Defence of 'Emotional Labour': Refuting Bolton's Critique of Hochschild's Concept." *Work, Employment and Society*, 23(3), pp. 531~548.

Burkitt, I. 1996. "Civilisation and Ambivalence." *The British Journal of Sociology*, 47(1), pp. 135~150.

_____. 2010a. "Dialogues with Self and Others: Communication, Miscommunication, and the Dialogical Unconscious." *Theory and Psychology*, 20(3), pp. 305~321.

_____. 2010b. "Fragments of Unconscious Experience: Towards a Dialogical, Relational, and Sociological Analysis." *Theory and Psychology*, 20(3). pp. 322~341.

_____. 2012. "Emotional Reflexivity: Feeling, Emotion and Imagination in Reflexive Dialogues." *Sociology*, 46(2), pp. 458~472.

_____. 2013. "Self and Others in the Field of Perception: The Role of Micro-dialogue, Feeling, and Emotion in Perception." *Journal of Theoretical and Philosophical Psychology*, 33(4), pp. 267~279.

Burkitt, I., C. Husband, J. Mackenzie and A. Torn. 2001. *Nursing Education and Communities of Practice.* London: ENB Research Reports Series, Number 18.

Buytendijk, F. J. 1965/1974. *Prolegomena to an Anthropological Physiology.* Pittsburgh: Duquesne University Press.

Connell, R. W. and J. W. Messerschmidt. 2005. "Hegemonic Masculinity: Rethinking the Concept." *Gender and Society,* 19(6), pp. 829~859.

Cooley, C. H. 1922/1983. *Human Nature and the Social Order*(revised ed.). New Brunswick, NJ: Transaction Publishers.

Cromby, J. 2007. "Towards a Psychology of Feeling." *International Journal of Critical Psychology,* 21, pp. 94~118.

Cromby, J. and D. J. Harper. 2009. "Paranoia: A Social Account." *Theory and Psychology,* 19(3), pp. 335~361.

Crossley, N. 2011. *Towards Relational Sociology.* London: Routledge.

Damasio, A. R. 1994. *Descartes' Error: Emotion, Reason and the Human Brain.* London: Papermac.

＿＿＿. 2000. *The Feeling of What Happens: Body, Emotion and the Making of Consciousness.* London: Vintage.

＿＿＿. 2004. *Looking for Spinoza: Joy, Sorrow and the Feeling Brain.* London: Vintage.

Danziger, K. 1997. "The Historical Formation of Selves." In R. D. Ashmore and L. Jussim(eds.). *Self and Identity: Fundamental Issues*(pp. 137~159). New York: Oxford University Press.

Darwin, C. 1872/1965. *The Expression of the Emotions in Man and Animals.* Chicago: Chicago University Press.

Denzin, N. K. 1984. *On Understanding Emotion.* San Francisco: Jossey-Bass.

Dewey, J. 1894/1971. "The Theory of Emotion." In J. A. Boydston(ed.). *The Early Works of John Dewey,* Volume 4, 1893-1894: Early Essays and the Study of Ethics: A Syllabus(pp. 152~188). Carbondale: Southern Illinois University Press.

＿＿＿. 1910. *How We Think.* Boston: D.C. Heath & Co.

＿＿＿. 1922/1983. *Human Nature and Conduct: The Middle Works of John Dewey, Volume 14*(J.A. Boydston, ed.). Carbondale: Southern Illinois University Press.

＿＿＿. 1929/1958. *Experience and Nature*(2nd ed.). New York: Dover Publications.

＿＿＿. 1934/1980. *Art as Experience.* New York: Perigee Books.

Dewey, J. and A. F. Bentley. 1949. *Knowing and the Known*. Boston: Beacon Press.

Dreyfus, H. L. 1992. *What Computers Still Can't Do: A Critique of Artificial Reason*. Cambridge, MA: MIT Press.

Dreyfus, H. L. and S. E. Dreyfus. 1986. *Mind over Machine: The Power of Human Intuition and Expertise in the Era of the Computer*. Oxford: Blackwell.

Duncan, S. and Barrett, L. F. 2007. "Affect is a Form of Cognition: A Neurobiological Analysis." *Cognition and Emotion*, 21(6), pp. 1184~1211.

Durkheim, E. 1895/1938. *The Rules of Sociological Method*(G.E. Catlin, ed., S.A. Solovay and J.H. Mueller, trans.). New York: Free Press.

_____. 1912/1915. *The Elementary Forms of the Religious Life: A Study in Religious Sociology*(J.W. Swain, trans.). London: George Allen & Unwin.

_____. 1957. *Professional Ethics and Civic Morals*(C. Brookfield, trans.). London: Routledge and Kegan Paul.

Durkheim, E. and Mauss, M. 1903/1963. *Primitive Classification*(R. Needham, trans.). London: Cohen and West.

Ekman, P. 1992. "An Argument for Basic Emotions." *Cognition and Emotion*, 6(3/4), pp. 169~200.

Ekman, P. and Friesen, W. V. 1971. "Constants across Cultures in the Face and Emotion." *Journal of Personality and Social Psychology*, 17(2), pp. 124~129.

Elias, N. 1939/2000. *The Civilizing Process: Sociogenetic and Psychogenetic Investigations* (revised ed.)(E. Dunning, J. Goudsblom, S. Mennell, eds. and E. Jephcott, trans.). Oxford: Blackwell.

_____. 1969/1983. *The Court Society*(E. Jephcott, trans.). Oxford: Blackwell.

_____. 1978. "On Transformations of Aggressiveness." *Theory and Society*, 5(2), pp. 229~242.

_____. 1987. "On Human Beings and their Emotions: A Process-sociological Essay." *Theory, Culture and Society*, 4(2-3), pp. 339~361.

_____. 1988. "Violence and Civilization: The State Monopoly of Physical Violence and its Infringement." In J. Keane(ed.). *Civil Society and the State: New European Perspectives*(pp. 177~198). London: Verso.

Emerson, C. 1991. "Freud and Bakhtin's Dostoevsky: Is there a Bakhtinian Freud without Vološinov?" *Wiener Slawistischer Almanach*, 27, pp. 33~44.

_____. 1993. American Philosophers, Bakhtinian Perspectives: William James, George Herbert Mead,

John Dewey, and Mikhail Bakhtin on a Philosophy of the Act. Transnational Institute, Moscow, March.

Emirbayer, M. 1997. "Manifesto for a Relational Sociology." *American Journal of Sociology*, 103(2), pp. 281~317.

Emirbayer, M. and A. Mische. 1998. "What is Agency?" *American Journal of Sociology*, 103(4), pp. 962~1023.

Flaubert, G. 1857/2007. *Madame Bovary: Provincial Lives*(G. Wall, trans.). London: Penguin.

Foucault, M. 1969/1989. *The Archaeology of Knowledge*(A.M. Sheridan-Smith, trans.). London: Routledge.

_____. 1975/1979. *Discipline and Punish: The Birth of the Prison*(A. Sheridan, trans.). Harmondsworth: Peregrine Books.

_____. 1982. "The Subject and Power." In H. L. Dreyfus and P. Rabinow. *Michel Foucault: Beyond Structuralism and Hermeneutics*(pp. 208~226). Brighton: Harvester.

_____. 1988. "Technologies of the Self." In L. H. Martin, H. Gutman and P.H. Hutton(eds.). *Technologies of the Self: A Seminar with Michel Foucault*(pp. 16~49). Cambridge, MA: MIT Press.

Freud, S. 1930/1961. *Civilisation and its Discontents*(J. Strachey, ed. and J. Riviere, trans.). London: Hogarth Press.

_____. 1963/1981. *Introductory Lectures on Psychoanalysis*. Harmondsworth: Pelican.

Freund, P. 1998. "Social Performances and their Discontents: The Biopsychosocial Aspects of Dramaturgical Stress." In G. Bendelow and S. J. Williams(eds.). *Emotions in Social Life: Critical Themes and Contemporary Issues*(pp. 268~294). London: Routledge.

Gergen, K. J. 1994. *Emotions as Relationship. Realities and Relationships: Soundings in Social Construction*(pp. 210~235). Cambridge, MA: Harvard University Press.

Gibson, J. J. 1979/1986. *The Ecological Approach to Visual Perception*. Mahwah, NJ: Lawrence Erlbaum Associates.

Giddens, A. 1984. *The Constitution of Society: Outline of the Theory of Structuration*. Cambridge: Polity Press.

_____. 1991. *Modernity and Self-identity: Self and Society in the Late Modern Age*. Cambridge: Polity Press.

Ginsburg, G. P. and M. E. Harrington. 1996. "Bodily States and Context in Situated Lines of Action." In R. Harre and W. G. Parrott(eds.). *The Emotions: Social, Cultural and Biological Dimensions*(pp. 229~258). London: Sage.

Goffman, E. 1959/1990. *The Presentation of Self in Everyday Life*. London: Penguin.

Goleman, D. 1996. *Emotional Intelligence: Why it Can Matter More than IQ*. London: Bloomsbury.

_____. 1998. *Working with Emotional Intelligence*. London: Bloomsbury.

Gregg, M. 2010. "On Friday Night Drinks: Workplace Affects in the Age of the Cubicle." In M. Gregg and G. J. Seigworth(eds.). *The Affect Theory Reader*(pp. 250~268). Durham, NC: Duke University Press.

Harré, R. 1986. "An Outline of the Social Constructionist Viewpoint." In R. Harre(ed.). *The Social Construction of Emotions*(pp. 2~14). Oxford: Basil Blackwell.

Harvey, R. 1999. "Court Culture in Medieval Occitania." In S. Gaunt and S. Kay(eds.). *The Troubadours: An Introduction*(pp. 8~27). Cambridge: Cambridge University Press.

Heidegger, M. 1927/1962. *Being and Time*(J. Macquarrie and E. Robinson, trans.) Oxford: Blackwell.

_____. 1977. "The Age of the World Picture." *The Question Concerning Technology and Other Essays*(W. Lovitt, trans., pp. 115~154). New York: Harper Colophon Books.

Henriques, J. 2010. "The Vibrations of Affect and their Propagation on a Night Out on Kingston's Dancehall Scene." *Body and Society*, 16(1), pp. 57~89.

Hey, V. 1999. "Be(long)ing: New Labour, New Britain and the 'Dianaisation' of Politics." In A. Kear and D. L. Steinberg(eds.). *Mourning Diana: Nation, Culture and the Performance of Grief*(pp. 60~76). London: Routledge.

Hochschild, A. R. 1983. *The Managed Heart: Commercialization of Human Feeling*. Berkeley: University of California Press.

_____. 1998. "The Sociology of Emotion as a Way of Seeing." In G. Bendelow and S. J. Williams(eds.). *Emotions in Social Life: Critical Themes and Contemporary Issues*(pp. 3~15). London: Routledge.

Hughes, J. 2005. "Bringing Emotion to Work: Emotional Intelligence, Employee Resistance and the Reinvention of Character." *Work, Employment and Society*, 19(3), pp. 603~625.

_____. 2010. "Emotional Intelligence: Elias, Foucault, and the Reflexive Emotional Self." *Foucault Studies*, 8, pp. 28~52.

Iacoboni, M. and M. Dapretto. 2006. "The Mirror Neuron System and the Consequences of its Dysfunction." *Nature Reviews: Neuroscience*, 7(12), pp. 942~951.

Illouz, E. 2007. *Cold Intimacies: The Making of Emotional Capitalism*. Cambridge: Polity Press.

Jablonka, E. and M. J. Lamb. 2005. *Evolution in Four Dimensions: Genetic, Epigenetic, Behavioural, and Symbolic Variation in the History of Life*. Cambridge, MA: MIT Press.

James, W. 1884/1971. "What is an Emotion?" In G.W. Allen(ed.). *A William James Reader*(pp. 41~57). Boston: Houghton Mifflin.

_____. 1890/1950a. *The Principles of Psychology*, Volume One. New York: Dover.

_____. 1890/1950b. *The Principles of Psychology*, Volume Two. New York: Dover.

_____. 1892/1985. *Psychology: The Briefer Course*(G. Allport, ed.). Notre Dame, IN: University of Notre Dame Press.

_____. 1894/1994. "The Physical Basis of Emotion." *Psychological Review*, 101, pp. 205~10.

Joas, H. 1980/1985. *G. H. Mead: A Contemporary Re-examination of his Thought*(R. Meyer, trans.). Cambridge: Polity Press.

Johnson, M. 1987. *The Body in the Mind: The Bodily Basis of Meaning, Imagination, and Reason*. Chicago: Chicago University Press.

_____. 2007. *The Meaning of the Body: Aesthetics of Human Understanding*. Chicago: University of Chicago Press.

Johnson-Laird, P. N. and K. Oatley. 1992. "Basic Emotions, Rationality and Folk Theory." *Cognition and Emotion*, 6(3/4), pp. 201~223.

Kehew, R(ed.). 2005. *Lark in the Morning: The Verses of the Troubadours*(E. Pound, W. D. Snodgrass and R. Kehew, trans.). Chicago: Chicago University Press.

Kemper, T. D. 1990. "Social Relations and Emotions: A Structural Approach." In T. D. Kemper(ed.). *Research Agendas in the Sociology of Emotions*(pp. 207~237). Albany: SUNY Press.

_____. 2002. "Predicting Emotions in Groups: Some Lessons from 11 September." In J. M. Barbalet(ed.). *Emotions and Sociology*(pp. 53~68). Oxford: Blackwell.

Le Bon, G. 1896. *The Crowd: A Study of the Popular Mind*. New York: Macmillan.

Léglu, C. 1999. "Moral and Satirical Poetry." In S. Gaunt and S. Kay(eds.). *The Troubadours: An Introduction*(pp. 47~65). Cambridge: Cambridge University Press.

Levy, R. I. 1984. "Emotion, Knowing and Culture." In R. Shweder and R. LeVine(eds.). *Culture*

Theory: Essays on Mind, Self and Emotion(pp. 214~237). New York: Cambridge University Press.

Lorenz, K. 1963. *On Aggression*(M.K. Wilson, trans.). New York: Harcourt, Brace & World.

Luria, A. R. 1966. *Human Brain and Psychological Processes*(B. Haigh, trans.). New York: Harper & Row.

Lutz, C. 1986. "The Domain of Emotion Words on Ifaluk." In R. Harré(ed.). *The Social Construction of Emotions*(pp. 267~288). Oxford: Basil Blackwell.

_____. 1988. *Unnatural Emotion: Everyday Sentiments on a Micronesian Atoll and their Challenge to Western Theory*. Chicago: University of Chicago Press.

Lutz, C. and Abu-Lughod, L. 1990. "Introduction." In C. Lutz and L. Abu-Lughod(eds.). *Language and the Politics of Emotion*(pp. 1~23). Cambridge: Cambridge University Press.

Marsh, P., E. Rosser and Harré, R. 1978. *The Rules of Disorder*. London: Routledge and Kegan Paul.

Massumi, B. 2002. *Parables for the Virtual: Movements, Affect, Sensation*. Durham, NC: Duke University Press.

Mead, G. H. 1913/1964. "The Social Self." In A. J. Reck(ed.). *Selected Writings: George Herbert Mead*(pp. 142~149). Chicago: Chicago University Press.

_____. 1924/1964. "The Genesis of the Self and Social Control." In A. J. Reck(ed.). *Selected Writings: George Herbert Mead*(pp. 267~293). Chicago: Chicago University Press.

_____. 1934. *Mind, Self, and Society: From the Standpoint of a Social Behaviourist*(C. W. Morris, ed.). Chicago: Chicago University Press.

Merleau-Ponty, M. 1945/2012. *Phenomenology of Perception*(D. A. Landes, trans.). London: Routledge.

_____. 1960/1964. "The Child's Relation with Others." *The Primacy of Perception: And Other Essays on Phenomenological Psychology, the Philosophy of Art, History and Politics*(W. Cobb, trans., pp. 96~155). Evanston, IL: Northwestern University Press.

_____. 1964/1968. *The Visible and the Invisible*(C. Lefort, ed. and A. Lingis, trans.). Evanston, IL: Northwestern University Press.

Nussbaum, M. C. 2001. *Upheavals of Thought: The Intelligence of Emotions*. Cambridge: Cambridge University Press.

The Observer. 2003.2.16. http://observer.guardian.co.uk/iraq/story/0,12239,896511,00.htm and http://observer.guardian.co.uk/iraq/story/0,12239,896714,00.html(accessed 8 October 2013).

Ooi, Can-Seng. and R. Ek. 2010. "Culture, Work and Emotion." *Culture Unbound: Journal of Current Cultural Research*, 2, pp. 303~310.

Paden, W. D., T. Sankovitch and P. H. Stablein(eds.). 1986. *The Poems of the Troubadour Bertran de Born*. Berkeley: University of California Press.

Parkes, C. M. 1972/1975. *Bereavement: Studies of Grief in Adult Life*. Harmondsworth: Pelican.

Paterson, L. 1999. "Fin'amor and the Development of the Courtly Canso." In S. Gaunt and S. Kay(eds.). *The Troubadours: An Introduction*(pp. 28~46). Cambridge: Cambridge University Press.

Pearce, W. B. and V. E. Cronen. 1980. *Communication, Action and Meaning*. New York: Praeger.

Peirce, C. S. 1902/1966. "Philosophy of Mind." In C. Hartshorne and P. Weiss(eds.). *Collected Papers of Charles Sanders Peirce: Volume VII, Science and Philosophy* (pp. 223~397). Cambridge, MA: The Belknap Press of Harvard University Press.

_____. 1903/1934. "Lectures on Pragmatism." In C. Hartshorne and P. Weiss(eds.). *Collected Papers of Charles Sanders Peirce, Volume V: Pragmatism and Pragmaticism*(pp. 11~131). Cambridge, MA: The Belknap Press of Harvard University Press.

Plutchik, R. 1962. *The Emotions: Facts, Theories, and a New Model*. New York: Random House.

_____. 1980. *Emotion: A Psychoevolutionary Synthesis*. New York: Harper & Row.

Putnam, H. 1999. *The Threefold Cord: Mind, Body, and World*. New York: Columbia University Press.

Reck, A. J(ed.). 1964. *Selected Writings: George Herbert Mead*. Chicago: Chicago University Press.

Reddy, W. M. 2001. *The Navigation of Feeling: A Framework for the History of Emotions*. Cambridge: Cambridge University Press.

_____. 2009. "Saying Something New: Practice Theory and Cognitive Neuroscience." *Arcadia: International Journal for Literary Studies*, 44(1), pp. 8~23.

Robinson, D. N. 2004. "The Reunification of Rational and Emotional Life." *Theory and Psychology*, 14(3), pp. 283~293.

Rosenwein, B. H. 2010. "Problems and Methods in the History of Emotions." *Passions in Context*, 1, pp. 1~32.

Sabini, J. and M. Silver. 1982. *Moralities of Everyday Life*. Oxford: Oxford University Press.

Sankovitch, T. 1999. "The Trobairitz." In S. Gaunt and S. Kay(eds.). *The Troubadours: An Introduction*(pp. 113~126). Cambridge: Cambridge University Press.

Sartre, J. P. 1939/1994. *Sketch for a Theory of the Emotions*(P. Mairet, trans.). London: Routledge.

Scheff, T. J. 1990. *Microsociology: Discourse, Emotion, and Social Structure*. Chicago: Chicago University Press.

_____. 2011. *What's Love Got to Do With It? Emotions and Relationships in Popular Songs*. Boulder, CO: Paradigm Publishers.

Scheper-Hughes, N. 1992. *Death Without Weeping: The Violence of Everyday Life in Brazil*. Berkeley: University of California Press.

Seigworth, G. J. and M. Gregg. 2010. "An Inventory of Shimmers." In M. Gregg and G. J. Seigworth(eds.). *The Affect Theory Reader*(pp. 1~25). Durham, NC: Duke University Press.

Sheets-Johnstone, M. 2009. *The Corporeal Turn: An Interdisciplinary Reader*. Exeter: Imprint Academic.

Shusterman, R. 2008. *Body Consciousness: A Philosophy of Mindfulness and Somaesthetics*. Cambridge: Cambridge University Press.

Silber, I. F. 2011. "Emotions as Regime of Justification? The Case of Civic Anger." *European Journal of Social Theory*, 14(3), pp. 301~320.

Sorenson, E. R. 1976. *The Edge of the Forest: Land, Childhood and Change in a New Guinea Protoagricultural Society*. Washington, DC: Smithsonian Institution Press.

Stacey, R. D. 2011. *Strategic Management and Organisational Dynamics: The Challenge of Complexity*(6th ed.). London: FT Prentice-Hall.

Stanislavsky, C. 1937. *An Actor Prepares*(E. R. Hapgood, trans.). London: Geoffrey Bles.

Styron, W. 1990/2004. *Darkness Visible: A Memoir of Madness*. London: Vintage.

Sullivan, P. 2012. *Qualitative Data Analysis Using a Dialogical Approach*. London: Sage.

Swabey, F. 2004. *Eleanor of Aquitaine, Courtly Love, and the Troubadours*. Westport, CT: Greenwood Press.

Theodosius, C. 2008. *Emotional Labour in Health Care: The Unmanaged Heart of Nursing*. London: Routledge.

Todes, S. 2001. *Body and World*. Cambridge, MA: MIT Press.

Turner, J. H. 2007. *Human Emotions: A Sociological Theory*. London: Routledge.

Turner, J. H. and J. E. Stets. 2006. "Sociological Theories of Human Emotions." *Annual Review of Sociology*, 32, pp. 25~52.

Vološinov, V. N. 1927/1976. *Freudianism: A Marxist Critique*(I.R. Titunik, N.H. Bruss, eds. and I.R. Titunik, trans.). New York: Academic Press.

Vygotsky, L. S. 1934/1987. "Thinking and Speech." In R. W. Rieber and A. S. Carton(eds.). *The Collected Works of L. S. Vygotsky: Volume 1, Problems of General Psychology*(N. Minick, trans., pp. 39~285). New York: Plenum Press.

Weber, M. 1919/1948. "Politics as a Vocation." In H. H. Gerth and C. W. Mills(eds.). *From Max Weber: Essays in Sociology*(H. H. Gerth and C. W. Mills, trans., 1991 ed., pp. 77~128). London: Routledge.

Werblin, F. and B. Roska. 2007. "The Movies in Our Eyes." *Scientific American*, 296, pp. 72~79.

Wertheimer, M. 1959. *Productive Thinking*(enlarged ed.). New York: Harper and Brothers.

Wetherell, M. 2012. *Affect and Emotion: A New Social Science Understanding*. London: Sage.

Whitman, W. 1892/1975. "Sea Drift." In F. Murphy(ed.). *Walt Whitman: The Complete Poems*(pp. 275~291). London: Penguin.

Williams, R. 1977. *Marxism and Literature*. Oxford: Oxford University Press.

Williams, S. J. 2001. *Emotion and Social Theory: Corporeal Reflections on the (Ir)Rational*. London: Sage.

Wilshire, B. 1982. "The Dramaturgical Model of Behaviour: Its Strengths and Weaknesses." *Symbolic Interaction*, 5(2), pp. 287~297.

Wittgenstein, L. 1958. *Philosophical Investigations*(2nd ed.)(G.Anscombe, trans.). Oxford: Blackwell.

Wouters, C. 1989a. "Emotions and Flight Attendants." *Theory, Culture and Society*, 6(1), pp. 95~123.

_____. 1989b. "Response to Hochschild's Reply." *Theory, Culture and Society*, 6(3), pp. 447~450.

_____. 2007. *Informalization: Manners and Emotions since 1890*. London: Sage.

Yee, E. and J. C. Sedivy. 2006. "Eye Movements to Pictures Reveal Transient Semantic Activation During Spoken Word Recognition." *Journal of Experimental Psychology: Learning, Memory, and Cognition*, 32(1), pp. 1~14.

Yun, H. A. 2010. "Service Workers: Governmentality and Emotion Management." *Culture Unbound: Journal of Current Cultural Research*, 2, pp. 311~327.

찾아보기

인명

옮긴이의 글

최근 우리 출판계에서도 감정에 대한 책들이 쏟아져 나오고 있다. '감정의 시대'라는 말이 실감날 정도이다. 하지만 그 책들의 면면을 살펴보면, 심리학과 신경과학 분야의 무거운 학술서적의 번역서들도 포함되어 있지만, 대체로 가벼운 심리학 서적이나 자기계발 서적이 주를 이루고 있다. 우리 사회학계에서도 감정에 대한 관심이 높아져가는 듯 보이지만, 깊이 있는 연구서의 번역을 찾아보기는 쉽지 않다. 아마도 사회학이 태생적으로 생물학과 심리학으로부터 벗어나고자 했던 전통에 우리 학계가 여전히 갇혀 있기 때문일지도 모른다.

그렇다고 서구 사회학에서 감정에 관해 도외시해온 것은 아니다. 문화사회학자들은 감정이 사회적으로 어떻게 만들어지는지를 연구하며, 감정에 대한 사회구성론적 입장을 발전시켜왔다. 또한 인간의 육체화에 대한 사회학계의 경멸에도 불구하고 '몸의 사회학'의 발전과 함께 몸과 사회세계를 연결 짓는 기제로서의 감정에 주목하여 감정을 '육체화된 사회성'으로 파악하기도 했다.

이안 버킷의 책 『감정과 사회관계』는 이 두 입장을 결합하며 감정연구를 한 단계 끌어올리는 매우 통찰력 있는 시도를 한다. 버킷은 이 책에서 감정과 관련한 그간의 수많은 연구들 ― 사회학과 문화연구는 물론 인류학, 역사학, 심리학, 신경과학 등을 포괄하는 ― 을 치고받으며, 감정이 유발되고 변하는 마디와 고리들을 몸-감정-사회의 관계 속에서 예리하게 포착한다. 그러나 이 책에서 버킷이 워낙 "복잡하고 얽히고설킨 현상이기 때문에 쉽게 이해할 수 없는" 감정 ― 이는 버킷의 표현이다 ― 을 아주 다양한 수준에서, 즉 미시적인 심적 현상부터 거시적인 사회현상까지를 앞서 언급한 다양한 학문 영역을 넘나들면서 자신의 입장을 논증하기 때문에, 그의 명쾌한 진술에도 불구하고 각각의 진술을 연결하며 논지를 따라가기란 쉽지 않다. 따라서 옮긴이는 서로 연결된 그의 세 가지 논점과 그의 논리전개 방식을 간략히 소개하여 독자의 책 읽기를 돕고자 한다.

사회학에 얼마간 식견 있는 독자라면, 『감정과 사회관계』라는 이 책의 제목만 보고서는 버킷이 감정을 사회관계를 축으로 하여 사회구성론적 입장에서 파악하는 것으로 볼 수도 있다. 하지만 버킷이 이 책에서 핵심적으로 추구하는 작업은 감정에 대한 철저한 '관계적' 개념화, 그러한 관계 '복합체'로서의 감정, 그리고 그러한 감정에 대한 '미학적' 이해 세 가지로 정리될 수 있다.

먼저, 이 책의 전체를 관류하는 관념은 '관계유형으로서의 감정'이라는 관념이다. 그는 이 책에서 일관되게 감정은 생물학과 심리학에서 바라보듯 우리의 몸이나 마음에서 기원하는 고정된 실체가 아니라 단지 자아와 타자, 그리고 자아와 세계 간의 관계유형 속에서 생겨나고 특정한 의미를 지닌다고 주장한다. 이를테면 우리가 누군가에게 사랑한다고 말할 때, 우리는 그들이 우리에게 불러일으킨 신체적 느낌과 관련한 어떤 것뿐만 아니라 우리와 그들의 관계의 특별한 성격을 말하는 것이라는 것이다. 그러나 우리가 사랑에 빠질 수 있는 것은 단지 다른 사람만이 아니다. 우리는 풍경, 우리의 집, 귀중한 개인적 소유물, 음악작품을 사랑할 수도 있다. 우리의 사랑은 우리와 우리의 세계 그리고 그 속의 특정한 사람이나 사물과 맺는 관계를 표현한다.

이러한 버킷의 입장은 많은 심리학자들의 주장, 즉 모든 인간사회와 문화에는 인간존재에서 공통적으로 발견되는 '기본 감정'이 존재한다는 주장을 배격하는 것이기도 하다. 왜냐하면 감정이 관계유형이라면, 사회적 관계가 변화함에 따라 상이한 역사적 시기마다, 그리고 상이한 관계유형이 발견되는 상이한 문화마다 감정이 다를 것이라는 것은 분명하기 때문이다. 버킷은 이를 낭만적 사랑의 관념이 12세기 초 서구 사회에서 출현했다는 점, 그리고 브라질 판자촌에서는 어머니들이 죽은 아이에 대해 슬퍼하지 않는다는 것을 통해 입증한다.

이러한 논의로부터 당연히 추론되는 것이 버킷의 두 번째 논점을 형성한다. 그것은 바로 감정은 별개로 존재하는 실체가 아니라 다양한 관계유형으로부터 형성되는 하나의 복합체이며, 따라서 감정을 제대로 이해하기 위해서는 단일 차원적 이해가 아닌 '복합적' 이해가 요구된다는 것이다. 그런데 여기서 버킷이 말하는 '복합체로서의 감정' 역시 다양한 차원에서 복합적인 것으로 이해된다.

버킷에 따르면, 첫째, 감정은 신체리듬, 에너지, 긴장(그리고 긴장의 완화), 심박동수, 신경처리망, 신경전달물질이 사회적 관계, 의미, 상호작용에 의해 어우러지며 유형화된다는 점에서 복합체이다. 여기서 알 수 있듯이, 버킷은 감정을 느끼는 주체로서의 우리의 몸을 그의 감정 논의의 핵심적 한 부분으로 끌어들인다. 왜냐하면 우리는 신경계 없이 느낄 수 없기 때문이다. 이 지점에서 버킷은 감정을 몸과 마음을 결합하는 것으로 보는 다마지오의 입장을 긍정하면서도, 신경생물학은 이 복합체의 한 구성 부분이지만 느낌과 생각의 원천은 아니라고 비판한다. 왜냐하면 우리는 또한 사회세계 속의 존재로서 우리가 느끼고 생각하는 것은 사회적 관계와 상황의 맥락과 뗄 수 없게 얽혀 있기 때문이다. 따라서 버킷은 다음과 같이 말한다. "몸-마음 없이는 우리가 우리의 상황 그리고 다른 사람들과의 관계유형을 느낄 수 없지만, 그러한 관계와 상황이 지닌 사회적 의미 없이는 우리의 느낌과 감정은 자의적이고 무의미할 것이다."

감정이 복합적인 두 번째 이유는 감정이 고정된 것이 아니라 다양한 감정과 느낌들로 구성되기 때문이다. 이를테면 낭만적 사랑이 성적·개인적 매력, 갈망, 욕망, 기쁨 그리고 때로는 슬픔의 결합인 것처럼, 느낌들이 결합되어 우리가 감정이라고 부르는 보다 큰 복합체를 만들어낸다. 그리고 세 번째로 그러한 감정들은 우리가 처한 상황에 따라 인지적으로 평가되고 그리하여 다른 의미가 부여되며, 새로운 감정으로 전화되기도 한다는 의미에서 복합적이다. 그렇지 않다면, 아마도 사랑의 배신은 존재하지 않았을 것이다. 버킷이 이러한 복합체로서의 감정을 이해하기 위한 방법으로 제시하는 것이 바로 감정에 대한 '복합적 이해'이다. 왜냐하면 이러한 복합적 현상인 감정을 심리적, 생리적, 신경학적 또는 심지어 사회적 상황 자체로 축소시키는 것은 우리가 느끼는 것 그리고 그러한 감정이 전화되는 과정을 포착할 수 없을 것이기 때문이다.

버킷은 "감정에 대한 복합적 이해는 우리로 하여금 사회적으로 의미 있는 관계가 우리의 몸-마음에 등록되고 일정한 자각 수준에서 우리가 그것을 느끼게 되는 방식을 이해할 수 있게 해준다"고 주장한다. 이를 위해 버킷이 이 책에서 윌리엄 제임스, 존 듀이, 미하일 바흐친, 마크 존슨과 같은 사상가들의 저작에 기초하여 제시하는 감정연구 방법이 감정에 대한 미학적 이해이다. 여기서 미학적 접근방식이라는 것은 예술과 아름다움에 대한 평가이론이라는 의미에서가 아니라 인간이 몸과 신체적 느낌을 가지고 의미를 만들고 경험하는 방식에 관한 연구라는 의미에서 미학적이라는 것이다. 그러나 버킷이 볼 때, 이러한 육체적 의미 만들기는 관계유형과 사회적 의미의 맥락 속에서 성찰과 대화적 상호작용을 통해 의미를 해석하고 창조하는 과정에서 이루어진다. 사랑하는 사람들이 항상 그들의 사랑의 의미를 새롭게 그리고 특별하게 느낄 수 있는 것도 바로 이러한 창조와 해석을 통해서이다.

버킷의 이러한 관계적·미학적 감정 이해는 예측 불가능성과 가변성이라는 감정의 특성을 설명해주는 것만이 아니라 그간의 감정에 대한 단일요인 결정론적 설명을 부정하는 것이기도 하다. 이 책에서 버킷은 알리혹실드의 감정작업이론에 의거한 감정이론의 사회적 결정성을 논박하고, 국가가 감정을 통제하고 조작하고자 하는 시도가 왜 실패할 수밖에 없는지를 '테러와의 전쟁'에 대한 저항을 통해 입증하는 방식으로 자신의 설명 방식이 갖는 장점을 내보이고자 한다.

버킷은 이러한 논의를 바탕으로 "느낌과 감정은 전체 세계 내의 유의미한 신체적 존재의 일부로, 인간임이 무엇인지를 규정한다"고 말한다. 이는 이 책에서 버킷이 수행한 감정연구의 결론이기도 하지만, 이는 인간과 사회의 관계에 주목하는 사회학이 복잡하고 역동적인 인간사회의 연구에서 감정에 주목하는 것이 왜 중요한지를 시사하는 것이기도 하다. 왜냐하면 그간 사회학은 합리성(이성)에 의거하여 인간의 기계적, 인과적, 예측적 측면에 주목함으로써 인간사회를 너무나도 단순화해왔을 뿐만 아니라 인간의 본래 모습과 너무나도 멀리 떨어진 사회학적 세계를 구성함으로써, 사회학 스스로 인간과 사회로부터 고립을 자초했기 때문이다. 옮긴이는 감정에 대한 주목은 사회학이 인간임이 무엇인지에 대한 새로운 성찰은 물론 사회에 대한 '인간적' 이해에, 그리하여 인간적인 인간사회 모습 그리기에 다가갈 수 있게 해줄 것이며, 그럼으로써 사회학이 강단의 학문으로 머무는 것이 아니라 인간의 품으로 되돌아올 수 있을 것이라고 생각한다.

옮긴이는 이 책에서 사용한 번역 용어에 대해 언급해둘 필요가 있어 보인다. 이 번역서에서 'emotion'은 '감정'으로, 'affect'는 '정서'로, 'feel-ing'은 '느낌'으로 옮겼다. 심리학에서는 'emotion'을 '정서'로 번역하기도 하고, 최근 학계에서는 새로운 용어인 'affect'를 '정동'이라고 번역하기도 한다. 그리고 'feeling'은 일반적으로 '감정'으로 번역되기도 한다. 옮긴이가 이러한 번역 용어를 채택한 것은 사회학에서 'emotion'은 'reason' 또는 'rationality'와 대비되는 용어로서 우리말로 '감정'과 '이성/합리성'이 서로 대립적인 용어로도 사용되기 때문이고(감정사회학자들이 이 이분법을 넘어서고자 함에도 불구하고), 이 책에서 버킷이 'emotion'과 'feeling'을 구분하여 사용하기 때문이다. 그리고 'affect'를 '정동'이 아닌 '정서'로 옮긴 이유는 'affect'라는 개념에서 움직임動의 의미를 부각시키는 것은 그 개념 자체의 뜻을 오해하게 할 수 있기 때문이다. 움직임 'move'의 의미는 그 단어에서도 보여주듯이 'emotion'에 속하는 것이다. 하지만 혹실드의 경우에는 'feeling'과 'emotion'을 구분하지 않고 사용하기 때문에 이 경우는 모두 감정으로 번역했다. 그리고 다마지오의 용법에서는 'emotion'과 'feeling'의 의미가 다른 학자들이 사용하는 의미와는 거꾸로이지만, 그 용법을 그대로 살려두어야 하기 때문에 단어 그대로 '감정'과 '느낌'으로 옮겼다.

버킷은 이 책에서 아주 세부적인 논점들까지 치고받으며 서술하기 때문에 그 미묘한 차이와 서술을 제대로 짚어가며 우리말로 정확히 옮기기가 쉽지 않았다. 옮긴이와 함께 감정사회학을 연구하는 정수남 박사는 이번에도 옮긴이가 잘못을 범하는 것을 막아주었다. 그리고 이 책의 편집을 맡은 김초록 씨 역시 독자들이 책을 읽는 과정에서 느낄 수 있는 짜증을 덜어주는 지루한 작업을 즐겁게 해주었다. 특히 윤순현 차장님은 해외 도서전시회에서 이 책을 발견하고 감정사회학을 연구하는 옮긴이에게 전해주기까지 했다. 이제 출판사는 나의 감정적 동지인 것처럼 느껴진다. 모두에게 감사를 표한다.

2017년
마지막 달을 시작하는 날에
박 형 신

지은이 · 이안 버킷 Ian Burkitt

브래드퍼드 대학교 사회적 정체성 교수로, 그곳에서 사회학과 사회심리학을 가르치고 있다. 사회이론, 정체성과 육체화이론, 느낌과 감정의 사회적·심리적 이해에 관심을 가지고 연구를 수행하고 있다. 자아와 감정의 관계적 이해를 개척해왔고, 앞으로 이 접근방식을 행위의 이해에 적용시키고자 하는 계획을 가지고 있다. 저서로는 *Social Selves: Theories of Self and Society*(2nd Edition, Sage, 2008)와 *Bodies of Thought: Embodiment, Identity and Modernity*(Sage, 1999)가 있다.

옮긴이·박형신

고려대학교 대학원 사회학과에서 석사와 박사 학위를 취득했다. 현재 연세대학교 사회발
전연구소 연구교수로 있다. 사회이론, 감정사회학, 음식과 먹기의 사회학에 관심을 가지고
연구를 진행하고 있다. 지은 책으로는 『정치위기의 사회학』(1995), 『열풍의 한국사회』(공
저, 2012), 『감정은 사회를 어떻게 움직이는가』(공저, 2015), 『오늘의 사회이론가들』(공
저, 2015), 『향수 속의 한국사회』(공저, 2017) 등이 있고, 옮긴 책으로는 『감정과 사회학』
(2009), 『사회학적 야망』(2013), 『탈감정사회』(2014), 『음식과 먹기의 사회학』(2015), 『감
정적 자아』(2016) 등이 있다.

한울아카데미 2045

감정과 사회관계

지은이·이안 버킷 옮긴이·박형신

펴낸이·김종수 펴낸곳·한울엠플러스(주)
편집책임·배유진 편집·김초록
초판 1쇄 인쇄·2017년 12월 8일 초판 1쇄 발행·2017년 12월 22일

주소·10881 경기도 파주시 광인사길 153 한울시소빌딩 3층
전화·031-955-0655 팩스·031-955-0656
홈페이지·www.hanulmplus.kr 등록번호·제406-2015-000143호

Printed in Korea.
ISBN 양장 978-89-460-7045-5 93300
     반양장 978-89-460-6413-3 93300

* 책값은 겉표지에 표시되어 있습니다.